Rüdiger Gockel

Die notarielle Fachprüfung im Erb- und Übertragungsrecht

NOTARSKRIPTUM

Die notarielle Fachprüfung im Erb- und Übertragungsrecht

4. Auflage

von
Rechtsanwalt, Fachanwalt für Erbrecht
und Notar Rüdiger Gockel, Beckum

Hinweis
Die Ausführungen in diesem Werk wurden mit Sorgfalt und nach bestem Wissen erstellt. Sie stellen jedoch lediglich Arbeitshilfen und Anregungen für die Lösung typischer Fallgestaltungen dar. Die Eigenverantwortung für die Formulierung von Verträgen, Verfügungen und Schriftsätzen trägt der Benutzer. Herausgeber, Autoren und Verlag übernehmen keinerlei Haftung für die Richtigkeit und Vollständigkeit der in diesem Buch enthaltenen Ausführungen.

Anregungen und Kritik zu diesem Werk senden Sie bitte an info@notarverlag.de
Autoren und Verlag freuen sich auf Ihre Rückmeldung.

Copyright 2020 by Deutscher Notarverlag, Bonn
Umschlaggestaltung: gentura, Holger Neumann, Bochum
Satz: Reemers Publishing Services GmbH, Krefeld
Druck: Hans Soldan Druck GmbH, Essen
ISBN 978-3-95646-197-2

Bibliografische Information der Deutschen Bibliothek
Die Deutsche Bibliothek verzeichnet diese Publikation in der Deutschen Nationalbibliografie; detaillierte bibliografische Daten sind im Internet über http://dnb.ddb.de abrufbar.

Vorwort

Die Notarskripten zur Vorbereitung auf die notarielle Fachprüfung stellen eine sinnvolle, wenn nicht notwendige Ergänzung zu den von den großen Anbietern durchgeführten Grundkursen dar. Die Neuauflage berücksichtigt neuere Rechtsprechung und konkretisiert einige Fragestellungen, die im Examen häufig thematisiert werden.

Der Verfasser bittet alle Leser um ein kritisches Feedback, insbesondere aber auch um Rückmeldung zu den im Examen, ob nun schriftlich oder mündlich, abgefragten erbrechtlichen Problemen. Nur durch einen regen Austausch mit der Leserschaft kann ein möglichst passgenaues Training erfolgen.

Für die bisher ausgetauschten Erfahrungen bedankt sich der Verfasser und hofft auch künftig mit Blick auf die Absolventen der Prüfung auf die Bereitschaft, auch nach bestandenem Examen noch einmal auf die Prüfung zurückzublicken und Informationen auszutauschen.

Beckum, im Januar 2020

Inhaltsverzeichnis

Vorwort	5
Der Autor	13
Abkürzungsverzeichnis	15
Literaturverzeichnis	23

§ 1 Allgemeines ... 25
  A. Zur notariellen Fachprüfung ... 25
  B. Zum Erbrecht ... 26

§ 2 Mögliche Aufgabenstellungen im Erbrecht ... 29
  A. Der Entwurf einer letztwilligen Verfügung ... 29
    I. Das Testament ... 29
      1. Die Vorbefassung ... 29
      2. Ausschluss des Notars ... 30
      3. Die Beteiligung von Schreibzeugen ... 30
      4. Feststellungen zur Geschäftsfähigkeit ... 31
      5. Bindungswirkungen ... 34
      6. Verstoß gegen die guten Sitten? ... 34
      7. Verstoß gegen das Verbot der Drittbestimmung im Sinne von § 2065 BGB? ... 38
      8. Erbeinsetzung ... 40
      9. Testamentsgestaltung in Sonderfällen ... 41
      10. Erbeinsetzung nach Bruchteilen ... 41
      11. Möglichkeiten einer Rechtswahl ... 41
    II. Gestaltungsvorschlag für ein einfaches Testament ... 42
    III. Gestaltungsvorschlag für eine Vor- und Nacherbschaft ... 44
    IV. Gemeinschaftliches Testament/Erbvertrag ... 46
      1. Das gemeinschaftliche Testament ... 47
      2. Der Ehegattenerbvertrag ... 47
      3. Vergleich der beiden Formen ... 48
      4. Gestaltungsvorschlag (Beispiel eines Erbvertrags bei wechselseitiger Erbeinsetzung und Schlusserbeneinsetzung nebst Änderungsvorbehalt und Testamentsvollstreckung) ... 49
      5. Erläuterungen zum vorstehenden Gestaltungsvorschlag ... 53
      6. Variationen und Ergänzungen zum gemeinschaftlichen Testament ... 57
        a) Keine Schlusserbeneinsetzung ... 57
        b) Rücktrittsrechte ... 57
        c) Pflichtteilsstrafklauseln ... 57

d) Pflichtteilsverzichte und ehevertragliche Vereinbarung 58
e) Teilungsanordnungen 58
V. Das Behindertentestament 60
1. Die gängige Lösung (Vor- und Nacherbfolge) 60
2. Gestaltung durch Vor- und Nacherbfolge. 60
3. Anordnungen zur Nachlassabwicklung 61
4. Alternative Gestaltungsmöglichkeiten. 62
   a) Die Vermächtnislösung. 62
   b) Einfache Vermächtnislösung 63
   c) Umgekehrte Vermächtnislösung 63
5. Aufgaben und Befugnisse des Testamentsvollstreckers. 63
6. Anweisungen an den Testamentsvollstrecker zur Mittelverwendung 63
7. Einzusetzende Mittel. 64
8. Person des Testamentsvollstreckers 64
VI. Das Geschiedenentestament 68
1. Allgemeines 69
2. Gestaltungsvorschlag (Vermächtnislösung) 70
B. Der Widerruf einer letztwilligen Verfügung 71
C. Die Erbauseinandersetzung 73
I. Allgemeines 73
II. Verkauf an Dritte 75
III. Abschichtung 75
IV. Erbteilsübertragung. 75
V. Teilerbauseinandersetzung 75
VI. Testamentsvollstreckung 76
VII. Auseinandersetzungsverbote. 77
VIII. Beteiligung Minderjähriger. 77
IX. Gestaltungsvorschläge. 78
1. Vollständige Erbauseinandersetzung 78
2. Übertragung eines Erbanteils 81
D. Erbscheinsverfahren 84
I. Rechtsprechung zur Notwendigkeit eines Erbscheins 84
II. Antragsberechtigung 87
III. Was ist zu versichern?. 88
IV. Mehrheit von Erben 89
V. Zuständigkeiten 89
VI. Verfahren 89
VII. Auslegung der letztwilligen Verfügung 90
VIII. Gestaltungsvorschlag Erbscheinsantrag 91

Inhaltsverzeichnis

IX. Der Auslegungsvertrag	92
X. Abgrenzung zur Erbenfeststellungsklage	93
E. Auslandsbezug	93
I. Allgemeines	93
II. Ausgangspunkt: Der gewöhnliche Aufenthalt	94
III. Die Rechtswahl	95
IV. Die unterschiedlichen Formen der letztwilligen Verfügung	97
V. Das Europäische Nachlasszeugnis (ENZ)	98
VI. Vermächtnisse und EU-Erbrechtsverordnung	98
F. Überlassungsverträge	100
I. Allgemeines	100
II. Motive für die Übertragung an Kinder	100
III. Motive für die Übertragung unter Ehegatten	101
IV. Vorbehalten von Gegenrechten	101
V. Abfindungsgelder	104
VI. Geschwistervereinbarungen	104
VII. Pflichtteilsverzichte	105
VIII. Ehebedingte Zuwendung	105
IX. Pflichtteilsproblematik	106
X. Gestaltungsvorschläge	107
1. Umfangreiches Wohnungsrecht	107
a) Gestaltung	107
b) Schuldrechtlich vereinbaren die Vertragsparteien	107
2. Nießbrauchsrecht	108
3. Rückforderungsrechte	108
4. Beispielhafte Grundbuchanträge	109
a) Wohnungsrecht für Einzelpersonen	109
b) Wohnungsrecht für mehrere Berechtigte	110
c) Rückforderungsrecht	110
d) Übergeber leben in Gütergemeinschaft	110
e) Löschungen	110
f) Belastungen	111
g) Nießbrauchsrecht	112
G. Kosten im Erbrecht	112
I. Grundsätze	112
II. Neues zu den Geschäftswerten	113
III. Hälftiger Schuldenabzug	113
IV. Besonderheit: Geschäftswert des Erbscheinsverfahrens	115
V. Gebührenerhebung bei Entwurf, vorzeitiger Beendigung oder Beratung	116
H. Steuerliche Problematik	116

Inhaltsverzeichnis

§ 3 Die Klausur	121
A. Klausurentaktik	121
B. Beispielhafte Aufgabenstellungen	121
C. Fehlerquellen	122
I. Falsche Zeiteinteilung	123
II. Ansätze in der Aufgabenstellung	123
D. Musterklausur I (IPR, Bindungswirkung, Erbscheinverfahren)	124
I. Sachverhalt	124
II. Aufgabenstellung	125
III. Hinweise zur Aufgabenstellung	125
IV. Anlagen	125
1. Anlage 1	125
2. Anlage 2	127
3. Anlage 3	129
V. Analyse der Fragestellung	129
VI. Vorschlag für einen sinnvollen Prüfungsaufbau	129
1. Anwendbares Recht	129
2. Aufhebung dieses Erbvertrages durch die handschriftliche letztwillige Verfügung im Jahre 2010?	132
3. Bindungswirkungen	133
4. Weitere Wirksamkeit des Pflichtteilsverzichtsvertrages?	138
5. Was muss die B veranlassen?	139
E. Musterklausur II (Vorbefassung, Drittbestimmungsverbot, modifizierte Zugewinngemeinschaft)	139
I. Sachverhalt	139
II. Aufgabenstellung	140
III. Analyse der Fragestellung	140
IV. Problemstellungen	140
V. Vorschlag für einen sinnvollen Prüfungsaufbau	141
1. Vorfragen	141
2. Regelungsmöglichkeiten zur Firmennachfolge	142
3. Testamentsvollstreckung	145
a) Kommanditgesellschaft	145
b) GmbH	145
c) Exkurs (Testamentsvollstrecker als Gesellschafter einer OHG, BGB-Gesellschaft oder Komplementär einer KG)	145
d) Die Benennung des Testamentsvollstrecker	148
4. Ehevertrag	149
5. Kostengesichtspunkte/Beurkundungserfordernis	150

F. Musterklausur III (Überlassungsvertrag, Ausgestaltung eines Wohnrechtes,
Pflegefallrisiko) 150
    I. Sachverhalt 150
    II. Aufgabenstellung 151
    III. Anlage zur Aufgabenstellung 152
    IV. Analyse der Fragestellung/Problemstellungen 153
    V. Vorschlag für einen sinnvollen Prüfungsaufbau 154
        1. Das „Wohnungsrecht" der A 154
        2. Exkurs: Wie kann ein Wohnrecht entstehen? 155
        3. Der Ausschluss der Mitbenutzung eines Rechtsnachfolgers 156
            a) Rückforderungsrecht der A? 156
            b) Einbau einer aufschiebenden Bedingung? 157
            c) Exkurs 157
        4. Gleichstellungsgelder 158
        5. Exkurs: Die Geschwisterabrede 158
        6. Erbrechtliche Erklärungen 159
        7. Exkurs: Erb- oder Pflichtteilsverzicht? 159
        8. Finanzierungsmöglichkeiten der B 161
        9. Die Rechtsstellung des D 162
    VI. Formulierungsvorschlag für die Urkunde 163
G. Musterklausur IV 166
    I. Sachverhalt 166
    II. Aufgabenstellung 166
    III. Hinweise zur Aufgabenstellung/Anlagen 166
    IV. Analyse der Fragestellung 168
    V. Vorschlag für einen sinnvollen Prüfungsaufbau 169
        1. Überprüfung des Entwurfs 169
            a) Prüfung des § 3 169
            b) Prüfung des § 4 171
            c) Prüfung des § 5 172
        2. Änderungsvorschläge zum vorgelegten Entwurf 173
        3. Lebzeitige Vermögensübertragung zugunsten der gesunden
           Abkömmlinge 174
    VI. Zusammenfassung 176
H. Der Aktenvortrag 176
    I. Allgemeines 176
        1. Vortrag F 21–3 177
        2. Vortrag F 21–20 177
        3. Vortrag F 21–36 177

Inhaltsverzeichnis

4. Vortrag F 21–37.	177
5. Weitere geprüfte Bereiche aus dem Erbrecht	178
II. Muster-Aktenkurzvortrag I	178
1. Sachverhalt.	178
2. Aufgabenstellung.	179
3. Lösungsvorschlag.	179
a) Fallvariante A.	179
b) Fallvariante B.	180
c) Fallvariante C.	180
d) Fallvariante D.	180
4. Gewichtung der Teilaufgaben	181
III. Muster-Aktenkurzvortrag II	181
1. Sachverhalt.	181
2. Aufgabenstellung.	182
3. Lösungsskizze zum Muster-Aktenkurzvortrag	182
a) Allgemeine Hinweise.	182
b) Prüfungsaufbau.	182
4. Zusammenfassende Gestaltungsempfehlung.	185
5. Die Bewertung dieses Aktenvortrags	186
IV. Muster-Aktenvortrag III.	186
1. Der Sachverhalt.	186
2. Aufgabenstellung.	187
3. Lösungsskizze.	187
a) Allgemeine Hinweise.	187
b) Ausgangspunkt.	187
c) Lösungsansätze.	187
4. Bewertung	189
5. Hinweis.	189
Stichwortverzeichnis.	191

Der Autor

Rüdiger Gockel ist schon seit 1981 als Rechtsanwalt und seit 1991 zusätzlich als Notar im westfälischen Beckum tätig. Daneben ist er zertifizierter Testamentsvollstrecker und Schiedsrichter in Erbstreitigkeiten (DSE). Er verfügt über eine langjährige Erfahrung als Dozent in der Aus- und Fortbildung von Fachanwälten für Erbrecht und Notaren. Er begleitet die Vorbereitung der angehenden Notare auf das Notarexamen im Erbrecht durch entsprechende Grundkurse, aber auch durch Tätigkeiten in einem Fernklausurenkurs.

Daneben ist er Autor verschiedener Fachbücher und zahlreicher fachspezifischer Veröffentlichungen.

Abkürzungsverzeichnis

a.A.	anderer Auffassung
a.a.O.	am angegebenen Ort
abgedr.	abgedruckt
abl.	ablehnend
ABl	Amtsblatt
Abs.	Absatz
Abschn.	Abschnitt
Abt.	Abteilung
abw.	abweichend
a.E.	am Ende
ÄndG	Änderungsgesetz
a.F.	alte Fassung
AfA	Absetzung bzw. Abschreibung für Abnutzung
AG	Aktiengesellschaft; Amtsgericht; Arbeitgeber; Auftraggeber; Ausführungsgesetz
AGB	Allgemeine Geschäftsbedingungen
AGH	Anwaltsgerichtshof
allg.	allgemein
allg.M.	allgemeine Meinung
Alt.	Alternative
a.M.	anderer Meinung
Anh.	Anhang
Anm.	Anmerkung
AnwG	Anwaltsgericht
AnwGH	Anwaltsgerichtshof
ArbG	Arbeitsgericht
arg.	argumentum
Art.	Artikel

Abkürzungsverzeichnis

AT	Allgemeiner Teil
Aufl.	Auflage
ausdr.	ausdrücklich
Az.	Aktenzeichen
BayObLG	Bayerisches Oberstes Landesgericht
Bd.	Band
Bekl	Beklagter
Beschl.	Beschluss
bestr.	bestritten
BGH	Bundesgerichtshof
Bl	Blatt
BR	Bundesrat
BRAK	Bundesrechtsanwaltskammer
BReg	Bundesregierung
BSG	Bundessozialgericht
bspw.	beispielsweise
BT	Besonderer Teil, Bundestag
BVerfG	Bundesverfassungsgericht
bzgl.	bezüglich
bzw.	beziehungsweise
ca.	circa
c.i.c.	culpa in contrahendo
DAV	Deutscher Anwaltverein
ders.	derselbe
d.h.	das heißt
DIS	Deutsche Institution für Schiedsgerichtsbarkeit e.V.
Diss.	Dissertation
DNotI	Deutsches Notarinstitut

Drucks	Drucksache
DVEV	Deutsche Vereinigung für Erbrecht und Vermögensnachfolge e.V.
ebd.	ebenda
e.G.	eingetragene Genossenschaft
Einf.	Einführung
eingetr.	eingetragen
Einl.	Einleitung
einschl.	einschließlich
eLP	eingetragene Lebenspartnerschaft
EMRK	Europäische Menschenrechtskonvention
Entsch.	Entscheidung
entspr.	entsprechend
Entw.	Entwurf
Erkl.	Erklärung
etc.	et cetera
EU	Europäische Union
EU-ErbVO	Verordnung (EU) Nr. 650/2012 des Europäischen Parlamentes und des Rates vom 04.07.2012 (Erbrechtsverordnung)
EuGH	Europäischer Gerichtshof
EUR	Euro
e.V.	eingetragener Verein
EV	Eidesstattliche Versicherung
evtl.	eventuell
f., ff.	folgende, fortfolgende
Fa.	Firma
FA	Finanzamt
FamG	Familiengericht
FG	Finanzgericht, Freiwillige Gerichtsbarkeit

Abkürzungsverzeichnis

Fn	Fußnote
FS	Festschrift
GBA	Grundbuchamt
GBl	Gesetzblatt
GbR	Gesellschaft des bürgerlichen Rechts
geänd.	geändert
gem.	gemäß
ggf.	gegebenenfalls
Gl.	Gläubiger
GmbH	Gesellschaft mit beschränkter Haftung
grds.	grundsätzlich
GVBl	Gesetz- und Verordnungsblatt
Halbs.	Halbsatz
Hinw.	Hinweis(e)
h.L.	herrschende Lehre
h.M.	herrschende Meinung
Hrsg.	Herausgeber
hrsg.	herausgegeben
Hs.	Halbsatz
i.A.	im Auftrag
i.d.F.	in der Fassung
i.d.R.	in der Regel
i.d.S.	in diesem Sinne
i.E.	im Ergebnis
i.e.S.	im engeren Sinne
i.G.	in Gründung
i.H.v.	in Höhe von
inkl.	inklusive

Abkürzungsverzeichnis

insb.	insbesondere
insg.	insgesamt
i.S.d.	im Sinne des
i.S.v.	im Sinne von
i.Ü.	im Übrigen
i.V.	in Vertretung
i.V.m.	in Verbindung mit
i.W.	in Worten
i.w.S.	im weiteren Sinne
Jg.	Jahrgang
Kap.	Kapitel
KG	Kommanditgesellschaft; Kammergericht
krit.	kritisch
KV	Kostenverzeichnis
lfd.	laufend
LG	Landgericht
lit.	litera (Buchstabe)
Lit.	Literatur
LPartG	Gesetz zur Beendigung der Diskriminierung gleichgeschlechtlicher Gemeinschaften: Lebenspartnerschaften v. 16.2.2001, BGBl. I 2001, 266
LS	Leitsatz
m.E.	meines Erachtens
mind.	mindestens
Mio.	Million
Mitt.	Mitteilungen
m.w.H.	mit weiteren Hinweisen

Abkürzungsverzeichnis

m.w.N.	mit weiteren Nachweisen
MwSt	Mehrwertsteuer
m.W.v.	mit Wirkung vom
NachlG	Nachlassgericht
ne.	nichtehelich
n.F.	neue Fassung
Nr.	Nummer
n.r.	nicht rechtskräftig
n.v.	nicht veröffentlicht
NW	Nordrhein-Westfalen
o.a.	oben angegeben/angeführt
o.Ä.	oder Ähnliches
o.g.	oben genannt
OLG	Oberlandesgericht
p.a.	per anno
PKH	Prozesskostenhilfe
PKV	Prozesskostenvorschuss
Prot.	Protokoll
pVV	positive Vertragsverletzung
RA	Rechtsanwalt
RAin	Rechtsanwältin
Rdn	Randnummer, intern
rechtskr.	rechtskräftig
RegEntw	Regierungsentwurf
RG	Reichsgericht
Ri	Richter
RiAG	Richter am Amtsgericht

Abkürzungsverzeichnis

Rn	Randnummer, extern
Rspr.	Rechtsprechung
rückw.	rückwirkend
S.	Satz; Seite
s.	siehe
s.a.	siehe auch
Slg.	Sammlung
s.o.	siehe oben
sog.	sogenannte/r/s
StB	Steuerberater
str.	streitig
st.Rspr.	ständige Rechtsprechung
s.u.	siehe unten
u.a.	unter anderem
u.Ä.	und Ähnliches
u.E.	unseres Erachtens
umstr.	umstritten
Univ.	Universität
unstr.	unstreitig
unveröff.	unveröffentlicht
UR.	Urkundenrolle
urspr.	ursprünglich
Urt.	Urteil
usw.	und so weiter
u.U.	unter Umständen
u.V.m.	und Vieles mehr

Abkürzungsverzeichnis

Verf.	Verfassung; Verfasser
Veröff.	Veröffentlichung
Verz.	Verzeichnis
Vfg.	Verfügung
vgl.	vergleiche
v.H.	vom Hundert
VO	Verordnung
VOBl	Verordnungsblatt
Vor	Vorbemerkung
vorl.	vorläufig
VormG	Vormundschaftsgericht
z.B.	zum Beispiel
Ziff.	Ziffer
zit.	zitiert
z.T.	zum Teil
zust.	zustimmend
zzgl.	zuzüglich
zzt.	zurzeit

Literaturverzeichnis

Beck'scher Online Kommentar, BGB, München 2017, Stand 1.11.2017

Beck'sches Formularbuch ErbR, 4. Aufl. 2019

Bengel/Reimann, Handbuch der Testamentsvollstreckung, 6. Aufl. 2017

Damrau/Tanck (Hrsg), Praxiskommentar Erbrecht, 4. Aufl. 2020

Diehn/Sikora/Tiedtke, Das neue Notarkostenrecht, 1. Aufl. 2013

Kroiß/Horn/Solomon, Nachfolgerecht, 2. Aufl. 2019

Scherer, Münchener Anwaltshandbuch Erbrecht, 5. Aufl. 2018

Gockel, Notarformulare Sonderfälle Testamentsgestaltung, 2. Aufl. 2018

Langenfeld, Testamentsgestaltung, 5. Aufl. 2015

Mayer/Bonefeld, Testamentsvollstreckung, 4. Aufl. 2015

Müller-Lukoscheck, Die neue EU-Erbrechtsverordnung, 2. Aufl. 2015

MüKo zum BGB, Band 11, ErbR 2020

Nieder/Kössinger, Handbuch Testamentsgestaltung, 6. Aufl. 2020

Ruby/Schindler, Das Behindertentestament, 3. Aufl. 2018

Schöner/Stöber, Grundbuchrecht, 16. Aufl. 2018

Schulte, Die notarielle Fachprüfung im Handels- und Gesellschaftsrecht, 6. Aufl. 2018

Spiegelberger, Unternehmensnachfolge, 2. Aufl. 2009

Staudinger, Kommentar zum BGB, Buch 5, 2019

Winkler, Der Testamentsvollstrecker, 22. Aufl. 2016

§ 1

§ 1 Allgemeines

A. Zur notariellen Fachprüfung

Das Ergebnis der notariellen Fachprüfung fließt zu 60 % in die Gesamtnote ein, die letztlich darüber entscheidet, ob die Aspirantin/der Aspirant die begehrte Notartelle erhält. Das Ergebnis der zweiten juristischen Staatsprüfung wird mit noch 40 % berücksichtigt. Was immer man auch von diesem Prüfungssystem halten mag, der Bewerber wird sich in der Praxis daran zu orientieren haben, dass er ein möglichst gutes Prüfungsergebnis in der notariellen Fachprüfung erzielt. Da nicht alle künftigen Notare über hervorragende Ergebnisse im Assessorexamen verfügen, kommt dem Notarexamen überragende Bedeutung zu. Es kann und muss daher allen Bewerberinnen und Bewerbern empfohlen werden, sich gründlich auf diese Prüfung vorzubereiten. Sie lässt sich nicht nebenher und mit vollem weiterlaufendem Dezernat schaffen.

1

Das zeigt sich auch an der Durchfallquote von durchschnittlich einem Viertel.

Im Übrigen ist es natürlich unabdingbar, sich vor Aufnahme der notariellen Tätigkeit gründlich mit den einzelnen Bereichen des Notariats zu beschäftigen, denn in der Praxis werden auch „Anfängerfehler" nicht akzeptiert und führen gegebenenfalls zur sofortigen Haftung des Notars.

Man kann es begrüßen, dass das alte System des Punktesammelns obsolet geworden ist. Bei diesen früheren Veranstaltungen war auf Zuhörerseite nur in Ausnahmefällen ansatzweise Interesse zu erkennen, es ging wesentlich um die Teilnahmebestätigung nebst Bepunktung. Das hat sich mit der Einführung des „Notarexamens" drastisch geändert. Als Dozent derartiger Veranstaltungen, die auf das Notarexamen vorbereiten, findet man nunmehr eine hochmotivierte und interessierte Zuhörerschaft, die intensiv nachfragt und diskutiert. Man wird also mit gewisser Berechtigung sagen dürfen, dass die Qualität der Bewerber zugenommen hat. Da es – gerade in Ballungsgebieten – häufig auf die letzte Stelle hinter dem Komma ankommt, ist ein gut abgelegtes Notarexamen unabdingbar; aber auch für diejenigen, die letztlich nur irgendwie „bestehen" müssen, ist es naturgemäß von Bedeutung, nicht zu den Prüflingen zu gehören, die letztlich nicht bestanden haben. An der 18. Prüfungskampagne (1/2016) haben 216 Anwärter teilgenommen. 197 wurden zur mündlichen Prüfung zugelassen, von denen schließlich 48 Teilnehmer (25,1 %) die Prüfung nicht bestanden haben. Alle zur mündlichen Prüfung geladenen Prüflinge haben dann letztlich das Examen bestanden, was wiederum den Erfahrungssatz bestätigt, dass in der mündlichen Prüfung letztlich niemand mehr durchfällt. Das Notenspektrum liegt im Schwerpunkt bei der Note „befriedigend" (37,0 %) und „ausreichend" (26,0 %). Damit ist das Notenspektrum nach wie vor „juristentypisch" beim Schwerpunkt im mittleren Bereich.

2

§ 1 Allgemeines

3   Die Vorbereitung auf das Notarexamen kann sehr unterschiedlich ausfallen, Art und Umfang sind natürlich von den bereits vorhandenen Vorkenntnissen abhängig. Generell wird man sagen können, dass, wenn immer möglich, es sinnvoll ist, einem praktizierenden erfahrenen Notar „über die Schulter" zu schauen und ihn bei seiner täglichen Praxis zu begleiten. Das allein dürfte aber nicht reichen, den Anforderungen gerecht zu werden, die im Examen abgefragt werden. Hier empfiehlt sich – selbstverständlich neben dem Studium von entsprechenden Handbüchern wie dem vorliegenden, – die Teilnahme an Einführungskursen, die bei den Anbietern, die in der Anwalts- und Notarfortbildung tätig sind, mehrfach im Jahr im Programm sind. Auch eine spezielle Schulung in der Klausurenbewältigung ist sinnvoll, denn häufig genug ist die letzte geschriebene Klausur etliche Jahre her, so dass die Problematik der Zeiteinteilung erst wieder neu eingeübt werden muss.

B. Zum Erbrecht

4   Man kann nicht gerade behaupten, dass die Ausbildung des jungen Juristen im Erbrecht umfassend ist, teilweise findet sie überhaupt nicht statt. Während des Studiums kann man weitestgehend erbrechtliche Fragestellungen vermeiden, auch während der Referendarzeit ist es nicht die Regel, mit Erbrecht konfrontiert zu werden. Wenn erbrechtliche Kenntnisse erworben sind, werden diese gern mit „Grundzügen" skizziert, der junge Jurist verfügt damit über erbrechtliche Kenntnisse, die etwa Volkshochschulniveau haben dürften. Das reicht natürlich nicht aus, in der Praxis, sei sie nun anwaltlich oder notariell, bestehen zu können. Diejenigen Juristen, die sich im Verlaufe ihres Berufslebens intensiver mit dem Erbrecht beschäftigen, eignen sich die Kenntnisse meist selbst an. Angesichts des Schattendaseins, das das Erbrecht leider immer noch fristet, kann es aber auch einem gestandenen Juristen geschehen, dass er bis zur Ergreifung des Notaramtes keinen intensiven Kontakt mit der Materie des Erbrechts gefunden hat. In der notariellen Fachprüfung spielt das Erbrecht allerdings eine nicht zu unterschätzende Rolle. Auch hier kann es naturgemäß gelingen, den Problemen aus dem Weg zu gehen (dann allerdings wird man in den Klausuren oder mündlichen Prüfungen mit Fragestellungen aus anderen Spezialgebieten konfrontiert, die nicht angenehmer sein dürften). Das Erbrecht einfach auszuklammern, erscheint daher für denjenigen, der das Notaramt erwerben möchte, gänzlich ausgeschlossen.

5   Erbrecht hat es in sich, wie auch das Urteil des Kammergerichts vom 7.7.2011[1] beweist. Hier war ein Kandidat an einer erbrechtlichen Fragestellung in einer Klausur gescheitert. Die Erstkorrektorin wertete die Klausur mit drei Punkten, der Zweitkorrektor gab vier Punkte. Angesichts noch weiterer Schwachpunkte in der schriftlichen Prüfung wurde

---

1 KG BeckRS 2011, 25905.

der Kandidat nicht zur Prüfung zugelassen. Die Prüfungskommission hatte für die Klausur den Mittelwert von 3,5 Punkten ermittelt und festgelegt. Nach Auffassung des Kammergerichts bestanden hiergegen keine rechtlichen Bedenken.

Das Kammergericht stieg dann selbst in die Bewertung der Klausur ein, da es sich nach der Rechtsprechung des Bundesverfassungsgerichts zum Umfang der gerichtlichen Kontrolle berufsbezogener Prüfungen verpflichtet sah, Prüfungsentscheidungen des Prüfungsamtes in rechtlicher und tatsächlicher Hinsicht grundsätzlich vollständig nachzuprüfen. Es hat dann bei eigener Nachprüfung die vorgenommenen Bewertungen, insbesondere die Bewertung der Erstkorrektorin, bestätigt. Der Kandidat hatte sich insbesondere gegen die Gewichtung der Bewertung durch die Korrektorin gewendet, die in die Bewertung aufgenommen hatte, dass die nur sehr eingeschränkte Brauchbarkeit der entworfenen Urkunde von erheblichem Gewicht gewesen sei.

Das Kammergericht stellt dazu fest, dass es nicht sachwidrig ist, den Gutachtenteil und den Entwurfsteil gleich zu gewichten, wie das die Korrektorin vorliegend getan hatte. Die Aufsichtsarbeiten, so heißt es in dem Urteil weiter, „dienen der Feststellung, ob der Prüfling die für die notarielle Tätigkeit notwendigen Fachkenntnisse erworben hat und ob er fähig ist, in begrenzter Zeit mit vorgegebenen Hilfsmitteln eine rechtlich einwandfreie und zweckmäßige Lösung für Aufgabenstellungen der notariellen Praxis zu erarbeiten, § 7b Abs. 1 S. 2 BNotO. Danach kann es für die Gewichtung des Urkundenteils weder darauf ankommen, ob Notare in der Praxis üblicherweise Formularbücher verwenden, noch dass der Kandidat den Urkundenentwurf in Zeitnot gefertigt hat."

Das führt uns zu dem zweifellos gravierenden Zwischenergebnis, dass der Prüfling in der Klausur in der Lage sein muss, einen verwertbaren Urkundenentwurf zu fertigen. Das wiederum bedingt, dass er sich die Zeit für die Klausurlösung richtig eingeteilt hat. Zu beidem darf auf die nachfolgenden Ausführungen verwiesen werden.

§ 2 Mögliche Aufgabenstellungen im Erbrecht

A. Der Entwurf einer letztwilligen Verfügung

Es ist denkbar, dass die Aufgabenstellung im erbrechtlichen Bereich im Rahmen des Sachbearbeitervermerks so lautet, dass Sie eine zweckmäßige Urkunde errichten sollen. Gefragt ist also ein beurkundungsreifer Entwurf, der sich nicht nur mit einigen wenigen Stichworten begnügt, sondern auch praxistauglich sein muss, wie man aus der Bewertung des gescheiterten Kollegen beim Kammergericht (siehe oben § 1 Rdn 5) ableiten muss. Aus der Begründung des Kammergerichts ist abzuleiten, dass der Kandidat sich dahin eingelassen hat, dass Notare sich bei der Fertigung von Entwürfen entsprechender Formularbücher oder eigener Formularsammlungen bedienen. Dieses Argument wurde vom Kammergericht nicht zugunsten des Klägers gewertet (... kann es für die Gewichtung des Urkundenteils weder darauf ankommen ...). Man hat also als Klausurenverfasser tatsächlich damit zu rechnen, dass auch die Urkundsreife bzw. Praxistauglichkeit erwartet wird. Da Hilfsmittel, die diesen Teil abdecken würden, nicht zur Verfügung stehen, bleibt hier nichts anderes übrig, als sich im Vorfeld mit der entsprechenden Praxis vertraut zu machen, um nicht schon mit dieser Aufgabe überfordert zu sein.

Sämtliche nachfolgenden Gestaltungsentwürfe verstehen sich als Vorschlag. Sie entsprechen im Wesentlichen den in der Praxis bewährten Gestaltungen, die Vorschläge sind aber unverbindlich. Angesichts der Vielzahl der möglichen Gestaltungen nehmen die Vorschläge auch nicht für sich in Anspruch, etwa die einzig mögliche Gestaltung darzustellen.

I. Das Testament

1. Die Vorbefassung

In jede Urkunde des Notars gehört der sogenannte Vorbefassungsvermerk. Ob eine Vorbefassung vorliegt, wird gerade bei der Abfassung letztwilliger Verfügungen häufig nicht genau genug überprüft und das, obwohl gerade im erbrechtlichen Bereich die Vorbefassung relativ häufig anzutreffen ist. Dazu muss man sich nur die Entscheidung des BGH[1] vergegenwärtigen, in der noch einmal deutlich gemacht worden ist, wie weit die Gerichte eine Vorbefassung des Notars anzunehmen bereit sind. Entscheidend ist, ob der Notar in derselben Angelegenheit bereits „außerhalb seiner Amtstätigkeit" tätig geworden ist. Das Mitwirkungsverbot wegen einer Vorbefassung ist grundsätzlich mandatsbezogen, so dass man meinen könnte, hier die Vorbefassung relativ einfach prüfen zu können. In dem ent-

---
1 BGH FamRZ 2013, 215.

schiedenen Fall hatte ein Rechtsanwalt eine Partei im Rahmen eines Ehescheidungsverfahrens vertreten. In diesen Verfahren war es nicht einmal um Zugewinnausgleichsansprüche gegangen. Anschließend hatte der Anwaltsnotar einen notariellen Grundstücksübertragungsvertrag zwischen den ehemaligen Eheleuten beurkundet, in dem es mehr oder weniger deklaratorisch hieß, dass mit Erfüllung der sich daraus ergebenen Zahlungsverpflichtung sämtliche wechselseitigen etwaigen Zugewinnausgleichsansprüche erledigt sein sollten. Selbst der Hinweis des Anwaltsnotars darauf, dass er im vorausgehenden Ehescheidungsverfahren überhaupt kein Mandat zum Zugewinnausgleich hatte, verfing beim BGH nicht, der es ausreichen ließ, wenn ein Gesamtzusammenhang innerhalb des einheitlichen Lebenssachverhalts besteht. Die von ihm als Notar beurkundete Regelung enthalte eine Scheidungsfolge. Damit sei der Anwaltsnotar bereits in der gleichen Sache tätig gewesen. Bei objektiver Betrachtung habe für jede vernünftige Partei die begründete Besorgnis bestanden, dass diese parteiliche Vorbefassung des Anwaltsnotars bei der Beurkundung, die eine Regelung zu einer unmittelbaren Scheidungsfolge enthielt, noch fortwirkt.

4   Daran merkt man, wie schnell man als Anwaltsnotar in den Bereich einer Vorbefassung gelangt, so dass die Aufnahme des Vorbefassungsvermerks für den Notar auch ein dringender Merkposten ist, noch einmal in sich zu gehen, ob er möglicherweise einen der Beteiligten bereits in einem vorangegangenen Verfahren „gleichen Inhalts" vertreten hat.

2. Ausschluss des Notars

5   Es ist denkbar, dass der Notar selbst von der Beurkundung ausgeschlossen ist, weil er aus der Beurkundung einen Vorteil zieht. Ein solcher Vorteil muss nicht pekuniärer Art sein, es reicht jede denkbare Besserstellung.[2] So reicht es schon aus, wenn dem Notar ein Vermächtnis zugedacht wird oder wenn er nur Testamentsvollstrecker wird. Da die Entscheidungen zu diesen Fragen regelmäßig veröffentlicht werden, kann damit gerechnet werden, dass dieser Teilbereich des Beurkundungsverfahrens einmal problematisiert wird.

3. Die Beteiligung von Schreibzeugen

6   Gerade im Bereich der erbrechtlichen Beurkundungen hat der Notar es häufig mit älteren, kranken oder gebrechlichen Beteiligten zu tun. Da zumindest eine Unterschrift von dem Testator verlangt wird, stößt man hier an Grenzen, wenn der Beteiligte selbst schon nicht mehr schreibfähig ist.

Nach § 22 BeurkG ist immer dann, wenn der Testator selbst nicht schreibfähig ist, die Beteiligung von Schreibzeugen möglich. § 26 BeurkG verhält sich zu der Frage, wer als

---

2 § 7 BeurkG.

Schreibzeuge nicht in Betracht kommt. Zu dieser Problematik gab es bereits einen Aktenvortrag (Vortrag F 21–3), in dem abgefragt wurde, wer als Schreibzeuge in Betracht kommt und welche Konsequenzen die Hinzuziehung einer nicht als Schreibzeuge geeigneten Person im Hinblick auf die Rechtswirksamkeit der Notarurkunde hätte. Reflektiert wird hier auf das Urteil des OLG Hamm,[3] wonach jeder Vorteil für den Schreibzeugen ausreicht, ihn auszuschließen.

4. Feststellungen zur Geschäftsfähigkeit

In den Urkundseingang gehört bei Testamenten die Feststellung der Geschäftsfähigkeit, denn anders als bei normalen Beurkundungen hat der Notar im Rahmen der Beurkundung letztwilliger Verfügungen derartige Feststellungen zu treffen (§ 28 BeurkG). Darüber hinaus ist Voraussetzung die Testierfähigkeit (§ 2229 Abs. 4 BGB; Erbvertrag: § 2275 Abs. 1 BGB i.V.m. § 2104 Nr. 2 BGB). Eine Testierunfähigkeit liegt vor, wenn der Verfügende nicht in der Lage ist, die Reichweite seiner Anordnungen zu überblicken, insbesondere nicht versteht, dass es sich um eine letztwillige Verfügung handelt, dass er zur Abgabe der entsprechenden Erklärung nicht verpflichtet ist, dass es auch andere Möglichkeiten gibt, zu testieren oder es zu unterlassen, welche wirtschaftlichen und persönlichen Folgen seine Verfügung hat. Insbesondere ist zu prüfen, ob er frei von Einflüssen Dritter handeln konnte. 7

Das OLG München hat im Zusammenhang mit einer chronisch-progredienten Demenz interessante Ausführungen zu den sogenannten lichten Intervallen gemacht, die auch im Rahmen einer Prüfung einmal eine Rolle spielen könnten.[4] 8

Im entschiedenen Sachverhalt handelte es sich um eine Erblasserin, die Mitte Mai 2011 im Alter von 65 Jahren verstorben war und an der sogenannten Creutzfeldt-Jakob-Erkrankung litt. Ihr Ehemann war bereits im September 2010 vorverstorben, man hinterließ einen Sohn. Es gab mehrere letztwillige Verfügungen. Mit einem gemeinschaftlichen Testament aus dem Jahre 1995 hatten sich die Ehegatten wechselseitig zu alleinigen Erben eingesetzt und den Sohn zum Schlusserben. Mit Erbvertrag aus dem Jahre 2006 hoben sie dieses Testament jedoch wieder auf und setzten sich gegenseitig zum Erben ein und zwar zu ½ und den Sohn zur anderen Hälfte, wobei der Sohn Vorerbe sein sollte. Mit Testament aus dem Jahre 2008, das von der Erblasserin handschriftlich angefertigt worden war und von dem Ehemann ebenfalls handschriftlich bestätigt wurde, hoben die Ehegatten den Erbvertrag wieder auf und setzen sich gegenseitig zu alleinigen Erben ein. Schließlich bestimmten sie in diesem Testament zum alleinigen Schlusserben eine gemeinnützige Einrichtung. Ferner erklärten sie, dass sämtliche im Testament niedergeleg-

---
3 OLG Hamm ZErb 2013, 71.
4 OLG München ZErb 2013, 236.

ten Verfügungen soweit zulässig wechselbezüglich sein sollten, nach dem Tod eines Teils aber der Längerlebende berechtigt sein sollte, das Testament einseitig beliebig zu ändern. Im Monat August 2010 erklärte die Erblasserin für sich im eigenen Namen und aufgrund der Generalvollmacht auch für ihren Ehemann den Widerruf des gemeinsamen privatschriftlichen Testamentes und nahm als Vertreterin ihres möglicherweise nicht mehr geschäfts- und testierfähigen Ehemannes die Widerrufserklärungen auch selbst entgegen. Alsdann setzte sie ihren Sohn zum Alleinerben ein unter der Voraussetzung, dass keine Bindung mehr aus dem notariellen Erbvertrag bestehe. Am 14.9.2010 setzte sie erneut ihren Sohn zum Alleinerben ein, um Zweifel an der Wirksamkeit der letztwilligen Verfügung aus August 2010 auszuschließen. Der Notar versah das Testament mit der Feststellung, er habe trotz der zittrigen Unterschrift von Frau F an der Testierfähigkeit keinen Zweifel.

9   Es kam, wie es kommen musste. Nach dem Eintritt des Erbfalls stritten sich der Sohn und die gemeinnützige Organisation darum, wer denn nun Erbe geworden war. Aufgrund eingeholter Sachverständigengutachten stand schließlich fest, dass die Erblasserin wegen eines demenziellen Syndroms sowohl am 20.8.2010 wie auch vom 14.9.2010 die Bedeutung ihrer abgegebenen Willenserklärungen weder einsehen noch nach dieser Einsicht handeln konnte. Dem trat der Sohn mit einer eidesstattlichen Versicherung von Zeugen entgegen, die sich bei der Beerdigung des Vaters (Ehemannes der Erblasserin) mit ihr unterhalten hätten und sie als geistig völlig normal erlebt hätten. Auch berief er sich auf die Feststellungen des Notars im Rahmen der Beurkundung.

10   Das OLG München ist zu dem Ergebnis gekommen, dass die Testamente aus August 2010 und September 2010 nichtig sind, weil die Erblasserin in diesem Zeitpunkt bereits testierunfähig war. Es hat festgestellt, dass derjenige ein Testament nicht errichten kann, der wegen krankhafter Störung der Geistestätigkeit, wegen Geistesschwäche oder wegen Bewusstseinsstörung nicht in der Lage ist, die Bedeutung einer von ihm abgegebenen Willenserklärung einzusehen und nach dieser Einsicht zu handeln. Testierfähigkeit setzt damit voraus, dass der Testierende selbstbestimmt handeln und eigenverantwortliche Entscheidungen treffen kann. Der Testierende muss danach nicht nur erfassen können, dass er ein Testament errichtet und welchen Inhalt die darin enthaltenen Verfügungen aufweisen. Er muss auch im Stande sein, den Inhalt des Testamentes von sich aus zu bestimmen und sich aus eigener Überzeugung ein klares Urteil über die Tragweite seiner Anordnungen zu bilden. Das erfordere, dass er sich die für und gegen die Anordnung sprechenden Gründe vergegenwärtigt und sie gegeneinander abwägen kann. Es muss bei der Testamentserrichtung möglich sein, sich an Sachverhalte und Ereignisse zu erinnern, Informationen aufzunehmen, Zusammenhänge zu erfassen und Abwägungen vorzunehmen. Das Sachverständigengutachten, das vom Senat eingeholt worden ist, erläuterte, dass die bei der Erblasserin vorliegende Erkrankung sich zum einen in neurologischen,

A. Der Entwurf einer letztwilligen Verfügung § 2

körperlichen Symptomen manifestierten, zum anderen in einer rasch fortschreitenden Demenz. Unter Hinweis auf die einschlägige psychiatrische Fachliteratur hat er dargelegt, dass bei einer derartigen Störung lichte Momente (sogenannte luzide Intervalle) mit einer Wiedererlangung der Urteilsfähigkeit praktisch ausgeschlossen sind. Entgegen der Auffassung des Beschwerdeführers waren auch die Angaben des Notars selbst in Anbetracht dessen langer Berufserfahrung nicht geeignet, die Testierfähigkeit der Erblasserin zu belegen. Dessen Eindruck, die Erblasserin sei an beiden Tagen in einem körperlich schlechten Zustand, jedoch geistig auf der Höhe gewesen, sei mit den fachlichen Befunden und der zeitnah durchgeführten fachspezifischen Diagnostik zur geistigen Leistungsfähigkeit der Erblasserin nicht zu vereinbaren. Daran sieht man, dass selbst ein nach außen hin testierfähig wirkender Beteiligter durchaus testierunfähig sein kann und Bekundungen Dritter, ja sogar die Feststellungen des Notars nicht unbedingt zu dem Ergebnis führen, dass die Testierfähigkeit für gegeben angesehen wird.

Im Grundsatz gilt, dass im Zweifel von der Testierfähigkeit des Testators auszugehen ist. 11
Schließlich trägt etwa im Rahmen eines Verfahrens auf Erteilung eines Erbscheins derjenige die volle Beweislast, der sich auf die Testierunfähigkeit beruft.[5] Allerdings hat das OLG Hamm einmal festgestellt, dass bei dem Krankheitsbild der Altersdemenz oder einer Cerebralsklerose der Verdacht einer eingeschränkten Einsichtsfähigkeit naheliegt, wenn es sich hierbei um eine fortschreitende mittelschwere Demenz handelt, die nicht nur vaskulärer, sondern degenerativer Art ist.[6]

Im Übrigen ist die Beurteilung der Testierfähigkeit des Erblassers etwa im Verfahren der freiwilligen Gerichtsbarkeit grundsätzlich Fachärzten für Psychiatrie vorbehalten.[7] In dem vom OLG München entschiedenen Sachverhalt hatte ein Nachlassgericht einen Sachverständigen, der diese Qualifikationen nicht aufwies, für grundsätzlich ungeeignet eingestuft. Durch das Erfordernis des Vorliegens der entsprechenden fachärztlichen Qualifikation werde in abstrakt genereller Weise sichergestellt, dass der Sachverständige nach der ärztlichen Approbation ein mindestens fünfjähriges Weiterbildungscurriculum absolviert und durch das Bestehen der entsprechenden Facharztprüfung seine grundsätzliche Befähigung nachgewiesen habe. Wenn der Notar also bei Aufnahme oder im Rahmen der Vorbereitung eines Testamentes Zweifel an der Testierfähigkeit hat, sollte er, soweit das möglich ist, die Stellungnahme eines derartigen Facharztes einholen und im Zweifel dem Testament auch als Anlage beifügen. Gänzlich ungeeignet scheint hier die Stellungnahme eines Hausarztes des Testierenden zu sein, notfalls hilft man sich mit einem Neurologen. Da der Notar die Aufgabe hat, möglichst nur wirksame Urkunden zu verfassen, ist es auch an ihm, bei sich aufdrängenden Zweifeln die erforderlichen Er-

---
5 OLG Düsseldorf 3 Wx 259/17 – juris -.
6 OLG Hamm, 10 U 76/16 – juris -.
7 OLG München, 31 Wx 466/19 – juris -.

mittlungen anzustellen. Es ist sicher im Sinne des Testierenden, dass diese Feststellungen mit der notwendigen Qualität auch getroffen werden.

5. Bindungswirkungen

12 Im Rahmen der Vorprüfung des Entwurfs eines Testamentes wird man häufig mit der Frage konfrontiert werden, ob der Erblasser möglicherweise einer Bindungswirkung unterliegt, die sich sowohl bei einem gemeinschaftlichen Testament, welches vorausgegangen ist, wie auch bei einem Erbvertrag ergeben kann (Bindung an den früher abgeschlossenen Erbvertrag, § 2289 Abs. 2 S. 1 BGB; Bindung an ein früheres Ehegattentestament, § 2271 Abs. 1 S. 2 BGB). Im Rahmen dieser Prüfung ist abzuhandeln, ob der vorausgegangene Erbvertrag/das Ehegattentestament überhaupt wirksam zustande gekommen ist. Eine Bindung besteht nur bei vertragsgemäßen Verfügungen im Sinne von § 2299 BGB bzw. wechselbezüglichen Verfügungen im Sinne von § 2270 BGB.

13 Folgende Problemkreise können sich öffnen:

Wurde im Erbvertrag/Ehegattentestament ein Änderungsvorbehalt geregelt?

■ Hat der Vertragspartner formgerecht in die Abänderung eingewilligt (§§ 2290 Abs. 4, 2276 BGB)?

■ Enthält der Erbvertrag/das Ehegattentestament vielleicht einen stillschweigenden Änderungsvorbehalt?

■ Befreiung von der Bindung durch den anderen Ehegatten (beispielsweise durch Zustimmung)?

■ Formgerechter Widerruf des Ehegattentestamentes (§§ 2270 Abs. 1 S. 2, 2296 Abs. 2 BGB)?

Dazu müsste an dieser Stelle die vorangegangene Verfügung auf ihre Bindungswirkung hin überprüft werden.

6. Verstoß gegen die guten Sitten?

14 In Ausnahmefällen verstößt ein Testament gegen die guten Sitten nach § 138 BGB. Das ist insbesondere dann der Fall, wenn nachgewiesen werden könnte, dass die Testierung durch einen unzulässigen Druck auf die Entschließung des Testierenden erfolgt ist. Fragen der Sittenwidrigkeit werden in der Rechtsprechung in erster Linie im Zusammenhang mit Pflichtteilsverzichten geprüft, da hier häufig ein Ungleichgewicht vorliegt.

15 Die Entscheidung des OLG Hamm vom 8.11.2016[8] mag hier beispielhaft aufgeführt werden.

---

8 OLG Hamm 10 U 36/15 = ZEV 2017, 163.

A. Der Entwurf einer letztwilligen Verfügung § 2

Diese Entscheidung zu der Frage der Sittenwidrigkeit eines Pflichtteilsverzichts hat für große Aufmerksamkeit besorgt. Folgender Sachverhalt lag zu Grunde:

Beispiel

Der Kläger ist Sohn des Beklagten aus dessen Ehe mit der Mutter des Klägers, die nur von kurzer Dauer war. Der Kläger ist bei seiner Mutter im Rheinland aufgewachsen. Der Beklagte lebt mit seiner langjährigen Lebensgefährtin und seiner weiteren Tochter zusammen. Er ist selbstständig praktizierender Zahnarzt und Gesellschafter einer GmbH, die ein Dentallabor betreibt. Anfang 2013 bot der Beklagte dem Kläger, der zu diesem Zeitpunkt die 11. Klasse eines Gymnasiums besuchte und mit erheblichen Schulschwierigkeiten zu kämpfen hatte, an, bei der Dental GmbH eine Ausbildung zum Zahntechniker zu machen. Der Kläger absolvierte im Januar 2013 ein Praktikum und lebte währenddessen im Haushalt des Beklagten. Im Sommer 2013 verließ er die Schule, ohne das angestrebte Fachabitur erreicht zu haben. Er zog zu dem Beklagten und begann eine Ausbildung zum Zahntechniker. Etwa zur gleichen Zeit erwarb der Beklagte von einem Bekannten einen Sportwagen. Dieser Sportwagen hatte einen Anschaffungspreis von ca. 100.000 EUR, er erreichte eine Höchstgeschwindigkeit von 320 km und ließ sich in 2,8 Sekunden von 0 auf 100 km beschleunigen. Der Beklagte ließ den Kläger mehrfach in diesem Fahrzeug mitfahren und dieses auch einige Male selbst lenken, was den Kläger außerordentlich faszinierte.

Am 29.10.2013, zwei Tage nach dem 18. Geburtstag des Klägers, fuhr der Beklagte mit dem Kläger zum Amtssitz seines Notars in einen Nachbarort. Dort ließen die Parteien einen im Auftrag des Beklagten vorbereiteten „Erb-, Pflichtteils- und Pflichtteilsergänzungsanspruchsverzicht" beurkunden, in dem es u.a. hieß:

Erb-, Pflichtteils- und Pflichtteilsergänzungsanspruchsverzicht

1. Der Erschienene zu 2. (= Kläger) verzichtet hiermit für sich auf das ihm beim Tod des Erschienenen zu 1. (= Beklagter) zustehende gesetzliche Erb- und Pflichtteilsrecht. Dieser Verzicht betrifft insbesondere Erb-, Pflichtteils- und Pflichtteilsergänzungsansprüche.

2. Der Erschienene zu 1. nimmt diese Verzichte jeweils an.

3. Als Gegenleistung für die Verzichte erhält der Erschienene zu 2. den Pkw .... jedoch unter der aufschiebenden Bedingung, dass der Erschienene zu 2. sein 25. Lebensjahr vollendet hat und seine Gesellenprüfung zum Zahntechniker bis zum 31.12.2017 mit der Note 1 bestanden hat und seine Meisterprüfung zum Zahntechniker bis zum 31.12.2021 mit der Note 1 bestanden hat.

Schon am Nachmittag der Beurkundung telefonierte der Kläger mit seiner Mutter. Ihn – so heißt es im Urteil des OLG Hamm – reute der Vertragsschluss. Er teilte dem Notar telefonisch mit, dass er die Vereinbarung rückgängig machen wolle. Schließlich teilte er mit Anwaltsschreiben seinem Vater mit, dass er die Vereinbarung für sittenwidrig und nichtig halte. Vorsorglich erklärte er die Anfechtung des Vertrages und forderte den Beklagten vergeblich auf, die Nichtigkeit anzuerkennen. Inzwischen hat der Kläger die Ausbildung in dem Unternehmen abgebrochen und ist zu seiner Mutter zurückgekehrt, um dort seine Schulausbildung fortzusetzen.

16   Das OLG Hamm hat den Erbverzicht für sittenwidrig gehalten. Er verstoße gegen das Anstandsgefühl. Zwar handele es sich bei dem Erbverzicht um ein abstraktes erbrechtliches Verfügungsgeschäft, das unmittelbar den Verlust des gesetzlichen Erbrechts und des Pflichtteilsrechts bewirke. Damit sei der Erbverzicht grundsätzlich wertneutral. Allerdings könne das dem Verzicht zugrunde liegende Kausalgeschäft gegen die guten Sitten verstoßen. Erbverzicht und Abfindungsvereinbarungen seien also im Grundsatz selbstständige Rechtsgeschäfte, könnten aber nach dem Parteiwillen als einheitliches Rechtsgeschäft im Sinne von § 139 BGB verknüpft werden. Das habe zur Folge, dass eine etwaige Unwirksamkeit der Abfindungsvereinbarung auch den Erbverzicht erfasse. Voraussetzung ist, dass nach dem durch die Auslegung zu ermittelnden Geschäftswillen der Parteien beide Geschäfte miteinander stehen und fallen sollen. Diese Voraussetzung sei im vorliegenden Falle erfüllt. Schon der Umstand, dass beide Geschäfte in einer Urkunde zusammengefasst worden seien, spreche nach herrschender Meinung für einen Verknüpfungswillen.

Die Gesamtwürdigung der zugrunde liegenden Vereinbarungen führe zu der Annahme der Sittenwidrigkeit. Nach ihrem Inhalt wiesen die Vereinbarungen ein erhebliches Ungleichgewicht zu Lasten des Verzichtenden aus. Das resultiere insbesondere daraus, dass die Gegenleistung aus dem Erbverzicht erst nach Erfüllung von drei kumulativ zu prüfenden Bedingungen erfolge. Die Bedingungen seien auch geeignet gewesen, den Kläger in zu missbilligender Weise in der Wahl seines beruflichen Werdegangs einzuschränken. Er habe schlicht keinerlei Spielraum mehr zu einer beruflichen Umorientierung gehabt, da die Bedingungen so eine knebelnde Wirkung entfaltet hätten. Im Vordergrund habe offensichtlich als Beweggrund für den Beklagten die Erlangung des Erbverzichts zur Erweiterung seiner eigenen Testierfreiheit gegen eine verhältnismäßig geringe Abfindung gestanden. Auch die äußeren Umstände (gerade erreichtes Alter von 18 Jahren, Nichteinbeziehung in die Vorbereitung des Vertragsentwurfs und Beurkundungstermins etc.) sprechen für die Sittenwidrigkeit.

Die Entscheidung wurde in der Literatur zum Teil begrüßt, teilweise aber auch kritisch begleitet.[9]

---

9 Beispielhaft *Andrissek*, MittBayNot 2018, 57; *Zimmer*, NJW 2017, 513; *Everts*, ZEV 2017, 166 u.a.

A. Der Entwurf einer letztwilligen Verfügung § 2

Rechtsprechung zur Frage der Sittenwidrigkeit von Testamenten ist dagegen selten. Das 17
OLG Frankfurt[10] hat folgende Testamentsklausel auf Sittenwidrigkeit hin überprüft:

Beispiel

Sollte ich vor meiner Frau versterben, bekommen meine Frau 25 % meines gesamten Geldvermögens und kümmert sich um Bestattung und Pflege der Grabstätte. 25 % des verbleibenden Geldvermögens bekommt mein Sohn D.

Die restlichen 50 % des dann noch vorhandenen Geldes, bekommen, zu gleichen Teilen meine Enkel F und E, aber nur dann, wenn sie mich regelmäßig, d.h. mindestens sechsmal im Jahr besuchen.

Wenn das der Fall ist, muss das Nachlassgericht bis zu ihrem 21 Lebensjahres Geld auf einem Sparkonto verwahren.

Sollte das nicht der Fall sein, d.h. mich keiner besucht, werden die restlichen 50 % des Geldes zwischen meiner Frau meinem Sohn D aufgeteilt.

Mein Sohn B und seine Frau H dürfen über den Erbnachlass nicht verfügen, und auch nach dem jetzigen Stand der Dinge nicht zu meiner Beerdigung kommen.

Bedenklich war insbesondere die bedingte Erbeinsetzung der Enkel, die davon abhängig war, dass die Enkelkinder den Erblasser jährliche sechsmal besuchen. Das Nachlassgericht hatte hieran keine Bedenken, es sei vielmehr ein legitimes Interesse des Erblassers gewesen, seine Enkelkinder regelmäßig zu sehen. Der Wille des Erblassers sei nicht erfüllt worden. Damit komme eine Erbenstellung der Enkel nicht in Betracht. Das OLG Frankfurt sah das anders. Es hat die vom Erblasser den Enkeln auferlegte Besuchspflicht als sittenwidrig und nichtig eingestuft. Es sei zwar ohne weiteres nachvollziehbar, dass der Erblasser seine Enkelkinder bei sich zu Hause habe sehen wollen. Die Grenze der möglichen Anordnungen in einem Testament sei jedoch dort erreicht, wenn die von einem Erblasser erhobenen Bedingungen unter Berücksichtigung der höchstpersönlichen und der wirtschaftlichen Umstände die Entschließungsfreiheit des bedingten Zuwendungsempfängers unzumutbar unter Druck setzt und durch das in Aussicht stellen von Vermögensvorteilen Verhaltensweisen bewirkt werden sollen, die regelmäßig eine freie, innere Überzeugung des Handelnden voraussetzen. Unter Berücksichtigung dieser Grundsätze seien die von dem Erblasser eingeforderten regelmäßigen Besuche durch seine Enkelkinder als Voraussetzung der Erlangung einer Erbenstellung als sittenwidrig anzusehen. Eine solche Einflussnahme auf die Entschließungsfreiheit der Enkelkinder sei von der Rechtsordnung auch im Hinblick auf die Testierfreiheit eines Erblassers nicht hinzunehmen und damit als sittenwidrig einzuordnen.

---

10 OLG Frankfurt ZErb 2019, 163.

Das OLG Frankfurt hat im Übrigen festgestellt, dass die Nichtigkeit der Besuchsbedingung gerade nicht auch die Nichtigkeit der Erbeinsetzung der Enkelkinder, sondern eine uneingeschränkte Erbeinsetzung der Kinder zu der genannten Quote zur Folge hatte.

7. Verstoß gegen das Verbot der Drittbestimmung im Sinne von § 2065 BGB?

18   Hat der Erblasser dem Dritten ein Auswahlermessen überlassen? Sind dem Dritten Vorgaben gemacht worden, die die Bezeichnung des Erben jedem mit ausreichender Sachkunde Ausgestatteten erlauben, ohne dass eigenes Ermessen eingesetzt werden müsste? Nach § 2065 BGB kann der Erblasser eine letztwillige Verfügung nicht in der Weise treffen, dass ein anderer zu bestimmen hat, ob sie gelten soll oder nicht. Er darf auch nicht die Bestimmung der Person, die eine Zuwendung erhalten soll, einem anderen überlassen, ebenso wenig wie er die Bestimmung des Gegenstandes, den jemand erhalten soll, einem anderen überlassen darf.

Liegt möglicherweise ein Ausnahmetatbestand vor, wonach ein Nacherbe unter der aufschiebenden oder auflösenden Bedingung eingesetzt wurde, dass der Vorerbe nicht anders verfügt?[11] Handelt es sich um Vermächtnisse oder Auflagen? Dann gilt das Drittbestimmungsverbot nicht, da nach §§ 2151, 2152 BGB die Bestimmung des Vermächtnisnehmers hier einem Dritten überlassen werden darf. Liegt eine Testamentsvollstreckung vor? Dann gelten §§ 2198 ff. BGB. In diesem Zusammenhang hat das OLG München eine Entscheidung zu der Anordnung, dass derjenige erben soll, der „sich bis zu meinem Tode um mich kümmert" getroffen.[12]

19   Zu Grunde lag ein Sachverhalt, in dem ein Erblasser im Jahre 2012 im Alter von 79 Jahren verstorben ist. Er war nicht verheiratet und hatte keine Kinder. Er hinterließ vier Brüder und vier Nichten und Neffen. Ferner gab es eine Lebensgefährtin des Erblassers. In einem Testament hatte der Erblasser festgehalten, wer welche Gegenstände bekommen sollte (gegenständlich fixierte Verfügungen in Bezug auf Barvermögen, Fotogerätschaften, Anhänger, Geschirr und Betonmaschine sowie eine Schießausrüstung). Alsdann war der Satz enthalten:

Das Haus und meine anderen Sachen soll bekommen, wer sich bis zu meinem Tode um mich kümmert. Sollte das nicht der Fall sein, soll alles das S-Kloster erhalten.

20   Der Nachlass bestand schließlich aus 16.000 EUR Barvermögen, der Immobilie im Wert von 89.000 EUR und Gebrauchsgegenständen im Wert von ca. 4.000 EUR. In diesem Falle hatte der Testierende die Zuwendung der Immobilie im Gegensatz zu den anderen

---

11 BGHZ 59, 229.
12 OLG München ZErb 2013, 179.

von ihm verteilten Nachlassgegenständen nicht mit einer Namensnennung, sondern mit einem Pronomen „wer" verknüpft. Insoweit blieb unklar, ob der Erblasser damit diejenigen Personen gemeint hat, die er bereits mit Einzelgegenständen bedacht hatte oder ob er darunter einen Personenkreis über diese Bedachten hinaus verstanden hat.

Dies hielt das OLG München bereits für zu unbestimmt. Es konnte allerdings eine Entscheidung zu dieser Frage offenlassen, weil es meinte, das Testament habe bereits nicht ausreichend klargestellt, an welche Art von „kümmern" der Erblasser denn gedacht habe. Es könne sich hierbei um eine körperliche Pflege, die Hilfe bei anfallenden Hausarbeiten oder eine seelische Stütze handeln. Es könnten aber auch die Erledigung finanzieller Angelegenheiten oder nur allgemein ein Schenken von Aufmerksamkeit gemeint gewesen sein. Insofern stehe der Inhalt einer solchen Erbeinsetzung nicht in Einklang mit den Anforderungen an eine wirksame Verfügung im Sinne von § 2065 Abs. 2 BGB. Danach kann ein Erblasser die Bestimmung der Person, die eine Zuwendung aufgrund letztwilliger Verfügung erhalten soll, nicht einem anderen überlassen. D.h., dass der Erblasser im Hinblick auf die Individualisierung eines Bedachten seinen Willen nicht in der Weise unvollständig äußern darf, dass es einem Dritten überlassen bleibt, nach Belieben oder Ermessen den Erblasserwillen in wesentlichen Teilen zu ergänzen. 21

Man kann sich das an der Kurzform merken, dass dem Dritten nur die Bezeichnung, nicht aber die Bestimmung des Erben übertragen werden darf. Es müssen also die Entscheidungskriterien so eng und genau sein, dass der Dritte ein Auswahlermessen überhaupt nicht mehr hat. Jede mit genügender Sachkunde ausgestattete Person müsste danach in der Lage sein, ohne eigenes Ermessen den Erben zu bestimmen. Vorliegend war die von dem Erblasser gewählte Formulierung allerdings so vage, dass die Beantwortung der Frage, ob sich jemand nach Testamentserrichtung bis zum Tode des Erblassers um den Erblasser gekümmert hatte, und zwar so, wie es dessen Erwartungen entsprochen hatte, von dem jeweiligen Begriffsverständnis des die Person des Bedachten zu bestimmenden Dritten abhängig war. Daher wurde schon aus diesem Grunde wegen Verstoßes gegen das Drittbestimmungsverbot die Erbeinsetzung für unzulässig gehalten. 22

Was gibt es für Ausweichgestaltungen? 23

Das Drittbestimmungsverbot ist einer der wesentlichen Grundsätze des Erbrechts. Ein Verstoß im Rahmen der Bestimmung des Erben führt generell zur Nichtigkeit der Anordnung. Eine allerdings nicht zu überschätzende Lockerung dieses Drittbestimmungsverbotes ist im Vermächtnisrecht enthalten, § 2151 BGB. Danach kann der Erblasser mehrere mit einem Vermächtnis in der Weise bedenken, dass der Beschwerte oder ein Dritter zu bestimmen hat, wer von den mehreren das Vermächtnis erhalten soll. Diese Vorschrift ist also dabei behilflich, bei der Zuwendung wirtschaftlicher oder ideeller Werte von Todes wegen eine Drittbestimmung zu ermöglichen. Sie eröffnet dem Erblasser die Mög-

§ 2 Mögliche Aufgabenstellungen im Erbrecht

lichkeit, die Auswahl unter mehreren Bedachten sowohl dem Beschwerten wie auch einem Dritten zu überlassen.

24 Gleichwohl muss auch in diesen Fällen die Person des Vermächtnisnehmers bestimmbar sein. Dafür reicht es aber aus, wenn der Erblasser den Personenkreis der Vermächtnisnehmer allgemein bestimmt hat und die endgültige Auswahl dem Beschwerten oder einem Dritten überlässt.[13]

Der Personenkreis muss hinreichend bestimmt sein. Schon das RG setzte das Vorhandensein eines beschränkten, leicht überschaubaren Personenkreises voraus. Ist die Bestimmbarkeit nicht gegeben, ist auch eine solche Verfügung insgesamt unwirksam. Hier würde dann nur noch eine Umdeutung in eine Auflage helfen, denn bei einer Auflage kann der Erblasser, sofern er den Zweck bestimmt hat (§ 2193 Abs. 1 BGB) auf Angaben zum begünstigten Personenkreis gänzlich verzichten. Das OLG Celle[14] hat beispielsweise ein Vermächtnis, nach dem die Gewinnausschüttung aus einem Unternehmen zu 33 % als Hilfe für Israel („möglichst Holocaustgeschädigte oder sozial Schwache, die nach Israel heimkehren") zu verwenden sein, für unwirksam gehalten, denn der Erblasser traf hier nicht die Bestimmung der Person, die die Zuwendung erhalten soll. Das überließ er damals seinen Mitgesellschaftern. Eine solche Anordnung stellt eine Anweisung an die mit den Gesellschaftsanteilen Bedachten dar. Es handelt sich nicht um eine letztwillige Verfügung des Erblassers. Im Ergebnis erfährt also das Drittbestimmungsverbot im Vermächtnisrecht eine Aufweichung. Gänzlich ohne bestimmbaren Personenkreis geht es aber im Vermächtnisrecht ebenfalls nicht.

8. Erbeinsetzung

25 Zu prüfen ist dann, ob der Sachverhalt dazu geeignet ist, eine Erbeinsetzung zu rechtfertigen oder ob eine Vermächtniszuwendung ausreichend ist, ob eine Vollerbeneinsetzung gewollt ist oder eine Vor- und Nacherbfolge.

Darüber hinaus ist immer angezeigt, über eine Ersatzerbenbestimmung nachzudenken. Die Erbeinsetzung als solche ist das Kernstück einer letztwilligen Verfügung und bedarf einer gründlichen Überlegung auf ihre Sinnhaftigkeit und Aktualität. Es gibt Sachverhalte, bei denen der Erblasser selbst den Erben nicht bestimmen möchte, sondern dies einem Dritten überlassen möchte (Achtung: Drittbestimmungsverbot § 2065 BGB, vgl. dazu Musterklausur II siehe § 3 Rdn 42).

---

13 Damrau/*Linnartz*, § 2151 Rn 6.
14 OLG Celle ErbR 2009, 194.

9. Testamentsgestaltung in Sonderfällen

Darüber hinaus gibt es Testamentsgestaltungen in Sonderfällen, die nicht mit einem üblichen Testament abgehandelt werden können (Stichworte dazu: Behindertentestament, Bedürftigentestament, Überschuldetentestament, Geschiedenentestament; zum Behindertentestament siehe Musterklausur IV, vgl. § 3 Rdn 105). Die Technik der jeweiligen Testamentserrichtung sollte man sich aneignen. Insbesondere ist unabdingbar, sich die **Regelungsziele** des jeweiligen Erblasser genau vor Augen zu führen, bevor irgendwelche Vorschläge erarbeitet werden.[15]

26

10. Erbeinsetzung nach Bruchteilen

Wenn mehrere Erben eingesetzt werden sollen, taucht die Frage auf, ob diese nach Bruchteilen oder Prozentsätzen zur Bestimmung der Erbquoten angegeben werden. Eine Erbeinsetzung nach Vermögensgruppen ist zu vermeiden.

27

11. Möglichkeiten einer Rechtswahl

Bis zum 17.8.2015 war im Erbrecht nur eine beschränkte Rechtswahl zugunsten des deutschen Rechts in Bezug auf das in Deutschland belegene unbewegliche Vermögen nach Art. 25 Abs. 2 EGBGB zulässig. Seit dem 17.8.2015 gilt die EU-Erbrechtsverordnung, wonach nunmehr eine umfassende, die gesamte Rechtsnachfolge von Todes wegen umfassende Rechtswahl möglich ist. Allerdings kann nur das Recht desjenigen Staates gewählt werden, dem der Erblasser zum Zeitpunkt der Rechtswahl oder des Erbfalls angehört. Ansonsten richtet sich das Recht nach dem Erbfall nach dem letzten gewöhnlichen Aufenthaltsort des Erblassers. In der Konsequenz heißt das, dass ein deutscher Staatsangehöriger keine Rechtswahl vornehmen kann und auch nicht sollte, wenn er Deutschland nicht verlassen will, denn dann gilt für seinen Nachlass ohnehin deutsches Recht. Verlässt er aber Deutschland und nimmt Aufenthalt in einem Land, in dem die EU-Erbrechtsverordnung gilt, kann er hierdurch eine Rechtswahl erreichen, dass für seinen Nachlass und die Nachlassabwicklung im Ganzen deutsches Recht weiter gilt. Er kann aber beispielsweise nicht mit gewöhnlichem Aufenthalt in Italien für seinen Nachlass spanisches Recht wählen, denn dort ist er weder aufhältig (eine Rechtswahl wäre insoweit ohnehin nicht möglich), noch besitzt er die entsprechende Staatsangehörigkeit. Er kann also nur das Recht des Staates wählen, dem er entweder im Zeitpunkt der Testamentserrichtung oder im Zeitpunkt seines Todes angehört. Bei Mehrstaatern kann das Recht eines der Staaten gewählt werden.

28

---

15 Dazu ausführlich *Gockel*, § 2 Rn 1 ff. zum Behindertentestament; *ders.*, § 3 Rn 1 ff. zum Bedürftigentestament; *ders.*, § 4 Rn 1 ff. zum Geschiedenentestament; *ders.*, § 5 Rn 1 ff. zu Patchworkgestaltungen.

29 Eine solche Rechtswahl muss zwingend in einer wirksamen letztwilligen Verfügung erfolgen (Formzwang). In welchem Umfang man unter Umständen von einer konkludenten Rechtswahl ausgehen kann, ist bis heute noch unklar. Man könnte zum Beispiel von einer konkludenten Rechtswahl reden, wenn ein Erblasser in seinem Testament Regelungen getroffen hat, die ausschließlich nach deutschem Erbrecht möglich sind. Zu denken ist hier insbesondere an die Anordnung der Vor- und Nacherbfolge, die es nur nach deutschem Recht gibt. Da es hierzu aber Rechtsprechung noch nicht gibt, müsste ein Notar hier den sicheren Weg weisen und in diesen Fällen zu einer Rechtswahl raten, auch wenn eine notarielle letztwillige Verfügung dadurch dann teurer wird (Erhöhung des Gegenstandswertes um 30 %).

30 Bei der Wahl der letztwilligen Verfügung ist darauf zu achten, dass in einigen europäischen Ländern das gemeinschaftliche Testament verboten ist bzw. nicht anerkannt wird (Frankreich, Belgien, Italien). Wie ein solches gemeinschaftliches Testament dann bei Auslandsbezug einzuordnen ist, ist ebenfalls bis heute noch unklar. Die Tendenz geht dahin, derartige gemeinschaftliche Testamente einem Erbvertrag, der anerkannt wird, gleichzusetzen.[16]

Die Fragen des internationalen Privatrechts sollen hier nicht weiter vertieft werden, sondern bedürften einer gesonderten Erörterung. Empfehlenswert im Blick auf die notarielle Fachprüfung erscheint es, sich jeweils über die letzten aktuellen Urteile in Zusammenhang mit dem IPR auf dem Laufenden zu halten.[17]

II. Gestaltungsvorschlag für ein einfaches Testament

31 Auf die Darstellung des Urkundseingangs wird hier verzichtet. In der Gestaltung hat sich bewährt, zunächst die Angaben zur Person und das Vorliegen von Bindungswirkungen zu prüfen ebenso die Frage, ob ein deutscher Staatsbürger testiert und ob und welche Kinder es gibt. Das könnte man wie folgt formulieren:

Muster 2.1: Testament

Der Erschienene bat sodann um die Beurkundung des nachstehenden

Testamentes

und erklärte:

---

16 *Lechner*, NJW 2013, 26; *Herzog*, ErbR 2013, 2 u.a.
17 Etwa die sog. Mahnkopf-Entscheidung (Erbteilserhöhung des § 1371 Abs. 1 BGB als erbrechtliche Norm) EuGH C-558/16 = BeckRS 2018, 2032; ergänzend dazu vgl. Abschnitt E.

| | A. Der Entwurf einer letztwilligen Verfügung | § 2 |

§ 1 Angaben zur Person

1. Ich wurde am ▧▧▧ in ▧▧▧ geboren.

    Ich war verheiratet mit ▧▧▧, geborene ▧▧▧, geboren am ▧▧▧.

    Meine Ehefrau ist am ▧▧▧ verstorben.

2. Aus unserer Ehe sind folgende Abkömmlinge hervorgegangen:

    ▧▧▧, geboren am ▧▧▧,

    ▧▧▧, geboren am ▧▧▧.

3. Ich bin ausschließlich deutscher Staatsangehöriger. Der Notar hat mich darüber belehrt, dass aufgrund der EU-Erbrechtsverordnung (EU-ErbVO), die für alle Erbfälle ab dem 17.8.2015 gilt, für die Rechtsnachfolge von Todes wegen und für Fragen der Rechtswirksamkeit des Testamentes das Recht des letzten gewöhnlichen Aufenthaltes des Erblassers zur Anwendung kommt. Ich bin vom Notar belehrt worden, dass eine Rechtswahl nach Art. 22 und 24 EU-ErbVO dahingehend möglich ist, dass hier deutsches Recht gewählt wird.

Ich beabsichtige nicht, meinen gewöhnlichen Aufenthalt außerhalb von Deutschland zu nehmen, so dass ich eine derartige Rechtswahl nicht wünsche.

Der Notar hat mich auf die mögliche Bindung durch frühere Erbverträge oder Ehegattentestamente hingewiesen und mir das Wesen der Bindungswirkung erklärt.

Ich habe bislang keine derartigen bindenden Erklärungen in Ehegattentestamenten oder Erbverträgen abgegeben.

§ 2 Widerruf früherer Verfügungen von Todes wegen

Verfügungen von Todes wegen, die ich bisher errichtet habe, werden hiermit vollinhaltlich widerrufen bzw. aufgehoben. Auch wenn mein nachfolgender Verteilungsplan aus irgendeinem Grund nicht zum Tragen kommen sollte, treten die früheren Verfügungen nicht wieder in Kraft.

§ 3 Erbeinsetzungen

1. Alleinige **Vollerbin**/alleiniger **Vollerbe** ist meine/r Tochter/Sohn ▧▧▧/**Vollerben** sind meine Kinder ▧▧▧ zu gleichen Teilen.

2. **Ersatzerben** sind die Abkömmlinge des jeweiligen Erben zu unter sich gleichen Stammanteilen. Darüber hinaus bestimme ich meinen Ersatzerben ▧▧▧.

§ 4 Hinterlegung

Der Erschienene bittet darum, dieses Testament in amtliche Verwahrung beim Amtsgericht zu geben und ihm eine beglaubigte Fotokopie zu erteilen. Eine weitere beglaubigte Fotokopie soll offen bei der Urkundensammlung des amtierenden Notars aufbewahrt werden.

Der Notar hat uns darauf hingewiesen, dass dieses Testament im Zentralen Testamentsregister registriert wird und neben den Verwahrungskosten des Gerichts eine Gebühr in Höhe von 15 EUR je Erblasser anfällt. Der Erschienene willigt ausdrücklich in eine Registerabfrage beim Zentralen Testamentsregister ein.

Das Protokoll wurde dem Erschienenen in Gegenwart des Notars vorgelesen, von ihm genehmigt und eigenhändig unterschrieben:
▲

32 Auf diese Weise wäre ein einfaches Testament formuliert, in dem zunächst schlicht eine Erbeinsetzung enthalten ist.

III. Gestaltungsvorschlag für eine Vor- und Nacherbschaft

33 Häufig geht es dem Erblasser darum, seinen Nachlass über seinen eigenen Erbfall hinweg noch zu lenken. Sind mehrere Erblasser vorhanden, könnte das im Rahmen eines Ehegattentestamentes oder eines Erbvertrages durch die Anordnung einer Schlusserbschaft in die Tat umgesetzt werden. Gibt es nur einen Erblasser, der allein testiert, steht ihm diese Möglichkeit nicht zur Verfügung. Er kann aber über die Vor- und Nacherbfolge erreichen, dass sein Nachlass nach dem Tode des von ihm auserkorenen Vorerben nicht an dessen Erben fällt, sondern an vom Erblasser selbst bestimmte Nacherben. In dieser Regelung verwirklicht sich das sogenannte Trennungsprinzip, denn der eigene Nachlass des Erblassers bleibt auch bei dem Vorerben getrenntes Vermögen, so dass es beispielsweise nicht dem Zugriff der Pflichtteilsberechtigten des Vorerben unterliegt, wenn dieser nachverstirbt. Auch kann der Vorerbe nicht durch eigene letztwillige Verfügung den Gang dieses Vermögens beeinflussen, da der Vermögensfluss ja schon vom Erblasser selbst durch die angeordnete Nacherbfolge festgelegt worden ist.

34 Die Gefahr besteht hier darin, dass der Erblasser dem Vorerben zu umfangreiche Befugnisse einräumt, seinerseits den Nacherben zu bestimmen. Darin wird nämlich bereits ein Verstoß gegen das Drittbestimmungsverbot gemäß § 2065 BGB gesehen.

Nur mit viel Glück konnte so ein Testament vom OLG München gerettet werden, in dem diese Anordnung enthalten war. In dem entschiedenen Sachverhalt[18] hatten zunächst Ehegatten sich wechselseitig zu Alleinerben eingesetzt, der Ehemann seine Ehefrau jedoch nur zur nichtbefreiten Vorerbin. Nacherben sollten die beiden Kinder des Ehemannes aus erster Ehe werden. Die Einsetzung der Nacherben erfolgte jedoch unter der Bedingung, dass die Ehefrau nicht anderweitig letztwillig testierte. Dann folgte die Bestim-

---

18 OLG München ZEV 2016, 390.

A. Der Entwurf einer letztwilligen Verfügung § 2

mung, dass die Ehefrau nur innerhalb der Abkömmlinge des Ehemannes zur Abänderung der Nacherbenbestimmung befugt sei, sie könne also z.b. bestimmen, dass einer der Söhne alleiniger Nacherbe sein solle und für einen Sohn nur ein Vermächtnis ausgesetzt werde. Zu Gunsten anderer Personen dürfe eine Änderung der Nacherbenbestimmung nicht erfolgen.

Diese der Ehefrau eingeräumte Möglichkeit zur Änderung der Bestimmung in Bezug auf die Person der Nacherben im Rahmen eines vom Erblasser festgelegten Personenkreises ist nach § 2065 Abs. 2 BGB unwirksam gewesen. Nach dieser Vorschrift kann ein Erblasser die Bestimmung der Person, die eine Zuwendung erhalten soll, sowie die Bestimmung des Gegenstandes der Zuwendung nicht einem anderen überlassen. Der Sinn der Vorschrift besteht darin, dass der Erblasser persönlich die Verantwortung für den Inhalt aller wesentlichen Teile seines letzten Willens übernehmen muss. Es ist ihm nicht gestattet, seinen letzten Willen in der Weise unvollständig zu äußern, dass es einem Dritten überlassen bleibt, ihn nach seinem Belieben oder Ermessen in wesentlichen Teilen zu ergänzen oder nach seinem Tode etwa abzuändern.[19]

Denkbar wäre in diesem Falle die Anordnung eines Vermächtnisses mit Bestimmungsrecht für den Erben gewesen (§ 2151 BGB), denn im Vermächtnisrecht ist das Drittbestimmungsverbot insoweit etwas gelockert, als dem Erben die Bestimmung, nicht aber die Auswahl des Vermächtnisnehmers überlassen bleiben kann. Dieses Bestimmungsrecht kann auch einem Dritten hinterlassen werden. Bei der Erbeinsetzung ist dies absolut untersagt und führt zur Nichtigkeit. Nun haben aber die Münchener Richter im vorliegenden Fall eine Umdeutung dieser unwirksamen Bestimmung nach § 140 BGB zugelassen. Sie hatten hierbei im Blick, dass es in der Rechtsprechung anerkannt ist, dass der Erblasser einen Nacherben unter der Bedingung einsetzen kann, dass der Vorerbe nicht anderweitig von Todes wegen über den Nachlass verfügt. In diesen Fällen liegt nämlich kein Verstoß gegen das Drittbestimmungsverbot nach § 2065 BGB vor. Denn der Vorerbe verfügt, indem er die auflösende Bedingung herbeiführt und damit zum unbeschränkten Vollerben wird, über seinen eigenen Nachlass. Hier wurde die vorliegend nichtige Regelung in eine wirksame Bestimmung umgedeutet. Die Entscheidung ist deswegen grenzwertig, weil an sich eine nichtige Regelung nur dann umgedeutet werden darf, wenn weitere Besonderheiten hinzutreten, wie schon der BGH[20] entschieden hat. Das OLG München meinte hierzu, es müsse in den vorliegenden Fällen nicht so sein, dass noch besondere Umstände hinzutreten, maßgebend sei allein, ob entsprechend den allgemeinen Grundsätzen der vom Erblasser mit seiner unwirksamen letztwilligen Verfügung erstrebte wirtschaftliche Zweck auch mit der im Wege der Umdeutung gefundenen letztwilligen Verfügung erreicht werden könne. Diese Entschei-

35

---

19 So auch OLG Hamm NJW-RR 2014, 1288.
20 BGH NJW 1955, 100.

dung zeigt aber, wie brisant derartige Regelungen sind. Es ist also an sich darauf zu achten, dass der Erblasser sowohl die Person des Vorerben wie auch die Person des Nacherben hinreichend präzise bestimmt.

36 Ist eine solche Regelung gewünscht, könnte man beispielsweise wie folgt formulieren (Beispiel einer befreiten Vorerbschaft):

▼

Muster 2.2: Vor- und Nacherbschaft

§ 5 Erbeinsetzung

Zu meine/r alleinige/n Erbin/Erben setze ich hiermit meine/n ein.

Die/Der Alleinerbin/Alleinerbe ist jedoch nur Vorerbin/Vorerbe.

Zum Nacherben bestimme ich meine Kinder,

, geboren am ,

, geboren am ,

zu jeweils gleichen Teilen, ersatzweise deren Abkömmlinge nach den Regeln der gesetzlichen Erbfolge.

Der Nacherbfall tritt mit dem Tode der/des Vorerbin/Vorerben ein.

Der Vorerbschaft unterliegen auch diejenigen Gegenstände, die aus den Mitteln der Vorerbschaft erworben werden.

Schlägt einer der Nacherben seinen Erbteil aus, macht er seinen Pflichtteil geltend und erhält er ihn auch, dann ist er mit seinem ganzen Stamm von der Erbfolge ausgeschlossen. Gleiches gilt, wenn einer der Nacherben einen Zuwendungsverzicht abgegeben hat.

 ist bezüglich aller vom Gesetz vorgesehenen Beschränkungen befreit, soweit dies möglich und rechtlich zulässig ist.

▲

IV. Gemeinschaftliches Testament/Erbvertrag

37 Es stellt sich häufig die Frage, ob Ehegatten in der Form eines gemeinschaftlichen Testamentes oder eines Erbvertrages testieren sollten. Hier besteht eine Wahlmöglichkeit. Die Wahl ist oft regionalen Gewohnheiten geschuldet, es gibt aber auch sachliche Gründe für und gegen die jeweiligen Formen, wobei natürlich allein der Erbvertrag zwingend beurkundet werden muss.

A. Der Entwurf einer letztwilligen Verfügung § 2

1. Das gemeinschaftliche Testament

Es ist lediglich Ehegatten vorbehalten, § 2265 BGB. Es müssen Erbeinsetzungen, Vermächtnisse, Augen oder eine Rechtswahl gegeben sein, die in ihrem Bestand voneinander abhängig sind. Bei diesen sogenannten wechselbezüglichen Verfügungen ist die Folge der Nichtigkeit der einen Verfügung die Unwirksamkeit der korrespondierenden Verfügung, § 2270 Abs. 1 BGB. Die Besonderheit bei einem gemeinschaftlichen Testament besteht darin, dass ein Widerruf erfolgen kann. Dieser Widerruf kann von beiden Ehegatten gemeinschaftlich erfolgen entweder lebzeitig oder durch ein Widerrufstestament oder ein widersprechendes Testament (§§ 2253, 2254, 2258 BGB) oder schließlich durch Vernichtung des eigenhändigen Testamentes, § 2255 BGB. Ist es in amtliche Verwahrung gegeben worden, erfolgt der Widerruf durch Rücknahme des öffentlichen Testamentes aus der besonderen öffentlichen Verwahrung, §§ 2256, 2272 BGB. 38

Die Folge dieser Widerrufsmöglichkeit ist, dass ein Ehegattentestament erst dann bindend wird, wenn einer der Beteiligten verstorben ist, denn erst dann ist ein Widerruf nicht mehr möglich.

Auch ein Einzelner kann sich von den Erklärungen aus dem gemeinschaftlichen Testament durch Widerruf lösen, was durch notarielle Beurkundung der Widerrufserklärung und Zustellung an den Ehegatten erfolgt, §§ 2271, 2296 BGB. Auf die Besonderheiten der Geschäftsunfähigkeit des Erklärungsempfängers kann hier nicht eingegangen werden. Eine Bindungswirkung an die eigenen wechselbezüglichen Verfügungen tritt nach dem Tode des einen Ehegatten für den überlebenden Ehegatten ein. Nach § 2271 Abs. 2 BGB kann er dann abweichende Verfügungen auf seinen Tod nicht mehr vornehmen. 39

2. Der Ehegattenerbvertrag

Zunächst einmal ist der Erbvertrag nicht nur den Ehegatten vorbehalten, sondern kann auch von beliebigen anderen Personen geschlossen werden. Er kann von den Vertragsschließenden vertraglich geändert oder aufgehoben werden. Nach dem Tode eines der Vertragsschließenden kann eine Abänderung oder Aufhebung nicht mehr erfolgen, es tritt Bindungswirkung ein, § 2290 Abs. 1 S. 2 BGB. Diese Bindungswirkung tritt sogar sogleich mit der Unterzeichnung des Erbvertrages ein, denn ein Rücktritt vom Erbvertrag ist nur möglich, wenn ein Rücktrittsvorbehalt vereinbart wurde oder wenn der Bedachte sich einer schweren Verfehlung schuldig macht oder wenn eine Gegenverpflichtung des Vertragspartners aufgehoben wird, §§ 2293 ff. BGB. Verwahrungstechnisch haben die Parteien die Wahl, dass der Erbvertrag in die amtliche Verwahrung gebracht oder beim Notar verwahrt wird. 40

47

3. Vergleich der beiden Formen

41 Die Auswirkungen der unterschiedlichen Testiermöglichkeiten sind letztlich weitgehend vergleichbar.[21] Konsequenterweise wendet deshalb die Rechtsprechung die erbvertraglichen Vorschriften über die Anfechtung, §§ 2281 ff., 2078 ff. BGB, über beeinträchtigende Schenkungen unter Lebenden, §§ 2287, 2288 Abs. 2 S. 2 BGB und die Vermächtnisschutzvorschrift des §§ 2288 Abs. 1 und Abs. 2 S. 1 BGB auf bindend gewordene wechselbezügliche Verfügungen im gemeinschaftlichen Testament entsprechend an. Dennoch gibt es Unterschiede:

- Ein gemeinschaftliches Testament kann von den Beteiligten eigenhändig privatschriftlich errichtet werden, der Erbvertrag muss beurkundet werden.
- Beim Tode des Erstversterbenden kann der überlebende Ehegatte die Verfügungen auf seinen Tod widerrufen, wenn ein gemeinschaftliches Testament vorliegt, und zwar wenn er das ihm zugewendete ausschlägt, § 2271 Abs. 2 BGB. Diese Möglichkeit besteht bei einem Erbvertrag nicht. Hier ist allenfalls ein Rücktritt möglich, aber auch nur dann, wenn ein Rücktrittsvorbehalt vereinbart war.
- Wie bereits erwähnt, kann ein Erbvertrag auch von anderen Personen als Ehegatten oder gleichgeschlechtlichen Partnern errichtet werden. Bei einem gemeinschaftlichen Testament müssen beide Ehegatten letztwillige Verfügungen treffen, beim Erbvertrag reicht eine einseitige letztwillige Verfügung.
- Der Schutz des Schlusserben vor beeinträchtigenden Schenkungen greift beim gemeinschaftlichen Testament nach §§ 2287, 2288 BGB erst mit dem Tode des Erstversterbenden, beim Erbvertrag ab Vertragsschluss. Das hat seinen Grund darin, dass das gemeinschaftliche Testament ja jederzeit widerrufen werden könnte.[22] Daraus folgt, dass der Erstversterbende beim gemeinschaftlichen Testament insoweit ungeschützt ist. Der Erbvertrag eignet sich daher besser für entgeltliche Gestaltungen zwischen Ehegatten.
- Auf die Unterschiede bei der Hinterlegung wurde bereits hingewiesen.
- Das Kostenprivileg des § 46 Abs. 3 KostO, wonach ein Erbvertrag, der gleichzeitig mit einem Ehevertrag beurkundet wurde, keine besonderen Kosten auslöst, sondern der Ehe- und Erbvertrag ein einheitliches Kostenvolumen hatte, ist mit Einführung des GNotKG entfallen.

---

21 *Langenfeld*, Rn 577 ff.
22 *Speth*, NJW 1985, 463.

A. Der Entwurf einer letztwilligen Verfügung § 2

4. Gestaltungsvorschlag (Beispiel eines Erbvertrags bei wechselseitiger Erbeinsetzung und Schlusserbeneinsetzung nebst Änderungsvorbehalt und Testamentsvollstreckung)

▼

Muster 2.3: Erbvertrag bei wechselseitiger Erbeinsetzung und Schlusserben- 42
einsetzung nebst Änderungsvorbehalt und Testamentsvollstreckung

Die Erschienenen baten sodann um die Beurkundung des nachstehenden

Erbvertrages

und erklärten:

§ 1 Angaben zur Person

1. Wir haben die Ehe vor dem Standesbeamten des Standesamtes am   geschlossen und bisher im gesetzlichen Güterstand der Zugewinngemeinschaft gelebt, wobei es verbleiben soll.

2. Aus unserer Ehe ist   , geboren am   hervorgegangen.

3. Wir sind ausschließlich deutsche Staatsangehörige. Wir haben unseren gewöhnlichen Aufenthalt in Deutschland. Der Notar hat darüber belehrt, dass nach Maßgabe der EU-Erbrechtsverordnung (EU-ErbVO) das Recht des Staates des letzten gewöhnlichen Aufenthaltsorts maßgeblich ist. Wir beabsichtigen nicht, unseren gewöhnlichen Aufenthaltsort zu verlegen. Der Notar wies darauf hin, dass eine Rechtswahl dahingehend möglich ist, dass für die Rechtsnachfolge und für die Nachlassabwicklungen im Ganzen deutsches Recht gilt. Eine derartige Rechtswahl wünschen wir nicht.

4. Der Notar hat uns auf die mögliche Bindung durch frühere Erbverträge oder Ehegattentestamente hingewiesen und uns das Wesen der Bindungswirkung erklärt.

   Keiner von uns hat bislang derartige bindende Erklärungen in Ehegattentestamenten oder Erbverträgen abgegeben.

§ 2 Widerruf früherer Verfügungen von Todes wegen

Verfügungen von Todes wegen, die einer von uns bisher etwa errichtet hat, werden hiermit voll inhaltlich widerrufen bzw. aufgehoben. Auch wenn unser nachfolgender Verteilungsplan aus irgendeinem Grund nicht zum Tragen kommen sollte, treten die früheren Verfügungen dann nicht wieder in Kraft.

§ 3 Erbeinsetzung

Wir setzen uns hiermit gegenseitig zu alleinigen Erben ein, so dass nach dem Tode des Erstversterbenden von uns der Längerlebende frei über das ererbte Vermögen verfügen kann.

49

§ 2 Mögliche Aufgabenstellungen im Erbrecht

Ersatzerben sind die nachstehend von uns benannten Schlusserben gemäß den dort getroffenen Verteilungsgrundsätzen.

§ 4 Schlusserbeneinsetzung

Unabhängig von der Reihenfolge unseres Ablebens trifft ein jeder von uns für den Fall, dass er der Längerlebende sein sollte, die nachstehenden Verfügungen. Diese gelten außerdem für den Nachlass eines jeden von uns, wenn wir – bedingt durch dasselbe Ereignis – (auch annähernd) gleichzeitig versterben sollten:

1. Miterben zu gleichen Teilen (**"Schlusserben"**) sind unsere in diesem Zeitpunkt lebenden gemeinsamen Kinder. Gesetzliche Ausgleichungspflichten der Abkömmlinge wegen lebzeitiger Vorabzuwendungen bleiben unberührt.

2. **Vorrangige Ersatzschlusserben** sind die Abkömmlinge des jeweiligen **Schlusserben** zu unter sich gleichen Stammanteilen. Weitere, hierzu **nachrangige Ersatzschlusserben** sind jeweils die übrigen Miterbenstämme im Verhältnis ihrer Erbquoten.

§ 5 Änderungsvorbehalt

Die vorstehenden Verfügungen sind, soweit gesetzlich zulässig, erbvertraglich bindend. Sie sollen auch dann bestehen bleiben, wenn der überlebende Ehegatte noch einmal heiratet oder sonst Pflichtteilsberechtigte hinzukommen. Der überlebende Ehegatte verzichtet deshalb hiermit auf sein Anfechtungsrecht wegen Übergehung eines Pflichtteilsberechtigten.

Die Schlusserbeneinsetzung der Abkömmlinge steht jedoch unter einem Änderungsvorbehalt. Der überlebende Ehegatte ist berechtigt, nach dem Tode des Erstversterbenden testamentarisch auf seinen Tod als Letztversterbender die folgenden Änderungen anzuordnen:

- Der Überlebende kann Vermögensgegenstände, die er nach dem Tod des Erstversterbenden erwirbt und die nicht Surrogate oder Erträge des beim Tod des Erstversterbenden vorhandenen Vermögens sind, durch Vermächtnis anderen Personen als dem Schlusserben zuwenden. Diese Änderungsbefugnis steht unter der Bedingung, dass der Überlebende innerhalb eines Jahres nach dem Tod des Erstversterbenden ein notarielles Verzeichnis des beiderseitigen Vermögens auf den Zeitpunkt des Todes des Erstversterbenden errichten lässt.

- Der Überlebende kann die Erbteile des Schlusserben bis zur Grenze des jeweiligen Pflichtteils verschieben. Er kann den Schlusserben oder einzelnen von ihnen Vorausvermächtnisse zuwenden. Er kann Testamentsvollstreckung anordnen.

- Der Überlebende kann die Schlusserben, die auf den Tod des Erstversterbenden Pflichtteilsansprüche oder Pflichtteilsergänzungsansprüche in Verzug begründender Weise geltend machen, enterben.

A. Der Entwurf einer letztwilligen Verfügung § 2

- Der Überlebende kann einem neuen Ehegatten oder Lebenspartner als Vermächtnis ein auf 10 Jahre nach seinem Tod befristetes Nutzungsrecht (Nießbrauch oder Wohnungsrecht) an dem beim Tod des Erstversterbenden vorhandenen Eigenheim oder einem Ersatzobjekt zuwenden.

§ 6 Testamentsvollstreckung

Sollte einer unserer Abkömmlinge im Zeitpunkt des Schlusserbfalls bzw. bei unserem Ableben in gemeinsamer Gefahr das 21. Lebensjahr noch nicht vollendet haben, ordnen wir Testamentsvollstreckung an.

Diese endet, wenn der jüngste unserer Erben das 21. Lebensjahr vollendet hat.

Der Testamentsvollstrecker hat die Aufgabe, unseren Nachlass zu verwalten, bis die Erben die Altersgrenze erreicht haben.

Zum Testamentsvollstrecker mit dem genannten Aufgabenkreis bestimmen wir ▇▇▇, geboren am ▇▇▇, wohnhaft ▇▇▇; ersatzweise soll das Nachlassgericht einen geeigneten Testamentsvollstrecker bestimmen.

Sollte bei unserem Tode einer unserer Erben noch minderjährig sein, wünschen wir, dass die elterliche Sorge auf ▇▇▇, geboren am ▇▇▇, wohnhaft ▇▇▇, übergehen soll.

Dieser ist berechtigt, dem Nachlass die Beträge zu entnehmen, die für einen standesgemäßen Unterhalt unserer Kinder erforderlich sind sowie Beträge, die für einen eventuellen Umbau seiner Grundbesitzung erforderlich sind, wenn unsere Kinder bei ihm Wohnsitz nehmen.

Der Testamentsvollstrecker erhält für seine Tätigkeit keine Vergütung, jedoch Ersatz seiner notwendigen Auslagen.

§ 7 Auflösende Bedingung Ehescheidung

Mit Scheidung unserer Ehe entfallen sämtliche Verfügungen zugunsten des anderen Ehegatten. Die Verfügungen zugunsten anderer Personen, insbesondere auch Ersatzberufungen bleiben wirksam, können jedoch jederzeit einseitig widerrufen werden. Entsprechendes gilt bereits dann, wenn beim Erbfall ein Scheidungsverfahren rechtshängig war und zwar unabhängig davon, ob zu diesem Zeitpunkt die rechtlichen Voraussetzungen für eine Scheidung bereits vorgelegen haben.

§ 8 Schlussbestimmungen

1. Die Erschienenen bitten, diesen Erbvertrag in amtliche Verwahrung beim Amtsgericht zu geben und ihnen je eine beglaubigte Fotokopie zu erteilen. Eine weitere beglaubigte Fotokopie soll offen bei der Urkundensammlung des amtierenden Notars aufbewahrt werden.

Der Notar hat uns darauf hingewiesen, dass dieser Erbvertrag im Zentralen Testamentsregister registriert wird und neben den Verwahrungskosten des Gerichts

§ 2 Mögliche Aufgabenstellungen im Erbrecht

eine Gebühr in Höhe von 15 EUR je Erblasser anfällt. Die Erschienenen willigen ausdrücklich in eine Registerabfrage beim Zentralen Testamentsregister ein. Die Kosten dieser Urkunde tragen wir gemeinsam.

2. Der Notar hat uns die rechtliche Tragweite unserer vorstehenden erbrechtlichen Verfügungen erläutert und uns insbesondere auf Folgendes hingewiesen:

a) Durch vertragsmäßig bindend vereinbarte Verfügungen wird zwar die **Testierfreiheit** des Erblassers eingeschränkt, dagegen grundsätzlich nicht seine Möglichkeit, zu Lebzeiten frei über sein Vermögen zu verfügen. Die in den §§ 2287 f. BGB enthaltenen Einschränkungen hat uns der Notar erläutert.

b) Bestimmte nahe Angehörige des Erblassers können über das **Pflichtteilsrecht** eine Mindestbeteiligung an seinem Nachlass beanspruchen. Durch **Pflichtteilsergänzungsansprüche** wird dieser Schutz teilweise auf solche Vermögenswerte erstreckt, die der Erblasser zu seinen Lebzeiten verschenkt oder anderweitig ohne gleichwertige Gegenleistung übertragen hat. Erfolgt eine derartige Zuwendung an eine Person, die zum Kreis der Pflichtteilsberechtigten gehört, kann der Erblasser gemäß § 2315 BGB **ihre Anrechnung auf den Pflichtteil** anordnen.

c) Zahlungen aus **Verträgen zugunsten Dritter auf den Todesfall** (z.B. Lebensversicherungen oder besondere Sparkonten) stehen unmittelbar dem dort vorgesehenen Bezugsberechtigten zu und fallen deshalb nicht in den Nachlass.

d) Gesellschaftsverträge können für den Todesfall Ausschließungsklauseln oder – bei Personengesellschaften – Sondererbfolgen enthalten. In einem solchen Fall ist nicht sichergestellt, dass der Gesellschaftsanteil oder zumindest dessen voller Wert den in der Verfügung von Todes wegen bedachten Personen wirtschaftlich zu Gute kommt. Ein jeder von uns erklärt hierzu, dass sich derzeit keine Gesellschaftsbeteiligungen in seinem Vermögen befinden.

e) Grundsätzlich werden Erbverträge beim Erbfall auch dann eröffnet und verkündet, wenn sie bis dahin aufgehoben oder abgeändert worden sind. Dies kann nur verhindert werden, wenn der Erbvertrag durch sämtliche Vertragsteile gemeinschaftlich aus der amtlichen Verwahrung zurückgenommen wird.

Möglich ist dies nur bei Erbverträgen, die ausschließlich Verfügungen von Todes wegen enthalten.

f) Beim ersten Erbfall werden auch die Verfügungen des Längerlebenden mitverkündet, wenn sie von denen des Erstversterbenden nicht sprachlich getrennt sind.

g) Mit Ausnahme von ausdrücklich in dieser Urkunde enthaltenen Hinweisen hat der Notar keine steuerliche Beratung übernommen.

3. Sollte eine Bestimmung des Vertrages nichtig, unwirksam oder anfechtbar sein, so bleibt die Wirksamkeit der sonstigen Bestimmungen davon unberührt. Die in Betracht kommende Bestimmung ist dann umzudeuten bzw. so auszulegen, dass der mit ihr beabsichtigte Zweck erreicht wird.

Schlussvermerk

Das Protokoll wurde den Erschienenen in Gegenwart des Notars vorgelesen, von ihnen genehmigt und eigenhändig unterschrieben:

▲

5. Erläuterungen zum vorstehenden Gestaltungsvorschlag

Zu § 1: 43

Hier sind die sogenannten Personenstandsangaben enthalten. Letztlich geschieht die Darstellung dieser Daten auch zum Schutz des Notars, der an dieser Stelle gezwungen ist, bestimme Dinge abzufragen und damit vermeidet, sie zu übersehen. Zu einer Beratung im Zusammenhang mit einer letztwilligen Verfügung gehört natürlich immer auch die Frage nach dem Güterstand, denn danach richten sich die eherechtlichen Ausgleichsansprüche, nicht nur für den Fall der Scheidung, sondern auch auf den Tod des Ehegatten (insbesondere die Frage des steuerfreien Zugewinnausgleichs spielt hier eine Rolle). So ist Gegenstand einer entsprechenden Beratung immer auch der Güterstand, den zu wechseln gelegentlich Anlass besteht.

Die in § 1 Ziffer 2. enthaltenen Angaben sollen vermeiden, dass voreheliche oder ansonsten einseitige Kinder übersehen werden, von denen die Beteiligten vielleicht annehmen, dass der Notar davon Kenntnis hat.

Die Angaben zu Ziffer 3. sind von elementarer Bedeutung für die Frage der Anwendbarkeit des Rechts. Unter Geltung der sogenannten Rom IV-Verordnung kann es sich sogar empfehlen, routinemäßig eine Rechtswahl auf deutsches Recht einzubauen.

Schließlich wird unter Ziffer 4. mit der gebotenen Klarheit die Frage nach eventuellen Bindungswirkungen gestellt, eine Frage, die in der Praxis häufig zu kurz kommt.

Zu § 2: 44

Auch dieser Hinweis dient der Klarstellung, dass alle bislang errichteten Verfügungen von Todes wegen widerrufen sind und auch als widerrufen gelten, wenn die aktuell zu beurkundende letztwillige Verfügung nicht zum Tragen kommen sollte. Damit werden Zweifel hieran beseitigt.

Zu § 3: 45

Es handelt sich um die Kernbestimmung des Erbvertrags, nämlich die wechselseitige Erbeinsetzung. Man sollte es nicht glauben, aber leider ist in der Praxis häufig anzutreffen, dass selbst Notare die Begrifflichkeiten wie Erbe, Ersatzerbe, Schlusserbe, Vorerbe und Nacherbe nicht im technischen Sinne verwenden bzw. so verwirrend gebrauchen, dass man im Ergebnis nicht mehr genau einschätzen kann, welche Art der Erbeinsetzung nun gewollt war. Da es diesbezüglich zu einer Haftung des Notars kommen kann, ist hier dringend geboten, die erbrechtlichen Fachbegriffe nur so zu gebrauchen, wie sie auch gemeint sind. In der vorliegenden Fassung geht es also um eine wechselseitige Erbeinsetzung und eine Ersatzerbeneinsetzung der Schlusserben.

46 Zu § 4:

Die Schlusserbeneinsetzung betrifft die Erbeinsetzung nach dem Längerlebenden. Sie ist durch die Fassung von § 4 auch auf das gemeinsame Versterben erstreckt, wobei die sogenannte gemeinsame Gefahr sogar noch definiert wird und sich entsprechend der Rechtsprechung darauf erstreckt, dass die Beteiligten auch annähernd gleichzeitig versterben sollten. Man kann die Schlusserbeneinsetzung auch für den Fall anordnen, dass der Längerlebende keine anderweitige letztwillige Verfügung mehr getroffen hat. Dann würde man dem Längerlebenden weitestgehenden Gestaltungsraum lassen. Hier ist eine eindeutige Anordnung der Schlusserbfolge vollzogen, so dass es also keine Zweifelsfragen etwa im Zusammenhang mit der Frage geben kann, ob hier nicht doch eine Vor- und Nacherbfolge (was der Trennungslösung entspräche) gewollt war. Auch ist in Ziffer 2. die Rede von Ersatzschlusserben, erbrechtlich eine völlig eindeutige Anordnung.

47 Zu § 5:

Angesichts des Umstandes, dass bei der vorliegenden Fassung eine weitgehende Bindungswirkung stattfinden würde, kann es sich empfehlen, dem längerlebenden Ehegatten einen Änderungsvorbehalt an die Hand zu geben, der aber genau ausdefiniert werden muss. Dazu finden sich in § 5 vier Unterpunkte, Fälle, in denen der Längerlebende ergänzend oder anderweitig testieren kann. Die vorliegende Fassung entspricht der gängigen Anordnung eines Änderungsvorbehaltes, hier ist allerdings auch für anderweitige Regelungen noch Raum. Eingangs des § 5 verzichtet der längerlebende Ehegatte auf sein Anfechtungsrecht wegen Übergehung eines Pflichtteilsberechtigten, so dass er also nicht etwa bei einer Wiederverheiratung sich aus der Bindungswirkung winden könnte, wie es das Gesetz ihm ermöglichen würde.

48 Zu § 6:

Die Anordnung der Testamentsvollstreckung empfiehlt sich häufig bei Testatoren, deren Kinder noch minderjährig sind. Selbst bei Erreichen der Volljährigkeit wird man in der Regel nicht einen uneingeschränkten Zugriff auf den Nachlass wollen, so dass hier entsprechende Einschränkungen durch eine Testamentsvollstreckung vollzogen werden, deren Dauer im vorliegenden Fall auf Vollendung des 21. Lebensjahres abstellt. Bei größeren Nachlässen, erst recht bei Unternehmensbeteiligungen, wird man das Alter noch weiter heraufsetzen (das 27. oder 30. Lebensjahr).

Die Anordnung der Testamentsvollstreckung kann auch noch umfangreicher erfolgen, wie an anderer Stelle noch erläutert werden wird. Insbesondere kann es sich empfehlen, die Frage der Bezahlung des Testamentsvollstreckers zu regeln, falls es sich nicht um einen familiennahen Testamentsvollstrecker handelt. Ist ein solcher familiennaher Testamentsvollstrecker vorhanden, sollte man die Regelung aufnehmen:

Formulierungsbeispiel
Der Testamentsvollstrecker erhält für seine Tätigkeit keine Vergütung.

Sonderproblem: Der Notar als Testamentsvollstrecker 49

In der Vergangenheit war es nicht unüblich, dass der Notar, der ein Testament beurkundete, dem Erblasser empfohlen hat, doch ihn, den Notar, zum Testamentsvollstrecker zu berufen. Häufig entsprach das auch dem Willen der Beteiligten selbst. Wenn allerdings der Notar in der dann in handschriftlicher Form verfassten Zusatzerklärung des Erblassers selbst zum Testamentsvollstrecker ernannt wird, kann das Testament nach einer neueren Entscheidung des Hanseatischen Oberlandesgerichtes hinsichtlich der Ernennung des beurkundenden Notars zum Testamentsvollstrecker nichtig sein.[23] Es wird insoweit für nachvollziehbar gehalten, dass nach dem Wunsch des Erblassers der Notar, der beurkundet, auch der Testamentsvollstrecker sein soll. Allerdings ist das nach § 27 BeurkG durch Verweisung auf § 7 BeurkG bestehende Mitwirkungsverbot (§ 7 Nr. 1 BeurkG) dann zu sehen. Normzweck des § 7 BeurkG ist es, das Beurkundungsverfahren freizuhalten von eigenen Interessen des beurkundenden Notars, denn aus der Doppelstellung als beurkundender Notar und Träger von Rechten als Testamentsvollstrecker – mit bzw. ohne Honorar – könnte sich ein Interessenkonflikt des Notars mit Rückwirkung auf die Gestaltung der Urkunde ergeben.[24] Wenn der Notar das erkennt, hat er von vornherein die Beurkundung abzulehnen. Kommt es gleichwohl zur Bestimmung des Erblassers, dass der Notar Testamentsvollstrecker sein soll, soll dies dennoch die Nichtigkeit des Testaments insoweit zur Folge haben unabhängig davon, ob der Notar von der Testamentsvollstreckerernennung wusste oder nicht. Allerdings hat der gleiche Senat des Hanseatischen Oberlandesgerichts – in anderer Besetzung – durch Beschl. v. 10.3.2016 keine Bedenken an der Formwirksamkeit der Ernennung des Urkundsnotars zum Testamentsvollstrecker in einem privatschriftlichen Testament mehr gehabt, wenn beide Verfügungen vom Notar in einem Umschlag in die amtliche Verwahrung des Nachlassgerichts gegeben werden.[25] Fraglich ist, ob eine Ersatzlösung dahingehend möglich ist, dass der Erblasser in einem eigenhändigen oder von einem anderen Notar

---

23 OLG Bremen ErbR 2014, 491.
24 *Reimann*, DNotZ 1994, 659.
25 OLG Bremen NJW-RR 2016, 979 in Abkehr von der bisherigen Rechtsprechung.

beurkundeten ergänzenden Testament den Notar zum Testamentsvollstrecker ernennt. Es ist jedenfalls darauf zu achten, dass jegliche Verknüpfung mit dem ursprünglichen notariellen Testament zu vermeiden ist.

Im entschiedenen Sachverhalt wurde die Nichtigkeit deswegen angenommen, weil das notarielle Testament gemeinsam mit der handschriftlichen Zusatzerklärung des Testators, der Notar solle der Testamentsvollstrecker sein, in die amtliche Verwahrung gegeben worden war und unter gleichen Datum verwahrt wurde sowie mit gleicher Verwahrungsbuch-Nr., die so erfolgte Verknüpfung der handschriftlichen Zusatzerklärung mit dem notariellen Testament wurde als Umgehung von § 7 BeurkG eingeordnet. Die Ernennungsurkunde wurde gewissermaßen als „Anlage" des notariellen Testamentes gewertet, was zu deren Nichtigkeit führte.

50 Zu § 7:

Diese Regelung erweitert den Anwendungsbereich des § 2077 BGB, wonach eine letztwillige Verfügung, durch die der Erblasser seinen Ehegatten bedacht hat, dann unwirksam ist, wenn die Ehe vor dem Tod des Erblassers aufgelöst worden ist. Der Auflösung der Ehe steht es gleich, wenn zur Zeit des Todes des Erblassers die Voraussetzungen für die Scheidung der Ehe gegeben waren und der Erblasser die Scheidung beantragt oder ihr zugestimmt hatte.

Durch § 7 S. 2 wird die Unwirksamkeit darauf erweitert, dass schon dann die Wirkungen des Erbvertrages entfallen, wenn beim Erbfall ein Scheidungsverfahren rechtshängig war und dies unabhängig davon, ob zu diesem Zeitpunkt die rechtlichen Voraussetzungen für eine Scheidung bereits vorgelegen haben. Es wird nämlich oft als ungerecht empfunden, dass der Ehegatte noch erbt, der die Scheidung beantragt hatte und die Voraussetzungen für eine Ehescheidung im Zeitpunkt des Todes noch nicht vorlagen. Die vorliegende Erweiterung ist also praxisgerecht und entspricht den Wünschen der Beteiligten.

51 Zu § 8:

Diese Schlussbestimmungen sind deswegen sinnvoll, weil damit den Beteiligten noch einmal allgemeine Rechtshinweise erteilt werden. Man macht die Erfahrung, dass gerade bei Verlesen dieser Schlussbestimmungen doch noch die ein oder andere Diskussion erfolgt, sei es zu Ziffer 2.a) und der Frage der Testierfreiheit oder sei es zum Pflichtteilsrecht (Ziffer 2.d)).

Aus Kontrollgründen muss der Notar auf Gesellschaftsverträge hinweisen (Ziffer 2.d)), um nicht zu vergessen, einen eventuellen Gesellschaftsvertrag auf Kompatibilität mit den erbrechtlichen Verfügungen zu überprüfen.

6. Variationen und Ergänzungen zum gemeinschaftlichen Testament

a) Keine Schlusserbeneinsetzung

Denkbar wäre, die Schlusserbeneinsetzung offen zu lassen, etwa wie folgt: **52**

Formulierungsbeispiel

§ 4 Schlusserbeneinsetzung

Wir wollen heute noch nicht bestimmen, wer Erbe des Längerlebenden werden soll. Der Überlebende soll dies nach freiem Ermessen bestimmen können.

b) Rücktrittsrechte

Ebenfalls wäre denkbar ein Rücktrittsrecht einzubauen etwa wie folgt: **53**

Formulierungsbeispiel

Rücktrittsrecht

Jeder Teil von uns behält sich allerdings das Recht vor, ohne Angabe von Gründen vom diesem Erbvertrag zurückzutreten. Die Beteiligten wurden darauf hingewiesen, dass die Rücktrittserklärung der Beurkundung bedarf und sie dem anderen Vertragsteil gegenüber zu erklären ist. Diesem muss eine Ausfertigung zugestellt werden.

c) Pflichtteilsstrafklauseln

Die oft gewünschte Pflichtteilsstrafklausel könnte folgenden Wortlaut haben: **54**

Formulierungsbeispiel

Pflichtteilsklausel

Wenn einer unserer Abkömmlinge nach dem Tode des Erstversterbenden gegen den Willen des Längerlebenden seinen Pflichtteil geltend macht und auch erhält, ist er mit seinem ganzen Stamm sowohl für den ersten wie auch für den zweiten Erbfall von jeglicher Erbfolge einschließlich angeordneter Vermächtnisse und Auflagen ausgeschlossen.

Diejenigen Abkömmlinge, die ihren Pflichtteil nicht geltend machen, erhalten aus dem Nachlass des Erstversterbenden ein Geldvermächtnis in Höhe ihres gesetzlichen Erbteils.

Das Vermächtnis fällt mit dem Tod des Erstversterbenden an, soll aber erst nach dem Tode des Längerlebenden ausgezahlt werden.

d) Pflichtteilsverzichte und ehevertragliche Vereinbarung

55 Zu denken ist hier gleichzeitig an eine ehevertragliche Vereinbarung, wenn die Ehegatten sich nicht wechselseitig zu Erben einsetzen. In diesen Fällen würde der Pflichtteilsverzicht der Ehegatten mit einer ehevertraglichen Vereinbarung zu verbinden sein:

Muster 2.4: Pflichtteilsverzichte und ehevertragliche Vereinbarung

1. Pflichtteilsverzichte

Die Erschienenen erklärten:

Wir verzichten hiermit wechselseitig auf die Geltendmachung von Pflichtteils- und Pflichtteilsergänzungsansprüchen nach dem Tode des Erstversterbenden von uns und nehmen diese Pflichtteilsverzichte hiermit wechselseitig an.

2. Ausschluss des Zugewinnausgleichs

Im Wege einer

ehevertraglichen Vereinbarung

vereinbaren wir hiermit:

Wird unsere Ehe durch den Tod eines Ehegatten aufgelöst, ist die reale Durchführung des Zugewinnausgleichs, welche der überlebende Ehegatte gemäß § 1371 Abs. 2, 3 BGB im Wege der sogenannten güterrechtlichen Lösung verlangen könnte, ausgeschlossen.

Ausdrücklich nicht ausgeschlossen ist dagegen:

a) Die Erhöhung des gesetzlichen Erbteils für den überlebenden Ehegatten gemäß § 1371 Abs. 1 BGB bei der sogenannten erbrechtlichen Lösung,

b) die Durchführung des Zugewinnausgleichs, falls unsere Ehe durch eine Entscheidung des Familiengerichts, also insbesondere durch Ehescheidung, aufgelöst wird,

c) die Durchführung des Zugewinnausgleichs, falls der Güterstand der Zugewinngemeinschaft nicht durch Auflösung unserer Ehe, sondern durch ehevertragliche Vereinbarung eines anderen Güterstandes beendet wird.

e) Teilungsanordnungen

56 § 2048 BGB ermöglicht es dem Erblasser, hinsichtlich der Verteilung seines Nachlasses Anordnungen zu treffen. In der Regel tun das nicht beratene Erblasser ohnehin, denn in der Praxis ist zu beobachten, dass die Verteilung des Nachlasses in gegenständlicher Form die Regel ist, da den Beteiligten die Unterscheidung nach Erbeinsetzung, Vermächtnissen und Auflagen ohnehin nicht geläufig ist. Man wird also auch bei der Aus-

A. Der Entwurf einer letztwilligen Verfügung § 2

legung eines privatschriftlichen Testamentes immer vor die Frage gestellt, ob es sich um eine Teilungsanordnung handelt oder nicht. Im Zusammenhang mit einer Teilungsanordnung stellt sich dann die weitergehende Frage, ob der Erblasser mit der Teilungsanordnung einen Begünstigungswillen verbunden hat, nachdem der mit einem bestimmten Gegenstand bedachte Erbe möglicherweise auch prozentual mehr vom Nachlass mitbekommen soll. Dann wäre die Annahme eines sogenannten Vorausvermächtnisses angezeigt. Möglicherweise soll aber auch ein Wertausgleich unten den Erben stattfinden.

Man wird hier einige Fälle unterscheiden müssen.[26] Hat ein Erblasser seinen Nachlass gegenständlich verteilt, beispielsweise seine Immobilien und sein Barvermögen, hat aber noch darüber hinausgehendes weiteres Nachlassvermögen, wird man zunächst die vom Erblasser zugedachten Gegenstände bewerten müssen, um daraus eine Erbeinsetzung nach Quote abzuleiten.   57

Beispiel:
Der Erblasser bestimmt, dass sein Sohn ein bestimmtes Grundstück und seine Tochter sein Barvermögen bekommen soll. Da die testamentarische Regelung keine Quote vorsieht, ist von einer Erbeinsetzung nach dem Verkehrswert der jeweiligen Gegenstände auszugehen. Anhand dieser Quote ist dann der Nachlass im Übrigen ebenfalls aufzuteilen, so dass also auch der mobile Nachlass nach dieser Quote zuzuordnen wäre.

Anders wäre das dann zu sehen, wenn der Erblasser eine bestimmte Quote vorausschickt, im vorliegenden Falle also etwa vorweg bestimmt, dass er seine beiden Kinder zu Erben zu gleichen Teilen einsetzt. Dann ist grundsätzlich von einem Erstattungsanspruch auszugehen. Im Ergebnis müssten beide Erben zu gleichen Teilen am Nachlass partizipieren. Der nicht zugeteilte oder verteilte Nachlass wäre dann zunächst so aufzuteilen, dass mögliche Differenzen beglichen werden. Notfalls gäbe es noch einen Erstattungsanspruch des einen gegenüber dem anderen Erben.   58

Wiederum anders ist der Fall einzuordnen, wenn der Erblasser eine bestimmte Quote voraussetzt (also etwa zu gleichen Teilen), dann eine Zuordnung vornimmt, aber gleichzeitig bestimmt, dass kein Ausgleich zu zahlen ist. Diese Regelung ist dahingehend zu verstehen, dass es eine echte Teilungsanordnung nach § 2048 BGB gibt, aber auch ein Vorausvermächtnis dergestalt, dass derjenige Erbe, der durch die Durchführung der Teilungsanordnung mehr erhält, als seiner Quote entspricht, diesen Mehrwert als Vorausvermächtnis vorweg bekommt. Es gibt dann also keinen Ausgleichsanspruch der Miterben untereinander.

---

26 Dazu auch *Sommer*, ZEV 2004, 13 ff.

V. Das Behindertentestament

1. Die gängige Lösung (Vor- und Nacherbfolge)

59 Die Besonderheiten eines Behindertentestamentes erfordern eine exakte Gestaltung. Als Gerüst sollte man sich hier merken, dass

- die Erbeinsetzung des behinderten Kindes schon auf den ersten Erbfall zu verfügen ist, so dass also eine Erbfolge auf den ersten und auf den zweiten Erbfall gesondert anzuordnen ist, um nicht Pflichtteilsansprüche schon nach dem ersten Erbfall zu provozieren.

2. Gestaltung durch Vor- und Nacherbfolge

▼

60 **Muster 2.5: Gestaltung durch Vor- und Nacherbfolge**

1. Erbfolge beim *ersten* Erbfall

    a) Miterben nach dem Erstversterbenden von uns sind der Längerlebende sowie unsere gemeinsamen Kinder ▓▓▓▓. Die Erbquoten der Miterben entsprechen denen der gesetzlichen Erbfolge.

    b) ▓▓▓▓ ist jedoch nur **Vorerbe**. Der **Nacherbfall** tritt mit dem Tod des Vorerben ein. **Nacherbe** ist der Längerlebende von uns beiden, ersatzweise ▓▓▓▓

    c) Vorstehende Regelungen gelten unabhängig davon, wer von uns zuerst verstirbt.

2. Erbfolge beim *zweiten* Erbfall („Schlusserbfall")

    a) Miterben nach dem Längerlebenden von uns (sog. „Schlusserben") sind unsere gemeinsamen Kinder zu unter sich gleichen Stammanteilen. Die Erbquoten der Miterben entsprechen denen der gesetzlichen Erbfolge. Dies gilt unabhängig davon, wer von uns zuerst verstirbt. Ersatzschlusserben sind jeweils die Abkömmlinge der Schlusserben zu unter sich gleichen Stammanteilen. Sind solche nicht vorhanden, tritt bei den übrigen Schlusserben Anwachsung gemäß § 2094 BGB ein.

    b) ▓▓▓▓ ist jedoch auch beim Schlusserbfall nur **Vorerbe**. Der **Nacherbfall** tritt mit dem Tod des Vorerben ein. **Nacherben** sind dessen bei Eintritt des Nacherbfalles etwa vorhandene Abkömmlinge entsprechend den Regeln der gesetzlichen Erbfolge. Ersatznacherbe ist der andere Schlusserbe, wiederum ersatzweise dessen Abkömmlinge nach den Regeln der gesetzlichen Erbfolge.

▲

Die Form der Vor- und Nacherbschaft ist die in der Praxis am häufigsten vorkommende Variante. Es folgen Anordnungen zur Nachlassabwicklung, insbesondere die Anordnung der Dauertestamentsvollstreckung und Anweisungen an den Testamentsvollstrecker nach § 2216 Abs. 2 BGB.

Ferner ist die Anordnung bedingter Vorausvermächtnisse für den Fall ratsam, dass die Eltern ihren „gesunden" Kindern lebzeitige Zuwendungen machen, die ansonsten zu einem Pflichtteilsergänzungsanspruch (übergeleitet z.b. durch den Träger der Sozialhilfe) führen könnten.[27]

3. Anordnungen zur Nachlassabwicklung

▼

Muster 2.6: Anordnungen zur Nachlassabwicklung   **61**

a) Anordnung von Testamentsvollstreckung für beide Erbfälle

Unter der Bedingung, dass unser Sohn beim jeweiligen Erbfall Vorerbe werden sollte, ordnet ein jeder von uns eine auf dessen Nachlassbeteiligungen beschränkte

Dauertestamentsvollstreckung

gemäß den §§ 2209 ff. BGB an.

Die Testamentsvollstreckung endet mit dem Eintritt des jeweiligen Nacherbfalles.

b) Ziel der Testamentsvollstreckung

Aufgrund seiner körperlichen Behinderung ist davon auszugehen, dass unser Sohn nicht in der Lage sein wird, seinen Lebensunterhalt nachhaltig und vollständig durch eigene Erwerbstätigkeit zu bestreiten.

Ziel der Dauertestamentsvollstreckung ist es deshalb, ihm aus den Mitteln seiner Nachlassbeteiligung dauerhaft einen angemessenen Lebensstandard zu ermöglichen, der über das Niveau einer staatlichen Grundversorgung, insbesondere der Sozialhilfe, hinausgeht. Die Nachlassbeteiligungen unseres Sohnes werden voraussichtlich so hohe Erträge abwerfen, dass dieses Ziel auch ohne Inanspruchnahme von Leistungen einer staatlichen Grundversorgung erreicht werden kann.
Sollte dies jedoch nicht der Fall sein, kommt dem vorstehend beschriebenen Ziel Vorrang gegenüber einer Entlastung der staatlichen Träger zu.

Sollte dieses Ziel in Zukunft durch Änderungen der Rechtsprechung oder Gesetzesänderung sittlich missbilligt oder gar als gesetzeswidrig behandelt werden, sollen

---

27 Dazu im Einzelnen: *Gockel*, § 2 Rn 193 m.w.N.

unsere Verfügungen im Wege der ergänzenden Auslegung angepasst werden. Stets soll dabei versucht werden, das von einem jeden von uns angestrebte Ziel, soweit es die Rechtslage dann zulässt, zu verwirklichen.

▲

4. Alternative Gestaltungsmöglichkeiten

a) Die Vermächtnislösung

62 Bei der sogenannten Vermächtnislösung wird das behinderte Kind nicht Erbe, sondern erhält lediglich einen Vermächtnisanspruch. Seine Nachlassbeteiligung fällt deshalb nicht in den Anwendungsbereich des § 2306 BGB, sondern unterfällt § 2307 BGB. Allerdings ist auch hier das generelle Wahlrecht zwischen Ausschlagung und Annahme vorgesehen. Auch im Rahmen der Vermächtnislösung muss eine Dauertestamentsvollstreckung mit entsprechenden Verwaltungsanordnungen nach § 2216 BGB vorgesehen werden. Die Anordnung einer Verwaltungsvollstreckung ist nach herrschender Auffassung auch für den Vermächtnisnehmer möglich. Darüber hinaus müsste durch die Anordnung eines Nachvermächtnisses erreicht werden, den Zugriff des Sozialhilfeträgers zu verhindern.

63 Schließlich muss in diesem Falle verhindert werden, dass dem Behinderten bei Annahme des Vermächtnisses ein Pflichtteilsrestanspruch zusteht, der bis zur Schonvermögensgrenze für den Lebensunterhalt des Behinderten einzusetzen wäre. Hier wird vorgeschlagen, dem Behinderten ein Quotenvermächtnis zuzuwenden, das darin besteht, dass der Behinderte eine bestimmte Quote vom Reinwert des Nachlasses in Geld erhält. Der Nachteil dieser Lösung besteht darin, dass der Nachlass möglicherweise nicht ausreichend liquide ist und der Erbe dadurch gezwungen wird, Immobilien zu belasten oder gar zu veräußern. Daher wird in diesem Zusammenhang eine Ersetzungsbefugnis vorgeschlagen, die dem Beschwerten die Berechtigung einräumt, das Vermächtnis nach seiner Wahl ganz oder teilweise durch Übertragung von Grundbesitz, Wertpapieren oder anderen Vermögensgegenständen zu erfüllen.

64 *Problem:*

Aufgrund § 2191 BGB ist im Falle der Anordnung eines Nachvermächtnisses der Vermächtnisnehmer beschwert, so dass also anders als bei der Vor- und Nacherbschaft der Vermächtnisanspruch des Nachvermächtnisnehmers sich gegen den Nachlass richtet. Der Vermächtnisgegenstand fällt daher mit dem Tode des Behinderten in seinen Nachlass. Gegen denselben Nachlass richtet sich jedoch auch der Anspruch des Sozialhilfeträgers nach SGB XII.

Es ist immer noch umstritten, wie die so entstehende Anspruchskonkurrenz zu lösen ist. Daher darf nicht verkannt werden, dass sich diese Problematik bei der Anordnung der Vermächtnislösung regelmäßig ergibt.

A. Der Entwurf einer letztwilligen Verfügung §2

b) Einfache Vermächtnislösung

Auch diese wird vertreten. Sie besteht darin, dass die mit der Vor- und Nacherbeneinsetzung verbundenen Schwierigkeiten vermieden werden, indem die Anordnung eines Nachvermächtnisses nicht erfolgt und lediglich das Vermächtnis nach § 2307 BGB angeordnet wird (selbstverständlich mit Dauertestamentsvollstreckung). Diese Lösung empfiehlt sich allerdings nur bei kleineren Nachlässen. 65

c) Umgekehrte Vermächtnislösung

Bei dieser Lösung wird der Behinderte selbst zum Alleinerben eingesetzt. Er wird alleiniger, nicht befreiter Vorerbe. Die übrigen Personen erhalten Vermächtnisse, mit denen der Behinderte selbst beschwert ist. Der Testamentsvollstrecker muss diese Vermächtnisse erfüllen. Somit verbleiben dem Behinderten nur die ausdrücklich im Testament aufgeführten Vermögensgegenstände, alles Übrige ist an die Vermächtnisnehmer herauszugeben. Ungeeignet ist diese Konstruktion für einen Nachlass, der im Wesentlichen aus einem unteilbaren Vermögensgegenstand besteht. 66

5. Aufgaben und Befugnisse des Testamentsvollstreckers

Formulierungsbeispiel 67

- Der Testamentsvollstrecker nimmt anstelle unseres Sohnes dessen Rechte aus den ihm zugedachten Nachlassbeteiligungen wahr. Er hat hierzu gemeinsam mit den Miterben von ... den Nachlass in Besitz zu nehmen und zu verwalten. Nach Erfüllung der Nachlassverbindlichkeiten und etwaiger Vermächtnisse hat er bei der Auseinandersetzung der Erbengemeinschaft mitzuwirken. Danach setzt sich die Testamentsvollstreckung an sämtlichen Vermögenswerten fort, welche bei der Nachlassteilung oder durch Vermächtniserfüllung zugefallen sind.
- Von den Beschränkungen des § 181 BGB ist der Testamentsvollstrecker befreit. In der Eingehung von Verbindlichkeiten ist er nicht beschränkt.

6. Anweisungen an den Testamentsvollstrecker zur Mittelverwendung

▼

Muster 2.7: Anweisung an den Testamentsvollstrecker 68

Gemäß § 2216 Abs. 2 BGB trifft ein jeder von uns folgende, für den Testamentsvollstrecker

verbindliche Anordnungen.

Die jährlichen Reinerträge aus den verwalteten Nachlassbeteiligungen sind ausschließlich so zuzuwenden, dass von ▮▮▮ bezogene staatliche Leistungen, insbesondere

Sozialhilfe oder bedarfsorientierte Grundsicherung, weder versagt noch gekürzt werden können.

Mit den Erträgen sollen deshalb nur solche Aufwendungen finanziert werden, für die eine staatliche Beihilfe nicht gewährt wird, derzeit also insbesondere

- Geschenke zum Geburtstag und Namenstag, zu Weihnachten, Ostern und Pfingsten;
- Zuwendungen zur Befriedigung von individuellen Bedürfnissen geistiger und künstlerischer Art sowie für die Freizeitgestaltung, insbesondere für Hobbies;
- Zuschüsse zur Finanzierung und Gestaltung von Ausflügen und Urlaub;
- Geldzuwendungen, die jedoch – wenn erstattungspflichtige Sozialhilfeleistungen oder sonstige bedarfsabhängige Sozialleistungen in Anspruch genommen werden – den Rahmen dessen nicht übersteigen dürfen, was nach den einschlägigen Bestimmungen maximal zur freien Verfügung haben darf.

Bei der Mittelverwendung ist auf die Bedürfnisse und – soweit möglich – auf die Wünsche von einzugehen. Der Testamentsvollstrecker ist dabei stets verpflichtet, soweit rechtlich zulässig, das oben beschriebene Ziel der Testamentsvollstreckung umzusetzen.

Welche Teile des jährlichen Reinertrages er für die einzelnen oben genannten oder andere Leistungen verwendet, steht im billigen Ermessen des Testamentsvollstreckers. Soweit die jährlichen Reinerträge nicht in voller Höhe in der oben beschriebenen Weise verwendet worden sind, hat sie der Testamentsvollstrecker gewinnbringend anzulegen. Zu einer mündelsicheren Geldanlage ist er dabei nicht verpflichtet.

▲

7. Einzusetzende Mittel

69 *Formulierungsbeispiel*

Zum Erreichen dieses Zieles sollen vorrangig die **Erträge** der Nachlassbeteiligungen von ... eingesetzt werden. Falls diese nicht ausreichen, darf der Testamentsvollstrecker auch die Substanz der Nachlassbeteiligungen verwenden. Stets hat er dabei aber die vorstehenden Anweisungen zu beachten.

8. Person des Testamentsvollstreckers

70 *Formulierungsbeispiel*

Zum Testamentsvollstrecker wird ernannt:
- beim Tod des Erstversterbenden von uns der längerlebende Ehegatte,
- (falls vorhanden: gesunde Kinder, ansonsten Dritte).

A. Der Entwurf einer letztwilligen Verfügung § 2

Wir ermächtigen den Testamentsvollstrecker, einen oder mehrere Mitvollstrecker gemäß § 2199 Abs. 1 BGB zu ernennen. Jedoch beschränken wir gemäß den §§ 2208, 2224 Abs. 1 S. 3 BGB den Aufgabenkreis und die Rechte des jeweiligen Mitvollstreckers auf die Bereiche, die dem ernennenden Testamentsvollstrecker aufgrund einer Interessenkollision von der Verwaltung rechtlich entzogen sind bzw. bei denen er in seiner Amtsausübung gehindert ist.

Anmerkungen: 71
Das OLG Hamm[28] hat im Übrigen folgenden Sachverhalt zu entscheiden gehabt:

Beispiel
Die Eheleute T und T2 hatten zu Lebzeiten Testamente errichtet, die jeweils nach den Erbfällen eröffnet worden waren. In einem Testament aus dem Jahre 1979 hatten sich die Eheleute gegenseitig zu alleinigen Erben eingesetzt und verfügt, dass der Überlebende von ihnen frei auch letztwillig über den Nachlass verfügen durfte. In dem Testament hieß es unter anderem:
„Sollte eines unserer Kinder dieses Testament anfechten, soll es lediglich den Pflichtteil, und zwar auch von dem Nachlass des zuletzt Verstorbenen, erhalten. Auf den Pflichtteil ist alles anzurechnen, was anzurechnen ist ..."

Im Jahre 1995 errichteten die Eheleute ein weiteres privatschriftliches Testament, in dem 72
es unter anderem heißt:
Wir setzen uns gegenseitig zu Vollerben ein. Erben des Überlebenden sollen unsere Kinder sein. Sollten unsere Kinder nach dem Tod des Erstversterbenden das Pflichtteil fordern, soll es auch nach dem Tod des später versterbenden Ehegatten auf den Pflichtteil beschränkt sein.

Nach dem Tod des Ehemannes am 1.5.1997 machte der Landschaftsverband als Kläger 73
gegen die Witwe als Alleinerbin aus übergegangenem Recht der Tochter T3, der schon viele Jahre lang Sozialhilfe in Form der voll stationären Eingliederungshilfe und Hilfe zum Lebensunterhalt nach dem SGB XII gewährt wurde, Pflichtteilsansprüche geltend. Die verwitwete Erblasserin errichtete (auch daraufhin) am 28.8.1998 vor einem Notar ein notarielles Testament, in dem sie die früheren Testamente oder Erbverträge so interpretierte, dass sie nicht in ihrer Testierfähigkeit behindert sei. Sie verwies darauf, dass ihr Vermögen in der Hauptsache aus dem Hausgrundstück und aus Barguthaben bestehe. Daraufhin verfügte sie Folgendes:

---
28 OLG Hamm NJW-RR 2013, 779.

§ 2 Mögliche Aufgabenstellungen im Erbrecht

Letztwillige Verfügung
„Ich setze hiermit meine Töchter (es folgen die Namen aller vier Töchter) zu meinen Erben ein. Die als Miterbin eingesetzte Tochter T3 wird jedoch nur nicht befreite Vorerbin. Zu Nacherben zu gleichen Teilen setze ich meine Töchter T4, T5 und T6 zu gleichen Teilen ein."
Die Nacherbfolge tritt mit dem Tode der Vorerbin ein. Die Nacherben sind auch Ersatzerben.
Die Vorerbin ist von den gesetzlichen Beschränkungen nicht befreit.
Mit Rücksicht darauf, dass meine Tochter T3 wegen ihrer Behinderung nicht in der Lage sein wird, ihre Angelegenheiten selbst zu regeln, insbesondere ihren Erbteil zu verwalten, wird hinsichtlich ihres Erbfalls Testamentsvollstreckung als Dauertestamentsvollstreckung angeordnet.
Es folgten dann weitere detaillierte Verwaltungsanordnungen für die Testamentsvollstreckung über den Erbteil der behinderten Tochter.

74 Nach dem Tode der Mutter erwirkten die Töchter beim zuständigen Amtsgericht einen gemeinschaftlichen Erbschein, in dem alle vier Töchter zu Miterbinnen zu je ¼ ausgewiesen wurden, die Leistungsempfängerin T3 jedoch nur als Vorerbin.
Der Landschaftsverband macht im Wege der Stufenklage aus übergegangenem Recht erbrechtliche Ansprüche nach der Mutter geltend.

75 Das OLG Hamm hat zunächst festgestellt, dass die gemeinschaftliche letztwillige Verfügung von 13.6.1995 die Klausel enthielt, dass dasjenige der Kinder, welches nach dem Tod des erstversterbenden Elternteil den Pflichtteil fordert, auch nach dem Tod des später versterbenden Ehegatten auf den Pflichtteil beschränkt sein soll. Insoweit handele es sich um eine typische Pflichtteilsstrafklausel (Pflichtteilssanktionsklausel) in einem Ehegattentestament, das die Vollerbschaft des überlebenden Ehegatten angeordnet und zugunsten der im ersten Erbfall lediglich Pflichtteilsberechtigten gemeinsamen Abkömmlinge eine Schlusserbenregelung enthalte. Mit solchen Klauseln soll verhindert werden, dass die nach dem Tod des Erstversterbenden gesetzlich Pflichtteilsberechtigten die dem überlebenden Ehegatten zufallende Erbmasse schmälern, indem ihre Schlusserbeneinsetzung testamentarisch unter eine auflösende Bedingung gestellt wird.

76 Dass das die Eltern letztlich auch gewollt hatten, konnte keinem Zweifel unterliegen. Der Wortlaut der entsprechenden Verfügung war immerhin eindeutig. Es war dann die Frage zu prüfen, ob diese Pflichtteilsstrafklausel auch den Fall treffen sollte, dass an Stelle der behinderten Tochter der Sozialhilfeträger den Pflichtteil nach dem erstversterbenden Ehegatten fordert. Hier wurde von den Beteiligten eine einschränkende Auslegung der Pflichtteilsstrafklausel begehrt, die dahin geht, dass in diesen Fällen die Sanktion nicht eingreifen sollte, wenn die Geltendmachung des Pflichtteils unabhängig vom Willen des Bedachten durch einen Dritten, hier den Sozialhilfeträger erfolgt. Eine solche ein-

A. Der Entwurf einer letztwilligen Verfügung § 2

schränkende Anwendung der Pflichtteilsstrafklausel ist aber nach der gefestigten Rechtsprechung des Bundesgerichtshofs nur im Rahmen der Auslegung von sogenannten Behindertentestamenten möglich und anzunehmen.[29]

Das hat seinen Grund darin, dass in den üblichen Fällen einer Pflichtteilssanktionsklausel die eingesetzten Schlusserben durch die Aussicht, ihren Erbteil durch die Pflichtteilsforderung im ersten Erbfall zu verlieren, eben davon abgehalten werden sollen, den überlebenden Ehegatten mit ihrer Pflichtteilsforderung zu belasten. Wenn aber die Eltern eines behinderten Kindes, das neben seinen nicht behinderten Kindern zum Schlusserben bestimmt ist, über die Sicherung des überlebenden Ehegatten um Gleichbehandlung aller Kinder hinaus durch ein sogenanntes Behindertentestament dafür Sorge tragen würden, das Erbe des behinderten Kindes vor dem Zugriff des Sozialhilfeträgers im Schlusserbfall zu bewahren, dann könne der Sozialhilfeträger bei einem unbeschränkten Eingriff der Sanktionsklausel entgegen dieser Elternintention nach dem letzten Erbfall erneut auf den Pflichtteil zugreifen. Die Pflichtteilsstrafklausel würde bei uneingeschränkter Anwendung in diesen Fällen im Schlusserbfall geradezu mit dem erneuten Pflichtteilsanspruch den Zugriff auf das Erblasservermögen eröffnen. Weil das aber dem in einem Behindertentestament niedergelegten Erblasserwillen widerspreche, sei in solchen Fällen nach der Rechtsprechung des BGH die Pflichtteilsstrafklausel einschränkend auszulegen. Eine solch einschränkende Auslegung der Pflichtteilsstrafklausel könne aber auf das vorliegende Testament nicht übertragen werden. Hier hatten die Eltern es versäumt, zu Lebzeiten beider Eheleute ein derartiges Behindertentestament zu errichten. Weder im Jahre 1979 noch im Jahre 1995 erfolgten im Rahmen der entsprechenden Testierung Regelungen, die einem solchen Behindertentestament entsprechen. Keines der beiden Testamente bietet Anlass dafür, dass dem Sozialhilfeträger durch die testamentarischen Anordnungen der Zugriff auf den Erbteil der behinderten Tochter erschwert oder entzogen werden sollte. Dabei habe zu einer solchen Anordnung schon im Jahre 1995 durchaus Veranlassung bestanden, weil zu diesem Zeitpunkt schon die Pflegesituation der Tochter T3 auf Kosten des Sozialhilfeträgers eingetreten war.

Da aber nirgends in den maßgeblichen letztwilligen Verfügungen auch nur andeutungsweise erkennbar sei, dass die für den Schlusserbfall angeordnete Miterbenstellung der behinderten Tochter den Zugriff des Sozialhilfeträgers entzogen sein sollte, sei ohne Bedeutung, ob die testierenden Ehegatten das tatsächlich gewollt hätten oder gewollt haben würden, wenn sie daran gedacht hätten. Da die wirksame Erklärung einer letztwilligen Verfügung dem vom Gesetz erforderlichen Formzwang unterliege, sei selbst der ermittelte wirkliche Wille eines Erblassers nichtig, wenn er in dem Testament selbst nicht wenigstens einen unvollständigen Ausdruck gefunden habe, indem er dort angedeutet ist.

77

78

---

29 BGH ZEV 2005, 117.

§ 2 Mögliche Aufgabenstellungen im Erbrecht

79 Damit stand also zunächst einmal fest, dass nichts dagegensprach, dass der Sozialhilfeträger hier ein zweites Mal seine Ansprüche geltend machen konnte. Überdies wurde auch noch festgestellt, dass der Mutter ein Abweichen von der im Rahmen der gemeinschaftlichen Verfügung erfolgten wechselbezüglich verfügten Schlusserbeneinsetzung aller vier Töchter nach § 2271 Abs. 2 BGB nicht gestattet war. Eine abweichende Beurteilung rechtfertigte sich auch nicht vor dem Hintergrund, dass der Vater das abweichende Testat wohl gestattet haben würde, wenn er die Sach- und Rechtslage gekannt hätte. Zwar könnten sich wechselbezüglich testierende Ehegatten auch letztwillig das Recht einräumen, eigene wechselbezügliche Verfügungen nach dem Erbfall aufzuheben oder abzuändern (Änderungsvorbehalte), eine solche Befugnis kann sich auch im Wege ergänzender Testamentsauslegung ergeben. Diese muss dann allerdings in der letztwilligen Verfügung der testierenden Ehegatten irgendeinen, wenn auch nur unvollständigen Anklang gefunden haben. Daran fehle es vorliegend.

80 Es soll nicht verkannt werden, dass man die vorliegende Sachverhaltskonstellation auch wohl anders hätte entscheiden können. Offensichtlich hatten sich die Eheleute nicht, zumindest nicht ausreichend beraten lassen, was die Gestaltung eines Behindertentestamentes angeht. Sie hatten leider in ihren bekannten letztwilligen Verfügungen nicht einmal andeutungsweise zum Ausdruck gebracht, dass sie das Vermögen für ihre behinderte Tochter schützen wollten, sondern sich auf die einfache Berliner Lösung verlassen, ohne dass im Nachhinein noch feststellbar gewesen wäre, dass ein entsprechender Schutzgedanke vielleicht doch eine Rolle gespielt hat. Im Übrigen ist aus dem Urteil des OLG Hamm nicht nur abzulesen, welche Voraussetzungen ein vernünftig gestaltetes Behindertentestament erfüllen muss, sondern mit wünschenswerter Deutlichkeit auch die eintretende Bindung des Längerlebenden an die Folgen einer Pflichtteilsstrafklausel. Hier könnte man ja ohne weiteres zu der Auffassung gelangen, dass eine Enterbung nicht wechselbezüglich erfolgen kann. Allerdings ist mit der durch die Geltendmachung des Pflichtteilsanspruchs automatisch erfolgten Enterbung auch eine Anwachsung der Erbteile zugunsten der anderen Töchter verbunden, so dass eine neuerliche Testierung über eben diesen Erbteil auch für den Längerlebenden nicht möglich ist, da er nicht frei wird. Hieran zeigt sich die Komplexität dieser Fallgestaltung.

VI. Das Geschiedenentestament

81 Eine weitere Sonderform ist das sogenannte Geschiedenentestament, das unbedingt folgende Regelungen enthalten muss:

Das Geschiedenentestament ist die letztwillige Verfügung eines geschiedenen Ehepartners, der nach Wegfall seines ehemaligen Ehepartners in aller Regel verhindern will, dass dieser noch in irgendeiner Weise Einfluss auf seinen Nachlass ausüben kann. Ebenso dringlich wie der Wunsch, dass der Ex-Partner in jeder Hinsicht ausgeschlossen wird, besteht aber meistens die Neigung, die eigenen auch ehelichen Kinder zu Erben einzusetzen. Bei der Verfügung zugunsten der eigenen leiblichen Kinder gilt es jedoch zwei Dinge zu beachten:

1. Allgemeines

a) Für den Fall der Minderjährigkeit der Kinder würde die elterliche Sorge dem geschiedenen Ehepartner zugesprochen, wenn der Erbfall eintritt. Dann könnte dieser natürlich auch die Vermögenssorge ausüben, die weitreichende Verfügungen über den Nachlass des Erstversterbenden erlaubt. Dieser Gedanke erweist sich bei den meisten Geschiedenen als Horrorvorstellung. Während der Minderjährigkeit der Kinder ist daher eine Regelung zur Vermögenssorge gemäß § 1638 BGB vorzunehmen.   82

b) In aller Regel sind Kinder mit Vollendung des 18. Lebensjahres noch nicht so gefestigt, dass sie einem – auch unguten – Einfluss eines Elternteils widerstehen könnten. Auch hierbei handelt es sich um eine Gefahr, die von den Testierenden im Rahmen des Geschiedenentestaments in aller Regel gesehen wird. Da die Anordnungen nach § 1638 BGB mit dem Eintritt der Volljährigkeit ihre Wirksamkeit verlieren, muss darüber hinaus durch eine Testamentsvollstreckung sichergestellt werden, dass für einen noch weiteren, allerdings überschaubaren, Zeitraum keine eigene Verfügung der Kinder über den durch Erbgang erworbenen Nachlass möglich ist. Die Testamentsvollstreckung könnte, je nach Geschmack, mit dem 21., 23. oder 27. Lebensjahr enden. Die Testamentsvollstreckung sollte umso länger dauern, je komplizierter sich ein Nachlass zusammensetzt. Fallen beispielsweise Unternehmensbeteiligungen in den Nachlass, kann sogar ein darüberhinausgehender Zeitraum bis zum 30. Lebensjahr angemessen und vernünftig sein.

c) Schließlich ist in den Blick zu nehmen, dass bei vielen Beteiligten die wesentlichen Werte aus einer Lebensversicherung resultieren, die bekanntlich nicht in den Nachlass fällt. Hier muss durch eine zutreffende Neuordnung der Bezugsberechtigung Vorsorge getroffen werden, dass nicht etwa diesbezüglich der Ex-Partner in den Genuss der Vermögenssorge kommt. Insoweit empfiehlt es sich, die Bezugsberechtigung entweder ganz zu streichen oder aber den Erblasser selbst zum Bezugsberechtigten zu machen, um zu verhindern, dass eine Einflussnahme durch den Ex-Partner erfolgt. Schädlich wäre hier beispielsweise die Bezugsberechtigung von „Erben", denn auch diese Verfügung würde dazu führen, dass der Erwerb der Auszahlungssumme am Nachlass vorbei erfolgt, so dass die Anordnung nach § 1638 BGB diese Vermögenswerte nicht erfassen würde.

§ 2 Mögliche Aufgabenstellungen im Erbrecht

2. Gestaltungsvorschlag (Vermächtnislösung)

83 Auch im Rahmen des Geschiedenentestaments wird darüber diskutiert, eine Lösung über die Vor- und Nacherbfolge oder über ein Vermächtnis durchzuführen.

- Im Folgenden ist ein Gestaltungsvorschlag nach Vermächtnislösung vorgesehen:

> *Formulierungsbeispiel: Gestaltungsvorschlag Vermächtnis*
> **§ 1 Vermächtnis**
> Sofern Gegenstände aus unserem Nachlass im Falle unseres gemeinschaftlichen Todes oder nach dem Tode des Längerlebenden von uns im Wege der Erbfolge an den geschiedenen Ehegatten der erschienenen Ehefrau, dessen einseitige Abkömmlinge oder Verwandte aufsteigender Linie fallen sollten, vermachen wir hiermit alle Vermögensgegenstände, die unser Schlusserbe aus unserem Nachlass erworben hat, und die sich im Zeitpunkt seines Todes noch in seinem Vermögen befinden, an ... zu gleichen Teilen.
>
> Diese Vermächtnisse fallen erst mit dem Tode des Beschwerten an und werden dann fällig. Die Vererblichkeit der Vermächtnisse wird ausgeschlossen.
>
> Die Vermächtnisse sind auflösend bedingt mit dem Tode des Ehemannes der erschienenen Ehefrau, sofern keine einseitigen Abkömmlinge oder Verwandte aufsteigender Linie in diesem Zeitpunkt mehr vorhanden sind.

- Zu regeln ist darüber hinaus die Vermögenssorge (§ 1638 BGB) etwa wie folgt:

> *Formulierungsbeispiel: Vermögenssorge*
> **§ 1 Vermögenssorge, elterliche Sorge**
> Die Sorge über das Vermögen unseres Schlusserben erstreckt sich nicht auf das Vermögen, welches er von Todes wegen erwirbt.
>
> Zum Ergänzungspfleger für dieses Vermögen, das er von Todes wegen erwirbt, bestimmen wir ..., geboren am ..., ersatzweise ..., geboren am ...
>
> Der genannte Ergänzungspfleger soll auch die elterliche Sorge für unseren Schlusserben übernehmen, sofern diese nicht dem Vater zusteht.

- Anzuordnen ist eine Testamentsvollstreckung entweder auf die Dauer der Minderjährigkeit oder darüber hinaus:

> *Formulierungsbeispiel: Testamentsvollstreckung*
> **§ 1 Testamentsvollstreckung**
> Während der Minderjährigkeit unseres Schlusserben ordnen wir Dauertestamentsvollstreckung an.

Der Testamentsvollstrecker ist in der Eingehung von Verbindlichkeiten für den Nachlass nicht beschränkt.

Zum Testamentsvollstrecker ernennen wir die Vorgenannten, ...

Wiederum ersatzweise soll das Nachlassgericht den Testamentsvollstrecker benennen.

Wir ermächtigen den Testamentsvollstrecker, einen oder mehrere Mitvollstrecker gemäß § 2199 Abs. 1 BGB zu ernennen. Jedoch beschränken wir gemäß den §§ 2208, 2224 Abs. 1 S. 3 BGB den Aufgabenkreis und die Rechte des jeweiligen Mitvollstreckers auf die Bereiche, die dem ernennenden Testamentsvollstrecker aufgrund einer Interessenkollision von der Verwaltung rechtlich entzogen sind bzw. bei denen er in seiner Amtsausübung gehindert ist.

B. Der Widerruf einer letztwilligen Verfügung

Ein einseitiges Testament kann zu jeder Zeit aufgehoben oder abgeändert werden. Der Widerruf erfolgt seinerseits durch Testament (§ 2254 BGB). Ein Testament kann aber auch dadurch widerrufen werden, dass der Erblasser in der Absicht, es aufzuheben, die Testamentsurkunde vernichtet oder an ihr Veränderungen vornimmt, durch die der Wille, eine schriftliche Willenserklärung aufzuheben, ausgedrückt zu werden pflegt (§ 2255 Abs. 1 S. 1 BGB). Befindet sich das Testament in der besonderen amtlichen Verwahrung, erfolgt der Widerruf durch Rücknahme des Testamentes aus der amtlichen Verwahrung (§ 2256 BGB).

84

Besonderheiten gelten beim gemeinschaftlichen Testament. Auch hier kann natürlich zunächst die Rücknahme aus der amtlichen Verwahrung erfolgen, was allerdings davon abhängig ist, dass beide testierenden Ehegatten persönlich die Rücknahme durchführen (§ 2272 BGB).

85

Die Besonderheit beim gemeinschaftlichen Testament ist die Regelung des § 2271 BGB, wonach jeder der Testierenden die wechselbezüglichen Verfügungen aus einem solchen gemeinschaftlichen Testament widerrufen kann. Für das Verfahren gelten die Vorschriften zum Rücktritt aus dem Erbvertragsrecht. Ein solcher Widerruf erfolgt also nicht durch Errichtung einer neuen letztwilligen Verfügung des zum Widerruf Entschlossenen, denn davon würde ja unter Umständen der andere Ehepartner keine Kenntnis erlangen. Vielmehr erfolgt der Rücktritt durch eine notariell zu beurkundende Erklärung (§§ 2296 Abs. 2 S. 2, 2271 Abs. 1 S. 1 BGB). Von dieser Erklärung ist dem Erklärungsempfänger eine Ausfertigung zuzustellen. Besondere Probleme ergeben sich nun in diesem Bereich, wenn der Erklärungsempfänger bereits geschäftsunfähig geworden ist. Zu dieser Problematik gibt es einige Urteile, die sich auch mit der Frage beschäftigen, ob etwa für die Entgegennahme des Widerrufs eine Generalvollmacht ausreichend ist. So hatte das Landgericht Leipzig[30] den Antrag eines Sohnes auf Betreuerbestellung zwecks Zustellung des Widerrufs eines Testaments deswegen abgelehnt, weil es hierfür keine Notwendigkeit sah. Es hatte gemeint, dass der Widerruf des Testamentes vom Bevollmächtigten des Widerrufsempfängers entgegengenommen werden könnte. Das anschließend zuständige Nachlassgericht (im Rahmen des Erbscheinsverfahrens) sah das dann aber wieder völlig anders und meinte, es sei kein wirksamer Zugang des Widerrufs erfolgt, da nach seiner Auffassung ein gerichtlich bestellter Betreuer den Widerruf hätte entgegennehmen müssen. Das daraufhin tätige Beschwerdegericht vertrat schließlich die Meinung, der Zugang an den Vorsorgebevollmächtigten sei ausreichend gewesen. Eine derartige Kette von unterschiedlichen Auffassungen, die in derselben Rechtssache vertreten werden, ist nicht selten. Das führt zu erheblicher Rechtsunsicherheit, die dazu führt, vorsichtshalber in der Praxis einen Betreuer mit dem Wirkungskreis „Entgegennahme des Widerrufs eines Testamentes" bestellen zu lassen, denn es ist nahezu unbestritten, dass der gesetzliche Vertreter gem. § 131 Abs. 1 BGB auch den Widerruf eines gemeinschaftlichen Testaments entgegennehmen kann.

86 Eindeutig ist das allerdings nicht, wenn man sich Folgendes vor Augen hält:

Die Anordnung einer derartigen Ergänzungsbetreuung läuft doch im Ergebnis auf die Bestellung eines bloßen Erklärungsempfängers hinaus.[31] Der Empfänger des Widerrufs kann den Widerruf letztlich nur entgegennehmen, ohne selbst für den von ihm Vertretenen noch irgendeine Reaktion zeigen zu können. Der Sinn, dass der Widerruf offen zu erfolgen hat und zuzustellen ist, liegt an sich darin, dass der Erklärungsempfänger in Kenntnis des Widerrufs selbst reagieren und anderweitige letztwillige Verfügungen veranlassen kann. Das ist bei einem Geschäftsunfähigen nicht mehr möglich. Ob es also im Ergebnis zutreffend ist, die Anordnung einer Betreuung für ausreichend zu halten, um einen solchen Widerruf zuzustellen, ist zumindest fraglich, entspricht allerdings derzeit auch der in der Rechtsprechung zunehmend vertretenen Ansicht.[32]

Eine abweichende Meinung lehnt diese Möglichkeit ab und vertritt die Auffassung, die eingetretene Testierunfähigkeit stehe für den Fall des Testamentswiderrufs dem Tode des Ehegatten gleich.[33]

---

30 LG Leipzig ZErb 2009, 360.
31 So auch AG München NJW 2011, 618.
32 So zuletzt OLG Nürnberg NJW 2013, 2909.
33 *Damrau/Bittler*, ZErb 2004, 77.

C. Die Erbauseinandersetzung

I. Allgemeines

Liegt eine Erbengemeinschaft vor, könnte als Gestaltungsaufgabe auch eine Erbauseinandersetzung gefordert werden. Eine Mehrheit von Erben hat dann, wenn allseitiges Einvernehmen besteht, mehrere Möglichkeiten, eine Erbengemeinschaft aufzulösen.[34] Eine Aufgabenstellung, die eine Erbengemeinschaft voraussetzt, die in sich nicht einig ist, dürfte im Rahmen des Notarexamens schwerlich vorstellbar sein, da hier ein notarieller Vertrag nicht denkbar ist.

87

Für eine in sich einige Erbengemeinschaft käme in Betracht:

- die Übertragung sämtlicher in der Erbengemeinschaft vorhandenen Vermögensgegenstände aus dem Gesamthandvermögen heraus
- die Übertragung sämtlicher Erbteile auf einen der Erben oder einen Dritten
- Abschichtungsvereinbarungen.

Bei der Übertragung von allen Nachlassgegenständen wird die Erbengemeinschaft insgesamt beendet und aufgelöst. Das ist in der Praxis der am häufigsten anzutreffende Fall.

88

So kann beispielsweise das in den Nachlass fallende Grundvermögen auf einen der Erben übertragen werden, wobei zu unterscheiden ist, ob das nicht durch die Immobilie gebundene Vermögen wertmäßig ausreicht, um eine Aufteilung der Erbengemeinschaft ohne Ausgleichsansprüche zu rechtfertigen oder ob der Empfänger des Grundstücks dann noch entsprechende Ausgleichszahlungen leisten muss. Denkbar ist auch, dass eine im Testament enthaltene Teilungsanordnung vollzogen wird, hier wären dann beispielsweise verschiedene Grundstücke auf die unterschiedlichen Erben zu übertragen und aufzulassen. Formbedürftig wird ein derartiger Vertrag nur dann, wenn die Übertragung des Gegenstandes als solchem einer Form bedarf (also Immobilien, GmbH-Anteile pp.). Nur diese dürften Gegenstand der Fachprüfung werden.

Zu achten ist insbesondere bei Immobilienbesitz darauf, dass in aller Regel Belastungen in Abteilung II und III vorhanden sind. In einen Auseinandersetzungsvertrag sind Regelungen dazu aufzunehmen, was mit diesen Belastungen geschieht.

89

So gehört beispielsweise in einen derartigen Erbauseinandersetzungsvertrag zunächst – wie in einen jeden Vertrag, der Immobilien zum Gegenstand hat – der sogenannte Grundbuchspiegel.

Formulierungsbeispiel: Grundbuchspiegel
Im Nachlass befindet sich der im Grundbuch des Amtsgerichts XY von Z verzeichnete Grundbesitz der Gemarkung A Flur 1 Flurstück 2.

---

34 MüKo/*Ann*, § 2042 BGB Rn 1.

> Der Grundbesitz ist im Grundbuch wie folgt belastet:
> Abteilung II: Wegerecht für …
> Abteilung III: 100.000 EUR Grundschuld nebst 15 % Jahreszinsen und 5 % einmaliger Nebenleistung,
> sofort vollstreckbar gem. § 800 ZPO für die X-Bank in Y.

90 Bei den wertbeeinflussenden Belastungen, wie das bei den in Abteilung III eingetragenen Belastungen der Fall ist, ist zu klären, ob noch eine wirtschaftliche Belastung vorhanden ist oder nicht. Entsprechendes ist in den Vertrag aufzunehmen.

> *Formulierungsbeispiel*
> Die in Abteilung III eingetragene Grundschuld valutiert nach Angaben der Beteiligten derzeit noch in Höhe von …
> Der Erschienene zu 1. übernimmt die eingetragene Belastung zur alleinigen persönlichen und dinglichen Haftung.

91 Sollte keine Valutierung mehr zu verzeichnen sein, ist über einen Löschungsvorgang nachzudenken. Bei noch bestehenden Belastungen gibt es wiederum unterschiedliche Lösungsmöglichkeiten:

Der Übernehmer aus der Erbengemeinschaft könnte die Belastung zur eigenen Haftung übernehmen.

Die Erbengemeinschaft könnte verpflichtet werden, die Belastung zunächst abzulösen, so dass der Übernehmer dann lastenfrei übernimmt. Hier kommt es dann auf die ansonsten vorhandenen Werte an; je nachdem, wie der Grundstückswert zu dem Wert des Nachlasses im Übrigen sich verhält, müsste eine Tilgung der Verbindlichkeiten durch die Erbengemeinschaft erfolgen oder auch nicht.

92 Sind mehrere Immobilien im Nachlass vorhanden, erfolgt dann im Erbauseinandersetzungsvertrag die Zuweisung der jeweiligen Immobilie an einen der Erben zu Alleineigentum.

> *Formulierungsbeispiel*
> Der Erschienene zu 1. erhält das im Grundbuch von XY eingetragene Grundstück (Blatt …) zu Alleineigentum.

93 Problematisch ist häufiger einmal die Absicherung der Gegenleistungen. In diesem Zusammenhang wird man Anweisungen an den Notar aufnehmen müssen, den dinglichen Vollzug der Auseinandersetzung erst zu betreiben, wenn Zahlung eines bestimmten Abfindungsbetrags nachgewiesen ist. Notfalls müsste das über ein Notaranderkonto erfolgen. Die Gestaltung im Einzelnen orientiert sich an den Gestaltungen eines Kaufvertrags.

C. Die Erbauseinandersetzung § 2

Muss eine derartige Abfindungszahlung durch einen Bankkredit finanziert werden, bleibt nichts anderes übrig, als auch in diesem Zusammenhang mit der bekannten Finanzierungsvollmacht zu arbeiten.

II. Verkauf an Dritte

Bei Verkauf eines Nachlassgrundstücks an einen Dritten treten keine besonderen Schwierigkeiten auf. Es ist allenfalls darauf zu achten, dass die Erbengemeinschaft insgesamt handeln muss. 94

III. Abschichtung

Denkbar ist auch eine Abschichtungsvereinbarung. Diese ist nicht formbedürftig, sie führt dazu, dass der Miterbe, der auf seine Miterbenstellung verzichtet, aus der Erbengemeinschaft ausscheidet. Formbedürftig ist hier dann nur noch der Grundbuchberichtigungsantrag. 95

IV. Erbteilsübertragung

Schließlich ist noch denkbar, dass die Erbengemeinschaft sich dahingehend einigt, dass alle Erbteile sich auf einen Erben vereinigen. 96

V. Teilerbauseinandersetzung

Auch eine Teilerbauseinandersetzung ist denkbar. So könnte beispielsweise einer der Miterben aus einer bestehenden Erbengemeinschaft durch Übertragung seiner Erbteile auf einen oder mehrere andere ausscheiden, ein solcher Erbe könnte auch durch Ausschlagung oder Abschichtung aus der Erbengemeinschaft ausscheiden. Aber auch eine auf die Sache bezogene Teilerbauseinandersetzung ist denkbar, etwa dahingehend, dass die Erbengemeinschaft einen Teil des Nachlasses veräußert und im Übrigen am Restnachlass fortbesteht. 97

Der Unterschied zwischen der persönlichen und sachlichen Teilerbauseinandersetzung liegt im Wesentlichen darin, dass eine persönliche Teilerbauseinandersetzung nicht erzwungen werden kann, während das bei einer sachlichen einmal der Fall sein kann etwa dann, wenn Nachlassverbindlichkeiten beglichen werden müssen oder besondere Gründe die Teilerbauseinandersetzung rechtfertigen.

§ 2 Mögliche Aufgabenstellungen im Erbrecht

VI. Testamentsvollstreckung

98 Bei einer angeordneten Testamentsvollstreckung ist zunächst zu prüfen, ob eine Verwaltungs- oder Abwicklungsvollstreckung angeordnet ist. Ist Letzteres der Fall, dann ist es Aufgabe des Testamentsvollstreckers, die Erbauseinandersetzung einzuleiten und durchzuführen.

Der Erblasser kann also einen oder, was sich bei einem vielschichtigen oder umfangreichen Nachlass empfehlen kann, mehrere Testamentsvollstrecker ernennen. Bei der Gestaltung sollte man bedenken, dass man eine geeignete Person bestimmt, die auch in der Lage ist, die voraussichtlich im Rahmen der Testamentsvollstreckung anfallende Problematik zu bewältigen. So kann es sich empfehlen, etwa bei Firmennachlässen entweder einen Rechtsanwalt oder aber den Steuerberater der Firma, einen Wirtschaftsprüfer oder eine andere geeignete Person zum Testamentsvollstrecker zu berufen, damit die Interessen des Nachlasses anschließend sachgerecht vertreten werden. In jedem Falle müsste bedacht werden, dass auch eine Ersatzperson bestellt wird, falls der auserkorene Testamentsvollstrecker einmal wegfällt. Notfalls müsste über § 2200 BGB das Ersuchen an das Nachlassgericht aufgenommen werden, das im Falle des Wegfalls der individuell bestimmten Testamentsvollstrecker von Amts wegen einen Nachfolger bestimmt. Bei der Annahme eines derartigen Amtsersuchens ist man großzügig. Im Gesetz ist zwar geregelt, dass der Erblasser das Nachlassgericht im Testament ersuchen muss, einen Testamentsvollstrecker zu ernennen, in der Praxis wird ein derartiges eindeutiges Ersuchen zumindest in handschriftlichen Testamenten selten zu finden sein. Hier wird relativ weit ausgelegt und häufig im Sinne der Andeutungstheorie angenommen, dass es dem hypothetischen Erblasserwillen entspreche, dass das Nachlassgericht einen Testamentsvollstrecker ernennt.

99 Bei der Anordnung der Testamentsvollstreckung darf nicht vergessen werden, die Aufgaben des Testamentsvollstreckers zu definieren. Soll er nur abwickeln oder soll er verwalten? Soll er den Nachlass auseinandersetzen, Vermächtnisse und Auflagen erfüllen oder soll er die Vermögensinteressen etwa bis zum Erreichen eines bestimmten Alters eines Erben vertreten?

Gerade im Rahmen der Unternehmensnachfolge kommt der Testamentsvollstreckung eine überragende Bedeutung zu. Neben die Testamentsvollstreckung können Vollmachten gestellt sein, die sich unter Umständen mit den Zuständigkeiten des Testamentsvollstreckers decken.

Häufig sind Testamentsvollstrecker und Bevollmächtigter personenidentisch. Das wird deswegen in vielen Fällen sinnvoll sein, in denen eine nahtlose Wahrnehmung der Vermögensinteressen gewährleistet sein muss (klassischerweise beim Unternehmer), so dass der mit einer post- oder transmortalen Vollmacht Versehene unmittelbar nach dem Erbfall die entsprechenden Befugnisse hat und zwar auch, bevor ein Testamentsvoll-

C. Die Erbauseinandersetzung § 2

streckerzeugnis erteilt worden ist, zumal Letzteres häufig längere Zeit in Anspruch nimmt und im Rahmen etwa des Rechtsverkehrs mit dem Ausland noch einer Überbeglaubigung durch den jeweiligen LG-Präsidenten bedarf (Apostille). Eine rechtzeitig genug erteilte internationale Vollmacht führt also dazu, dass es hier nicht zu einem allzu langen Zeitraum kommt, in dem niemand handlungsberechtigt ist.

Ein häufiges Problem in der Praxis ist die Vergütung des Testamentsvollstreckers oder besser die fehlende Angabe im Testament, wonach der Testamentsvollstrecker vergütet werden soll. Sinnvollerweise sollten sich dazu bei der Anordnung der Testamentsvollstreckung im Testament Regelungen finden. Die Vergütung kann sich prozentual nach dem Bruttonachlasswert richten oder aber unter Zugrundelegung der unterschiedlichen bekannten Vergütungstabellen erfolgen. Für welche der Möglichkeiten man sich entscheidet, hängt sehr von Art und Umfang der in Aussicht genommenen Testamentsvollstreckung ab. Letztlich zulässig wäre sogar eine Zeitvergütung für den Testamentsvollstrecker. 100

VII. Auseinandersetzungsverbote

Hat der Erblasser die Auseinandersetzung des Nachlasses verboten, können sich nur sämtliche Miterben über dieses Verbot hinwegsetzen. Eine solche übereinstimmende Handhabung scheitert nur dann, wenn der Erblasser etwa eine Testamentsvollstreckung für die Dauer des Auseinandersetzungsverbotes angeordnet hat. 101

VIII. Beteiligung Minderjähriger

Besonderheiten gelten dann noch bei der Beteiligung von Minderjährigen, diesbezüglich sind familienrechtliche Genehmigungen einzuholen (§§ 1643, 1821, 1822 Nrn. 1, 3, 5, 8–11 BGB). In § 1643 Abs. 1 BGB ist ausdrücklich kein Bezug auf § 1822 Nr. 2 BGB enthalten, die Vorschrift, nach der der Vormund etwa auch für einen Erbteilungsvertrag einer Genehmigung des Familiengerichts bedarf. § 1643 Abs. 2 BGB erwähnt den Erbteilungsvertrag ebenfalls nicht. Daher bedarf ein Vertrag über eine Erbauseinandersetzung nur dann der Genehmigung durch das Familiengericht, wenn die Eltern von der Vertretung des Kindes ausgeschlossen sind.[35] 102

Ist einmal eine derartige Genehmigung erforderlich, kann diese nur dem Vormund gegenüber erteilt werden (§ 1828 BGB), der diese Genehmigung wiederum den anderen Vertragsparteien mitteilen muss, § 1829 Abs. 1 S. 2 BGB. Liegt ein notarieller Vertrag vor, so kann der Notar nach § 10 Abs. 2 Nr. 3 FamFG mit einer sogenannten Doppelvoll- 103

---
35 Dazu ausf.: Scherer/*Pawlytta*, § 42 Rn 64 ff.

macht versehen werden, wovon dann die Entgegennahme und die Mitteilung der Genehmigung erfasst ist.

Wirksam wird diese Genehmigung jedoch erst mit Rechtskraft des Beschlusses, d.h. nach Ablauf der zweiwöchigen Beschwerdefrist nach §§ 63 Abs. 2 Nr. 2, 40 Abs. 2 S. 1 FamFG. Diesbezüglich erteilt das Gericht nach § 46 FamFG ein Rechtskraftzeugnis. Somit wäre also ein solcher Auseinandersetzungsvertrag erst mit Rechtskraft des Genehmigungsbeschlusses und Mitteilung des rechtskräftigen Genehmigungsbeschlusses rechtswirksam, worauf bei der Fälligkeit von Zahlungen zu achten ist.[36]

IX. Gestaltungsvorschläge

1. Vollständige Erbauseinandersetzung

▼

104 Muster 2.8: Vollständige Erbauseinandersetzung

§ 1 Aufhebung der Erbengemeinschaft

Hinsichtlich des vorbezeichneten Grundbesitzes heben die Beteiligten die zwischen ihnen bestehende Erbengemeinschaft am Nachlass ihrer Mutter, Frau ▓▓▓ unter Zustimmung der miterschienenen Ehefrau des Herrn ▓▓▓, auf und setzen sich über das Gesamthandvermögen wie folgt auseinander:

Herr ▓▓▓,

– nachstehend „der Übertragsnehmer" genannt –

erhält den in § 1 näher bezeichneten Grundbesitz zu Alleineigentum.

oder:

Wir, die Miterben, setzen uns über das Nachlassgrundstück

Gemarkung ▓▓▓ Flur ▓▓▓ Nr. ▓▓▓, groß ▓▓▓ a,

verzeichnet im Grundbuch von ▓▓▓, Blatt ▓▓▓,

dahin auseinander, dass es dem Miterben ▓▓▓ zu Alleineigentum zugeteilt wird.

oder:

▓▓▓ und ▓▓▓ sind Eigentümer in Erbengemeinschaft des im Grundbuch von ▓▓▓ Blatt ▓▓▓ verzeichneten Grundbesitzes.

---

36 *Litzenburger*, RNotZ 2009, 380.

C. Die Erbauseinandersetzung § 2

Sie setzen sich über das Nachlassgrundstück

Gemarkung ▨ Flur ▨ Nr. ▨, groß a,
verzeichnet im Grundbuch von ▨ Blatt ▨,
dahin auseinander, dass es dem Miterben,

– nachstehend „der Übertragsnehmer" genannt –

zu Alleineigentum zugeteilt wird.

oder:

Die Erschienenen heben die zwischen ihnen bestehende Erbengemeinschaft am Nachlass ihres Vaters bzw. Großvaters, Herrn ▨ auf und setzen sich über das Gesamthandvermögen wie folgt auseinander:

Herr ▨ erhält den in § 1 näher bezeichneten Grundbesitz bzw. das Erbbaurecht zu Alleineigentum.

§ 2 Besitzübergabe

Die Besitzübergabe erfolgt am heutigen Tage.

Die vom Tage der Besitzübergabe ab entstehenden öffentlichen und privaten Lasten und Abgaben hat der Übertragsnehmer zu tragen.

§ 3 Entgelt

Als Entgelt für die Übertragung zahlt der Übertragsnehmer an ▨ jeweils einen Betrag in Höhe von

▨ EUR

(in Worten: ▨ *EUR).*

oder:

Ein Entgelt für die Zuteilung hat der Übertragsnehmer an die Miterben, ▨, nicht zu zahlen.

eventuell:

Mit dieser Vereinbarung erklären die Beteiligten, dass damit die Erbauseinandersetzung nach ihrer verstorbenen Mutter, Frau ▨, vollständig abgeschlossen ist.

Der vorgenannte Betrag ist bis zum ▨ fällig und zahlbar.

§ 2 Mögliche Aufgabenstellungen im Erbrecht

§ 4 Auflassung

Sodann erklärten die Vertragschließenden die nachstehende Auflassung:

Wir sind darüber **einig**, dass die in § 1 dieses Vertrages näher bezeichnete Grundbesitzung in das Alleineigentum von ▓▓▓▓▓ übergeht und **bewilligen und beantragen**, die Eigentumsumschreibung im vorbezeichneten Grundbuch vorzunehmen.

oder:

Wir sind darüber **einig**, dass der Miteigentumsanteil unserer Mutter, Frau ▓▓▓▓▓, von ▓▓▓▓▓ an der in § 1 dieses Vertrages näher bezeichneten Grundbesitzung auf ▓▓▓▓▓ übergeht und **bewilligen und beantragen**, die Berichtigung im vorbezeichneten Grundbuch vorzunehmen.

Der Voreintragung der Erbengemeinschaft bedarf es nicht.

§ 5 Grundbucheinsicht und Übernahme der Belastungen

Der Notar hat das Grundbuch am ▓▓▓▓▓ lediglich elektronisch eingesehen und die Aktualität sowie die Antragsliste am ▓▓▓▓▓ überprüft. Eine darüberhinausgehende Grundbucheinsicht durch den Notar ist nicht erfolgt. Der Grundbuchinhalt wurde mit den Vertragsparteien erörtert.

Der Grundbesitz ist in Abteilung II nicht belastet.

Die in Abteilung III eingetragenen Grundpfandrechte werden von dem Übertragsnehmer übernommen; er stellt die Miterben insoweit von allen Schuldverpflichtungen frei.

§ 6 Belehrungen und Steuerhinweis

Der Notar wies darauf hin, dass gemäß § 22 Abs. 1 GrEStG zur Eigentumsumschreibung im Grundbuch eine Unbedenklichkeitsbescheinigung des Finanzamtes nicht einzuholen ist.

Ferner wies er darauf hin, dass die Betreuung in steuerlicher Hinsicht nicht durch ihn erfolgt, sondern gegebenenfalls der Rat eines Steuerberaters einzuholen ist. Er schließt jede Haftung für durch die Beurkundung veranlagte Steuern sowie für von den Beteiligten erwartete, tatsächlich jedoch nicht eintretende Steuervorteile aus.

§ 7 Vollzugsauftrag und Vollmachten

Alle in dieser Urkunde erteilten Vollzugsaufträge und -vollmachten sind dem amtierenden Notar („vollziehender Notar"), dessen Vertreter oder Amtsnachfolger, erteilt.

Alle Beteiligten beauftragen und bevollmächtigen diesen Notar,

- sie im Grundbuchverfahren uneingeschränkt zu vertreten,

- die zur Wirksamkeit und für den Vollzug dieser Urkunden erforderlichen Genehmigungen und Erklärungen anzufordern oder entgegenzunehmen.

C. Die Erbauseinandersetzung §2

- Anfechtbare Bescheide und Zwischenbescheide zur Fristverlängerung sind jedoch den Beteiligten selbst zuzustellen; Abschriften an den Notar werden erbeten.

Die Beteiligten bevollmächtigen die Notarfachangestellten an der Amtsstelle des vollziehenden Notars

a) Frau X,

b) Frau Y,

je einzeln und befreit von § 181 BGB,

- Erklärungen, Bewilligungen und Anträge materiell- oder formell-rechtlicher Art zur Ergänzung oder Änderung des Vertrages abzugeben, soweit diese zur Behebung behördlicher oder gerichtlicher Beanstandungen zweckdienlich sind;

- evtl: Abschriften dieses Übertragungsvertrages den Kreditinstituten, die mit der Löschung oder Pfandfreigabe eingetragener Grundpfandrechte beschäftigt sind, auf deren Verlangen auf Kosten des Übertragsnehmers auszuhändigen.

- Die Vollmacht gilt nur vor dem beurkundenden Notar oder seinem Vertreter im Amt und endet mit der vertragsgemäßen Durchführung des vorerwähnten Vertrages und Umschreibung des Eigentums im Grundbuch.

§ 8 Kosten

Die Kosten dieses Vertrages und seiner Durchführung sowie sämtliche mit dem Eigentumswechsel verbundenen Kosten und eventuelle Steuern trägt der Übertragsnehmer.

§ 9 Sonstiges

Die Erschienenen versichern, nicht verheiratet zu sein und nicht über ihr Vermögen im Ganzen zu verfügen.

Das Protokoll wurde den Erschienenen in Gegenwart des Notars vorgelesen, von ihnen genehmigt und eigenhändig unterschrieben:

2. Übertragung eines Erbanteils

Muster 2.9: Übertragung eines Erbanteils, wonach die Erbengemeinschaft aber besteht bleibt

105

§ 1

▓▓▓ ist gemäß Erbschein des Amtsgerichts ▓▓▓ vom ▓▓▓, Geschäftsnummer: ▓▓▓ Miterbe des am ▓▓▓ in ▓▓▓ Verstorbenen geworden, und zwar zu ▓▓▓ Anteil.

§ 2 Mögliche Aufgabenstellungen im Erbrecht

oder:

Die Erschienene zu 1. und ▓▓▓ sind gemäß Erbschein des Amtsgerichts ▓▓▓ vom ▓▓▓ Geschäftsnummer: ▓▓▓, Miterben des am ▓▓▓ in ▓▓▓ verstorbenen Vaters geworden, und zwar zu je ▓▓▓ Anteil.

Zum Nachlass der/des ▓▓▓ gehört u.a. das im Grundbuch von ▓▓▓ Blatt ▓▓▓ verzeichnete Grundstück Gemarkung ▓▓▓ Flur ▓▓▓ Nr. ▓▓▓, groß ▓▓▓ a.

Diese Grundstücke sind wie folgt belastet:

In Abteilung II:

In Abteilung III:

§ 2

▓▓▓ überträgt hiermit seinen Erbanteil an dem Nachlass des verstorbenen ▓▓▓ auf

▓▓▓, und zwar mit dinglicher Wirkung.

▓▓▓ nimmt die Übertragung hiermit an.

§ 3

Ein Entgelt für die Übertragung wird nicht gezahlt.

oder:

Als Gegenleistung zahlt die Erschienene zu 1. an die Erschienene zu 2. einen Kaufpreis in Höhe von

▓▓▓ EUR

(in Worten: ▓▓▓ EUR).

Dieser Betrag ist fällig, wenn der Grundbesitz oder Teile davon veräußert werden, spätestens aber am ▓▓▓.

Er ist mit 6 % p.a. zu verzinsen.

Die Zinsen sind jeweils am 31. Dezember eines jeden Jahres an die Erschienene zu ▓▓▓ zu überweisen.

§ 4

Der Übergang von Nutzen und Lasten erfolgt mit Wirkung vom heutigen Tage.

Die Veräußerin haftet für ungehinderten Übergang des Erbteils und für Freiheit von Rechten Dritter. Eine weitere Gewährleistung wird nicht übernommen, insbesondere nicht in Bezug auf den Zustand und die Lastenfreiheit der im Nachlass befindlichen Gegenstände.

C. Die Erbauseinandersetzung § 2

§ 5

Die Vertragsparteien **bewilligen** und **beantragen**, die Eintragung im Grundbuch dahin zu berichtigen, dass an die Stelle der Miterbin ▇▇▇ die Erschienene zu ▇▇▇ getreten ist.

§ 6

Ein Vorkaufsrecht für die übrigen Miterben ist im vorliegenden Fall nicht gegeben.

Nach Hinweis auf die Anzeigepflicht gemäß § 2384 BGB beauftragen die Vertragsteile den Notar, eine beglaubigte Kopie dieser Urkunde an das Nachlassgericht Beckum zu übersenden.

§ 7

Grundbucheinsicht ▇▇▇

§ 8

Vollmachten ▇▇▇

§ 9

Damit ist die Erschienene zu 2. vollständig aus der Erbengemeinschaft ausgeschieden. Alle im ungeteilten Nachlass befindlichen Vermögenswerte einschließlich etwaiger Nachlassverbindlichkeiten gehen anteilig auf die Erschienene zu 1. über.

§ 10

Die Kosten dieses Vertrages und seiner Durchführung trägt ▇▇▇.

Der Erschienene zu ▇▇▇ versicherte, nicht über sein Vermögen im Ganzen zu verfügen.

Der Notar wies darauf hin, dass die Betreuung in steuerlicher Hinsicht nicht durch ihn erfolgt, sondern gegebenenfalls der Rat eines Steuerberaters einzuholen ist. Er schließt jede Haftung für durch die Beurkundung veranlagte Steuern sowie für von den Beteiligten erwartete, tatsächlich jedoch nicht eintretende Steuervorteile aus.

Das Protokoll wurde den Vertragschließenden in Gegenwart des Notars vorgelesen, von ihnen genehmigt und eigenhändig unterschrieben:

▲

D. Erbscheinsverfahren

I. Rechtsprechung zur Notwendigkeit eines Erbscheins

106 Die Überlegung, ob ein Erbscheinsverfahren oder eine Erbenfeststellungsklage durchgeführt wird, lässt häufig außer Acht, dass es nach Maßgabe der aktuellen Rechtsprechung weitaus weniger Sachverhalte gibt, in denen überhaupt ein Erbschein erforderlich ist.

Zugrunde liegt hier insbesondere die Entscheidung des BGH vom 8.10.2013,[37] wonach die allgemeinen Geschäftsbedingungen einer Sparkasse angesichts § 307 Abs. 1 u. 2. BGB für unwirksam erklärt wurden, worin der Sparkassenkunde zum Nachweis seiner Erbfolge immer einen Erbschein vorlegen musste. Das wurde vom BGH als Benachteiligung gegen Treu und Glauben und unangemessen eingestuft. Seitdem ist klar, dass schon der Notar bei der Aufnahme eines Erbscheinsantrages kritisch zu hinterfragen hat, wofür denn überhaupt ein Erbschein benötigt werden soll. Das LG Münster[38] hatte einem Notar sogar eine unrichtige Sachbehandlung attestiert, der vor der Entscheidung des BGH einen Erbscheinsantrag aufgenommen hatte und warf ihm vor, die Tendenzen der Rechtsprechung nicht richtig gewürdigt zu haben.

107 Das Landgericht war um eine gerichtliche Entscheidung in einem Kostenprüfungsverfahren gebeten worden. Die Antragstellerin war aufgrund eines handschriftlichen Testamentes Alleinerbin einer Bekannten geworden, die ihr zu Lebzeiten eine über den Tod hinausgehende Vollmacht über das Konto ausgestellt hatte. Der Nachlass bestand aus Sparguthaben bei zwei Banken. Nach dem Tod der Bekannten wandte sich die Antragstellerin an einen Notar und ließ sich in der Erbschaftsangelegenheit beraten. Sie berichtete ihm, dass sie zuvor die Angelegenheiten der Bekannten geregelt habe, ohne dass über die ihr erteilte Vollmacht konkret gesprochen wurde. Der Notar teilte ihr mit, dass sie einen Erbschein benötige, woraufhin sie über den Notar beim zuständigen Nachlassgericht die Erteilung eines Erbscheins beantragte. Hierfür fielen Kosten in Höhe von 446,13 EUR an. Den Erbscheinsantrag nahm die Antragstellerin später auf Anraten des Nachlassgerichts zurück. Der Notar hatte einen Geschäftswert von 150.000 EUR zugrunde gelegt. Im Nachlassverfahren wurde ein Nachlasswert von 291.500 EUR errechnet.

108 Die Antragstellerin konnte anschließend die Sparguthaben ohne Vorlage eines Erbscheins auf sich umschreiben lassen. Der Notar meint, die Beantragung des Erbscheins sein erforderlich gewesen, jedenfalls handele es sich nicht um eine unrichtige Sachbehandlung. Dazu behauptet er, dass Banken bei familienfremden Erben grundsätzlich die Vorlage eines Erbscheins verlangten. Auch schaffe der Erbschein Rechtssicherheit,

---

37 BGH ZEV 2014, 41.
38 LG Münster ZEV 2017, 522

insbesondere für den Fall, dass zu einem späteren Zeitpunkt die gesetzlichen Erben an die Antragstellerin heranträten.

Der Präsident des Landgerichts wurde als vorgesetzte Dienstbehörde des Notars gehört. Zunächst ging der Präsident davon aus, dass ein Geschäftswert von 291.500 EUR zugrunde zu legen sei. Die Kostenrechnung wurde daraufhin korrigiert auf 780,52 EUR entsprechend der Weisung des Landgerichtspräsidenten. Die Antragstellerin hatte den Kostenbetrag schon beglichen.

109

Der Kostenprüfungsantrag, der nach § 127 GNotKG zulässig war, hatte zum Ergebnis, dass die Notarkostenrechnung abzuändern und auf 239,69 EUR zu reduzieren war. Zwar sei die Kostenrechnung rechnerisch zutreffend gewesen, die Kosten für die Beantragung des Erbscheins seien jedoch wegen unrichtiger Sachbehandlung nicht zu erheben. Die abgerechneten Kosten seien zunächst zwar entstanden. Der Notar dürfe jedoch nur die Kosten erheben, die auch bei richtiger Sachbehandlung entstanden wären. Bei richtiger Sachbehandlung hätte ein Erbschein nicht beantragt werden dürfen. Nicht richtig behandelt ist eine Sache dann, wenn der Notar nicht so verfahren ist, wie er – sei es in rechtlicher oder geschäftlicher Hinsicht – hätte verfahren sollen. Eine unrichtige Sachbehandlung kann auch in dem Unterlassen einer nach der Sachlage gebotenen Aufklärung und Rechtsbelehrung durch den Notar liegen. Maßstab für die Anwendung des § 21 GNotKG ist nicht die objektiv richtige Behandlung. Vielmehr liegt eine unrichtige Sachbehandlung durch Gericht oder Notar nur dann vor, wenn dem Notar ein offen zutage tretender Verstoß gegen eindeutige gesetzliche Normen oder ein offensichtliches Versehen unterlaufen ist.

Bislang war in der Rechtsprechung noch nicht entschieden, ob die Aufnahme eines Erbscheinsantrages in der vorliegenden Konstellation, nämlich dann, wenn ein Erbschein tatsächlich nicht zwingend benötigt wird, eine unrichtige Sachbehandlung darstellt. Das LG Münster hat dies bejaht.

Insoweit wurde dem Notar zum Verhängnis, dass durch Urteil des BGH vom 8.10.2013[39] festgestellt wurde, dass Banken die Vorlage eines Erbscheins in ihren allgemeinen Geschäftsbedingungen nicht generell verlangen können. Ferner hat der BGH entschieden, dass der Nachweis mittels Erbscheins von Banken auch bei Vorlage eines eröffneten privatschriftlichen Testamentes nur in Zweifelsfällen verlangt werden kann.[40] Vor diesem Hintergrund dürften Banken Erbscheine heute nur noch in Ausnahmefällen verlangen.

110

In dieser Sachlage heute einen Erbschein zu beantragen, ist in der Regel eine unrichtige Sachbehandlung.

---

39 BGH XI ZR 401/12.
40 BGH XI ZR 440/16.

§ 2 Mögliche Aufgabenstellungen im Erbrecht

111 Der Notar wandte dagegen ein, dass er die Entscheidung des BGH vom 5.4.2016 im Zeitpunkt der Beantragung seines Erbscheins am 27.5.2016 noch nicht habe kennen müssen, da diese in der Fachliteratur erst später veröffentlicht worden sei.

Das Landgericht meint jedoch, dass der Notar den Sachverhalt hätten aufklären müssen, um den wahren Willen der Beteiligten zu erforschen und sie über die rechtliche Tragweite zu belehren. Er habe ohne Umstände des Einzelfalles zu berücksichtigen, einen Erbscheinsantrag aufgenommen. Es sei geboten gewesen, durch Nachfrage bei der Antragstellerin herauszufinden, ob diese in jedem Falle einen Erbschein wollte oder ob sie zunächst eine Abwicklung ohne Erbschein versuchen wolle. Darüber hätte er sie belehren müssen. Er hätte darauf hinweisen können, dass die höchstrichterliche Rechtsprechung in diesem Bereich derzeit einem Wandel unterworfen sei. Gleichzeitig hätte er eruieren müssen, ob die mit einem solchen Versuch verbundene Verzögerung dem tatsächlichen Willen der Antragstellerin zuwiderlief. Hierbei hätte er in Erfahrung bringen müssen, ob sie zeitnah Zugriff auf die Guthaben als Erbin benötige. Angeboten hätte sich eine Nachfrage bei der Bank, ob diese einen Erbschein fordere.

Die Feststellung einer unrichtigen Sachbehandlung führt dazu, dass die Mehrkosten, die durch diese unrichtige Sachbehandlung entstanden sind, nicht erhoben werden dürfen. Der Notar durfte hier also lediglich eine Beratungstätigkeit abrechnen (0,5 Gebühr nach dem Wert).

112 Man kann zu dem Beschluss des LG Münster stehen wie man will, nach der jetzt bekannten BGH-Rechtsprechung ist völlig ausgeschlossen, in den Fällen, in denen es sich nur um Barvermögen handelt, ohne weitere Notwendigkeiten einen Erbschein zu beantragen. Dies würde generell als unrichtige Sachbehandlung eingestuft.

In all diesen Fällen stellt sich also heute überhaupt nicht mehr die Frage, ob ein Erbscheinsverfahren durchgeführt werden muss. Ist indes die Erbfolge streitig, wird es nach wie vor bei der Notwendigkeit und Möglichkeit eines Erbscheinsverfahrens verbleiben.

Das ist erst recht der Fall, wenn es um Grundbuchberichtigungen nach § 12 GBO geht. Dessen ungeachtet kann natürlich der tätige Rechtsanwalt einen Erbscheinsantrag für den Mandanten einreichen. Lediglich die notwendige eidesstattliche Versicherung muss der Mandant dann selbst – gegebenenfalls beim Nachlassgericht direkt – abgeben. Die Vertretung durch den Rechtsanwalt in einem Erbscheinsverfahren löst die Gebühr nach VV Nr. 3100 in Höhe von 1,3 aus. Die Terminsgebühr nach VV Nr. 3104 fällt an, wenn tatsächlich gerichtliche Termine stattfinden (1,2). Gegen den erteilten Erbschein ist die Beschwerde möglich (§ 58 FamFG). Sie geht direkt zum Oberlandesgericht.

II. Antragsberechtigung

Liegt keine notarielle letztwillige Verfügung vor, also in allen Fällen der privatschriftlichen Verfügung, aber auch im Falle der gesetzlichen Erbfolge ist die Legitimation des Erben durch einen Erbschein erforderlich. Das Erbscheinsverfahren (§§ 352 ff. FamFG) ist häufiger Gegenstand der notariellen Fachprüfung. Hierbei ist nicht so sehr die Fragestellung, wie ein solcher Erbscheinsantrag zu formulieren ist, vielmehr ist der zu stellende Erbscheinsantrag erst Ergebnis einer vorgelagerten gutachterlichen Überprüfung, wie die Erbfolge anhand des konkreten Sachverhaltes zu bewerten ist. Vor diesem Hintergrund ergeben sich vielfältige Aufgabenstellungen, die immer wieder ins materielle Erbrecht führen, die aber letztlich darin gipfeln, einen entsprechenden Erbscheinsantrag zu formulieren. Unabhängig von der vorausgehenden materiell-rechtlichen Prüfung, auf die wegen der Vielfältigkeit der möglichen Aufgabenstellungen natürlich an dieser Stelle nicht eingegangen werden kann, muss doch auch der dann formulierte Erbscheinsantrag praxistauglich sein. Er ist wegen der darin enthaltenen eidesstattlichen Versicherung urkundsbedürftig.

113

Es stellt sich daher zunächst die Frage, wer denn überhaupt einen Erbscheinsantrag stellen kann. Das sind:

- der Alleinerbe oder der Miterbe (bei Minderjährigen die Eltern)
- der Vorerbe bis zum Eintritt des Nacherbfalls, danach der Nacherbe
- der Erbeserbe
- der Ersatzerbe nach Anfall der Erbschaft an ihn
- der Erbschaftserwerber auf den Namen des Erben
- der Testamentsvollstrecker
- der Nachlass- und Nachlassinsolvenzverwalter aufgrund der Verfügungsmacht
- ein Abwesenheitspfleger
- ein Gläubiger des Erben unter den Voraussetzungen der §§ 792, 896 ZPO (Titel)
- der Fiskus.

Grundsätzlich nicht antragsberechtigt ist:

- ein Pflichtteilsberechtigter, wenn er nicht selbst Gläubiger ist,
- ein Nachlasspfleger, da er keinen Erben vertritt,
- ein Vermächtnisnehmer, es sei denn er hat einen Titel.[41]

---

41 Scherer/*Bregulla-Weber*, § 51 Rn 19 m.w.N.

III. Was ist zu versichern?

114 § 352 FamFG schreibt vor, was derjenige, der die Erteilung eines Erbscheines als gesetzlicher Erbe beantragt, anzugeben hat, nämlich
- den Zeitpunkt des Todes des Erblassers,
- den letzten gewöhnlichen Aufenthalt und die Staatsangehörigkeit des Erblassers,
- das Verhältnis, auf dem sein Erbrecht beruht,
- ob und welche Personen vorhanden sind oder vorhanden waren, durch die er von der Erbfolge ausgeschlossen oder sein Erbteil gemindert werden würde,
- ob und welche Verfügungen des Erblassers von Todes wegen vorhanden sind,
- ob ein Rechtsstreit über sein Erbrecht anhängig ist,
- dass er die Erbschaft angenommen hat,
- die Größe seines Erbteils.

115 Wer die Erteilung des Erbscheins aufgrund einer Verfügung von Todes wegen beantragt, hat
- die Verfügung zu bezeichnen, auf der sein Erbrecht beruht,
- anzugeben, ob und welche sonstigen Verfügungen des Erblassers von Todes wegen vorhanden sind,
- einen Teil der Angaben zu machen, die auch der gesetzlichen Erbe zu machen hat, nämlich den Zeitpunkt des Todes mitzuteilen, den letzten gewöhnlichen Aufenthaltsort, die Frage zu beantworten, ob ein Rechtsstreit über sein Erbrecht anhängig war oder ist, dass er die Erbschaft angenommen hat sowie die Größe seines Erbteils (§ 352 Abs. 2 FamFG).

116 Der jeweilige Antragsteller hat soweit wie möglich die Richtigkeit der Angaben durch öffentliche Urkunde nachzuweisen und für den Fall, dass er eine gewillkürte Erbfolge geltend macht, die entsprechende Urkunde vorzulegen. Im Übrigen ist als Beweismittel eine eidesstattliche Versicherung zugelassen, die vor Gericht oder vor einem Notar abzugeben ist und beinhaltet, dass dem Antragsteller nichts bekannt ist, was der Richtigkeit seiner Angaben entgegensteht. Das Nachlassgericht kann dem Antragsteller die Versicherung erlassen, wenn sie für nicht erforderlich gehalten wird (§ 352 Abs. 3 FamFG).

117 Sind mehrere Erben vorhanden, ist auf Antrag ein gemeinschaftlicher Erbschein zu erteilen, der Antrag kann indes von jedem der Erben allein gestellt werden (§ 352a Abs. 1 FamFG). Im Antrag sind die Erben und ihre Erbteile anzugeben, die Angabe der Erbteile ist dann nicht erforderlich, wenn alle Antragsteller in dem Antrag auf die Aufnahme der Erbteile verzichten (§ 352a Abs. 2 FamFG). Wenn nur einer der Erben den Antrag stellt, dann muss die Angabe enthalten sein, dass die übrigen Erben die Erbschaft angenommen haben. (§ 352a Abs. 3 FamFG). Alle Erben müssen an sich die die eidesstattliche Versicherung abgeben, in der Praxis allerdings hat es sich durchgesetzt, dass die eidesstattliche Versicherung eines der Erben für ausreichend erachtet wird, was auch nach § 352a Abs. 4 FamFG möglich ist.

IV. Mehrheit von Erben

Handelt es sich um eine Mehrheit von Erben, so ist auf Antrag ein gemeinschaftlicher Erbschein zu erteilen. Der Antrag kann von jedem der Erben gestellt werden (§ 352a Abs. 1 S. 2 FamFG). In diesem Falle ist in dem Antrag anzugeben, wer im Einzelnen Erbe geworden ist und welche Erbteile sich ergeben. 118

Der Praxisfall ist jedoch, dass bei einer Mehrheit von Erben nur einer der Erben den Erbscheinsantrag stellt. Dann gilt § 352a Abs. 3 FamFG. Der Antragstellende hat dann anzugeben, dass die übrigen Erben die Erbschaft angenommen haben. Der Nachweis der Richtigkeit der Angaben (eidesstattliche Versicherung) gilt auch für die sich auf die übrigen Erben beziehenden Angaben des Antragstellers.

Probleme bereitet gelegentlich § 352a Abs. 4 FamFG, wonach die Versicherung an Eides statt von allen Erben abzugeben ist, sofern nicht das Nachlassgericht die Versicherung eines oder einiger von ihnen für ausreichend erachtet. Danach könnte man meinen, dass bei einer Mehrheit von Erben immer alle Erben die eidesstattliche Versicherung abgeben müssten. In der Praxis hat sich jedoch die Handhabung bewährt, dass die Abgabe der eidesstattlichen Versicherung durch einen der Erben ausreicht. Das wird von den Gerichten durchgängig akzeptiert. 119

V. Zuständigkeiten

Das deutsche Nachlassgericht ist in Nachlasssachen nach § 105 FamFG zuständig, wenn es örtlich zuständig ist. Aus dieser örtlichen Zuständigkeit folgt auch die internationale Zuständigkeit zur Erteilung eines Erbscheins nach dem Tode eines Ausländers, wenn dieser seinen Wohnsitz oder Aufenthalt in Deutschland hatte oder sich Nachlassgegenstände in Deutschland befanden. 120

VI. Verfahren

Das Nachlassgericht wird den Erbscheinsantrag eines Mitglieds der Erbengemeinschaft zunächst allen anderen Miterben, deren Anschriften der Antragsteller mitzuteilen hat, zur Kenntnis und Stellungnahme zuleiten. Diese Handhabung der Nachlassgerichte führt oft zu einem erheblichen Zeitaufwand. Es kann sich daher in der Praxis als sinnvoll erweisen, die Zustimmung der übrigen in Betracht kommenden Miterben sogleich mit einzuholen. Ist eine gleichzeitige Beurkundung durch alle Miterben nicht möglich, wird es für 121

§ 2 Mögliche Aufgabenstellungen im Erbrecht

ausreichend erachtet, wenn die übrigen Miterben – formlos – etwa in einem einfachen Schreiben dem Nachlassgericht gegenüber erklären, dass sie mit der Erteilung des beantragten Erbscheins einverstanden sind. Dementsprechende Zustimmungserklärungen kann der Notar dem Erbscheinsantrag auch sogleich beifügen, um damit eine nicht unerhebliche Zeitersparnis zu erzielen.

VII. Auslegung der letztwilligen Verfügung

122 Angesichts der immer noch vorhandenen Neigung in der Bevölkerung, letztwillige Verfügungen nicht notariell, sondern privatschriftlich, noch dazu ohne anwaltliche – vermeintlich teure – Beratung abzufassen, werden in der Praxis häufig privatschriftliche Testamente eröffnet, deren Inhalt und Rechtsfolgen zweifelhaft sind. So hat es auch bereits eine Aufgabenstellung im Notarexamen gegeben, in der ein handschriftliches Testament zur Prüfung vorgelegt wurde. Bei Vorlage einer derartigen Aufgabe ist zunächst einmal die materielle Rechtslage zu prüfen und festzustellen, wer aufgrund der vorgelegten letztwilligen Verfügung wohl Erbe geworden ist. Bleibt es hierbei zweifelhaft und ist andererseits festzustellen, dass die in Betracht kommenden Personen eine übereinstimmende Rechtsauffassung zur Frage der Erbfolge haben, kommt die Beurkundung eines Auslegungsvertrages in Betracht.

123 Im Rahmen eines derartigen Auslegungsvertrages müsste das eigenhändige Testament zunächst einmal zitiert werden. Dieses ist ohnehin vorab dem Nachlassgericht zur Eröffnung einzureichen und kann dann in Bezug genommen werden.

Formulierungsbeispiel
Der Erblasser hat ein privatschriftliches Testament vom 1.1.1967 hinterlassen, dessen Inhalt den Erschienenen bekannt ist. Dieses Testament ist dem Nachlassgericht bereits am ... abgeliefert und zur Öffnung eingereicht worden. Auf das beim Amtsgericht ... laufende Nachlassverfahren Az ... wird verwiesen.

Alsdann ist die Auslegung der letztwilligen Verfügung durch die Beteiligten zu formulieren. Das kann so geschehen, dass zunächst die Unklarheit definiert wird, oder aber es wird formuliert, dass die Erschienenen darüber einig sind, dass die Formulierungen in dem in Bezug genommenen Testament dahingehend auszulegen sind, dass X alleiniger Erbe ist und die Beteiligten Y und Z lediglich als Vermächtnisnehmer anzusehen sind.

124 Unklarheiten können sich auch daraus ergeben, dass etwa Zweifel an der Testierfähigkeit bestanden haben. Hier wird ein Nachlassgericht allerdings skeptischer prüfen, ob eine solche Feststellung durch die Erben möglich ist, denn Zweifel an der Testierfähigkeit wären von Amts wegen zu verfolgen. Ist demgegenüber die Auslegung einer an sich unklaren Formulierung noch im Bereich dessen, was eine auch großzügige Auslegung erlaubt,

wird ein Nachlassgericht in aller Regel dieser Auslegung folgen und einen Erbschein entsprechend den Vorgaben erteilen. Die Grenze ist dort erreicht, wo die Beteiligten ein Schriftstück in einem Sinne auslegen, der nicht mehr von den Grundsätzen, die bei einer Auslegung zu beachten sind, gedeckt wäre.

Es handelt sich also lediglich um die Auslegung der sogenannten Lesart einer Verfügung seitens des Betroffenen.

VIII. Gestaltungsvorschlag Erbscheinsantrag

Muster 2.10: Erbscheinsantrag 125

Der/Die Erschienene bat um Beurkundung des nachfolgenden

Erbscheinsantrages

und erklärte:

Am ▮ ist in ▮ mein/meine Ehemann/Ehefrau ▮, geboren am ▮, verstorben.

Mein/e Ehemann/Ehefrau war nur einmal verheiratet, und zwar mit mir.

Mein/e Ehemann/Ehefrau war deutscher/e Staatsangehöriger/e.

Aus der Ehe sind ▮ Abkömmlinge hervorgegangen, nämlich

■ ▮, geborene/r ▮, geboren am ▮, wohnhaft: ▮,

■ ▮, geborene/r ▮, geboren am ▮, wohnhaft: ▮.

Weitere Abkömmlinge hat mein/e Ehemann/Ehefrau nicht hinterlassen.

Unsere Abkömmlinge haben einen Erbverzicht erklärt.

Die entsprechenden Urkunden sind dem Nachlassgericht bereits vorgelegt worden.

Mein/e Ehemann/Ehefrau hat ein handschriftliches Testament errichtet, das zur Eröffnung eingereicht worden ist. Darin hat er mich zur Alleinerbe/in bestimmt.

Ein Rechtsstreit über das Erbrecht war und ist nicht anhängig.

Ein Scheidungsverfahren war nicht anhängig.

Ein Hof im Sinne der HöfeO gehört nicht zum Nachlass.

Andere Verfügungen hat mein/e Mann/Frau nach meinen Erkenntnissen nicht errichtet.

§ 2 Mögliche Aufgabenstellungen im Erbrecht

Über die Bedeutung einer eidesstattlichen Versicherung und die strafrechtlichen Folgen einer falschen eidesstattlichen Versicherung durch den Notar belehrt, versichere ich hiermit an Eides statt, dass mir nichts bekannt ist, was der Richtigkeit meiner Angaben entgegensteht.

Ich beantrage, einen Erbschein mit dem obigen Inhalt zu erteilen, die Ausfertigung dem Nachlassgericht des Amtsgerichts zu übersenden.

Der Nettowert des Nachlasses beträgt ca. ▬▬▬ EUR.

Das Protokoll wurde den/der Erschienenen in Gegenwart des Notars vorgelesen, von ihr/ihm genehmigt und eigenhändig unterschrieben:

IX. Der Auslegungsvertrag

126 Angesichts der in der Praxis häufig anzutreffenden Ungenauigkeit letztwilliger Verfügungen hat sich in der Praxis bewährt, in den Fällen, in denen die in Betracht kommenden Erben einig sind, wie eine letztwillige Verfügung auszulegen ist, einen Auslegungsvertrag zu schließen.

Die Einigung der in Betracht kommenden Personen kann sich hierbei auf alle denkbaren Probleme erstrecken (Einordnung der rechtlichen Stellung als Erbe oder Vermächtnisnehmer usw.). Der Auslegungsvertrag ist ein Vertrag eigener Art, den man letztlich wohl als Vergleich einstufen dürfte.

Zwar ist ein Nachlassgericht im Zusammenhang mit einem Erbscheinsverfahren an einen solchen außergerichtlichen Auslegungsvertrag nicht gebunden, es muss und wird aber eine Auslegung berücksichtigen, die sich im Rahmen des Zulässigen bewegt. Insofern ist zu prüfen, ob das von den Beteiligten Gewollte noch im Rahmen eines möglichen Auslegungsspielraums liegt, denn nicht vertretbare, außerhalb dieses Ermessensspielraums liegende Auslegungen sind auch durch einen Auslegungsvertrag nicht erzielbar.

Wie bereits erwähnt, ist ein solcher Auslegungsvertrag nur dann sinnvoll, wenn alle Beteiligten sich daran beteiligen, da es ansonsten wiederum zu widerstreitenden Anträgen auf Erteilung von Erbscheinen käme. Im Rahmen des Auslegungsvertrages können auch außerhalb der Testamentsurkunde liegende Gesichtspunkte aufgeführt werden, die zur Auslegung herangezogen werden.[42]

---

42 OLG Hamm BeckRS 2011, 25923 und ständige Rspr.

X. Abgrenzung zur Erbenfeststellungsklage

In aller Regel wird sich auch im Rahmen eines streitigen Erbscheinserteilungsverfahren anbieten, zunächst dieses Verfahren durchzuführen, obwohl auch ein Erbenfeststellungsverfahren als normales Prozessverfahren vor dem Zivilgericht möglich wäre. Allerdings wird man nach Geltung des GNotKG in die Überlegungen einbeziehen müssen, dass es ab dem 1.8.2013 für Beschwerdeverfahren bei der Erteilung eines Erbscheins nach § 60 Abs. 1 S. 2 RVG statt der alten 0,5 nunmehr eine 1,6 Verfahrensgebühr gibt. Darüber hinaus kann das Gericht die Kosten eines derartigen Verfahrens nach den §§ 81 ff. FamFG einer Partei auferlegen, so dass sich das Erbscheinserteilungsverfahren durchaus nicht immer als das schnellere und billigere Mittel für einen Erbennachweis darstellt. Es mag in Zukunft durchaus Fälle geben, in denen die Erbenfeststellungsklage prozessual sogar vorteilhaft ist, hierbei kommt es wohl auf die Verfahrenszeiten an, die bei den Gerichten des FamFG teilweise sehr lang sind, während die Prozessabteilungen häufig kurzfristig terminieren.

127

E. Auslandsbezug

I. Allgemeines

Ab dem 17.8.2015 ist die EU-Erbrechtsverordnung (ErbVO) anzuwenden (Verordnung Nr. 650/2012 des Europäischen Parlamentes und des Rates vom 4.7.2012). Die Verordnung regelt die Zuständigkeit, das anzuwendende Recht, die Anerkennung und Vollstreckung von Entscheidungen und die Annahme und Vollstreckung öffentlicher Urkunden in Erbsachen sowie die Einführung eines Europäischen Nachlasszeugnisses (ENZ).

128

Sie gilt für alle Mitglieder der Europäischen Union mit Ausnahme des Vereinigten Königreichs von Großbritannien und Nordirland, Irland und Dänemark.

Sachlich anzuwenden ist die ErbVO auf die Rechtsnachfolge von Todes wegen. Das schließt die Rechtsnachfolge aufgrund gesetzlicher Erbfolge ebenso ein wie die aufgrund gewillkürter Erbfolge. Die ErbVO regelt nicht Personenstands- und Familienverhältnisse, Rechts-, Geschäfts- und Handlungsfähigkeiten, wobei die Frage der Erb- und Testierfähigkeit doch zum Anwendungsbereich der ErbVO gehören soll. Auch güterrechtliche Fragen regelt die ErbVO nicht.

Da Gegenstand der ErbVO ausschließlich die erbrechtliche Thematik ist, sind unentgeltliche Zuwendungen unter Lebenden von der Anwendung ausgeschlossen.

Ausnahme:

Es liegt eine Ausgleichung oder Anrechnung unentgeltlicher Zuwendungen vor. Auf diese Fälle ist die ErbVO wiederum anwendbar. In den der ErbVO vorstehenden Erwägungsgründen heißt es dazu unter Ziff. 14:

§ 2 Mögliche Aufgabenstellungen im Erbrecht

Rechte und Vermögenswerte, die auf andere Weise als durch Rechtsnachfolge von Todes wegen entstehen oder übertragen werden, wie z.b. durch unentgeltliche Zuwendungen, sollten ebenfalls vom Anwendungsbereich dieser Verordnung ausgenommen werden. Ob unentgeltliche Zuwendungen oder sonstige Verfügungen unter Lebenden mit dinglicher Wirkung vor dem Tod für die Zwecke der Bestimmung der Anteile der Berechtigten im Einklang mit dem auf die Rechtsnachfolge von Todes wegen anzuwendenden Recht ausgeglichen oder angerechnet werden sollten, sollte sich jedoch nach dem Recht entscheiden, das nach dieser Verordnung auf die Rechtsnachfolge von Todes wegen anzuwenden ist.

Streitig ist, ob die Verordnung auch auf Schenkungen auf den Todesfall nach § 2301 BGB anwendbar ist.

II. Ausgangspunkt: Der gewöhnliche Aufenthalt

129 Nach bisherigem Recht, in Deutschland unter Geltung von Art. 25 EGBGB, knüpfte das Erbrecht an das Staatsangehörigkeitsprinzip an. In Abkehr hiervon ist nunmehr der letzte gewöhnliche Aufenthaltsort des Erblassers maßgeblich. Auch hierzu wieder ein Auszug aus den Erwägungsgründen zur ErbVO, diesmal Erwägungsgrund 23:

> In Anbetracht der zunehmenden Mobilität der Bürger sollte die Verordnung zur Gewährleistung einer ordnungsgemäßen Rechtspflege in der Union und einer wirklichen Verbindung zwischen dem Nachlass und dem Mitgliedstaat, in dem die Erbsache abgewickelt wird, als allgemeinen Anknüpfungspunkt zum Zwecke der Bestimmung der Zuständigkeit und des anzuwendenden Rechts den gewöhnlichen Aufenthalt des Erblassers im Zeitpunkt des Todes vorsehen. Bei der Bestimmung des gewöhnlichen Aufenthalts sollte die mit der Erbsache befasste Behörde eine Gesamtbeurteilung der Lebensumstände des Erblassers in den Jahren vor seinem Tod und im Zeitpunkt seines Todes vornehmen und dabei alle relevanten Tatsachen berücksichtigen, insbesondere die Dauer und die Regelmäßigkeit des Aufenthalts des Erblassers in dem betreffenden Staat, sowie die damit zusammenhängenden Umstände und Gründe. Der so bestimmte gewöhnliche Aufenthalt sollte unter Berücksichtigung der spezifischen Ziele dieser Verordnung eine besonders enge und feste Bindung zu dem betreffenden Staat erkennen lassen.
>
> In einigen Fällen kann es sich als komplex erweisen, den Ort zu bestimmen, an dem der Erblasser seinen gewöhnlichen Aufenthalt hatte.
>
> Dies kann insbesondere der Fall sein, wenn sich der Erblasser aus beruflichen oder wirtschaftlichen Gründen – unter Umständen auch längere Zeit – in einen anderen Staat begeben hat, um dort zu arbeiten, aber eine enge und feste Bindung zu seinem Herkunftsstaat aufrechterhalten hat. In diesem Fall könnte – entsprechend den jeweiligen Umständen – davon ausgegangen werden, dass der Erblasser seinen gewöhnlichen Aufenthalt weiterhin in seinem Herkunftsstaat hat, in dem sich in familiärer und sozialer Hinsicht sein Lebensmittelpunkt befand.
>
> Weitere komplexe Fälle können sich ergeben, wenn der Erblasser abwechselnd in mehreren Staaten gelebt hat oder auch von Staat zu Staat gereist ist, ohne sich in einem Staat für längere Zeit niederzulassen.
>
> War der Erblasser ein Staatsangehöriger eines dieser Staaten oder hatte er alle seine wesentlichen Vermögensgegenstände in einem dieser Staaten, so könnte seine Staatsangehörigkeit oder

der Ort, an dem diese Vermögensgegenstände sich befinden, ein besonderer Faktor bei der Gesamtbeurteilung aller tatsächlichen Umstände sein.

Das Manko der ErbVO besteht darin, dass die Begrifflichkeit des letzten gewöhnlichen Aufenthaltsortes nicht in der Verordnung selbst definiert ist, so dass Einzelheiten hierzu noch der zu erwartenden Rechtsprechung entnommen werden müssen. Bislang gibt es dazu lediglich eine Entscheidung des EuGH, allerdings in einer Kindschaftssache, in der einmal der gewöhnliche Aufenthalt definiert worden ist. Hier wird auf eine gewisse soziale und familiäre Integration abgestellt, die sich aus der Dauer und der Regelmäßigkeit des Aufenthaltes an einem bestimmten Ort ableiten lasse. 130

Die Problematik besteht bei den Personen, die nicht über einen einzigen gewöhnlichen Aufenthaltsort verfügen oder möglicherweise gar nicht freiwillig an dem Ort aufhältig sind, der als ihr letzter Aufenthaltsort zu gelten hätte. Besondere Probleme bringen also folgende Fallgruppen:[43]

- Personen mit Wohnsitz in mehreren Staaten (Berufspendler, Studenten, der Mallorca-Rentner),
- Personen die erst kurz vor dem Erbfall ihren Wohnsitz gewechselt haben,
- Personen die ohne eigenen rechtsgeschäftlichen Willen einen Aufenthaltswechsel vollzogen haben (Demenzpatienten im ausländischen Pflegeheim),
- Profisportler,
- das OLG Celle[44] meinte, eine Mindestdauer des Aufenthaltes sei nicht erforderlich, um den sogenannten gewöhnlichen Aufenthalt zu ermitteln. Es könne auch ein Zeitraum von nur einigen Wochen ausreichend sein, diesen zu begründen. Das gelte insbesondere dann, wenn der Ortswechsel dazu diene, sich in ein Pflegeheim zu begeben und mit einer Rückkehr an den bisherigen Aufenthaltsort nicht gerechnet wird. Die Frage der Geschäftsfähigkeit bei einem Wohnsitzwechsel sei nicht mehr zu prüfen. Es komme nur auf den Aufenthalt an. Zweifeln an der Geschäftsfähigkeit eines Erblassers müsse ein Gericht im Verfahren der Bestimmung des für ein Erbscheinsverfahren zuständigen Gerichts nicht nachgehen.

III. Die Rechtswahl

Um der Problematik zu entgehen, welches Recht anwendbar ist, eröffnet die ErbVO die Möglichkeit, für die Rechtsnachfolge von Todes wegen das Recht des Staates zu wählen, dem die entsprechende Person im Zeitpunkt der Rechtswahl oder im Zeitpunkt ihres Todes angehört (Art. 22 ErbVO). Eine Person, die mehrere Staatsangehörigkeiten besitzt, 131

---

43 *Nieder/Kössinger*, § 15 Rn 11.
44 OLG Celle FGPrax 2019, 271.

kann das Recht eines der Staaten wählen, dem sie im Zeitpunkt der Rechtswahl oder im Zeitpunkt ihres Todes angehört. Die Rechtswahl ist formbedürftig, sie muss in der Form der Verfügung von Todes wegen erfolgen. Die materielle Wirksamkeit der Rechtswahl unterliegt dem gewählten Recht. Änderungen oder Widerruf der Rechtswahl müssen wiederum der Form entsprechen.

Aus der Formulierung in Art. 22 Abs. 1 ergibt sich, dass wählbar nur das derzeitige Heimatrecht des Erblassers ist oder das Heimatrecht zum Zeitpunkt des Todes. Gewählt werden kann hier auch das Recht eines Nichtmitgliedstaates. **Nicht wählbar ist das Recht am derzeitigen gewöhnlichen Aufenthaltsort**, da dieses Recht nach der Geltung der ErbVO ohnehin anzuwenden ist.

Art. 22 Abs. 2 ErbVO regelt, dass die Rechtswahl ausdrücklich erfolgen muss und zwar in Form der letztwilligen Verfügung. Daraus wird hergeleitet, dass auch eine konkludente Rechtswahl möglich ist.[45]

132 Auch dazu sagen wiederum die Erwägungsgründe etwas, wenn es in Erwägungsgrund Nr. 18a heißt,

eine konkludente Rechtswahl könne etwa dann anzunehmen sein, wenn der Erblasser in seiner Verfügung Bezug auf spezifische Bestimmungen des Rechtes des Staates genommen hat, dem er angehört. Klassischerweise würde man eine Rechtswahl konkludent zu prüfen haben, wenn beispielsweise die Vor- und Nacherbfolge angeordnet wird, eine Rechtsfigur, die es nur im deutschen Recht gibt. Dass damit eine Rechtswahl verbunden ist, ist aber nicht unbedingt zwingend. Bei Vorliegen der entsprechenden Regelungen besteht aber ausreichend Anlass, diese Frage etwa in einer Klausur zu prüfen. Allein die Sprache, in der der Erblasser die Verfügung von Todes wegen abfasst, reicht hingegen nicht aus.[46]

Die Rechtswahl gilt für den gesamten Nachlass, es wird also nicht mehr zwischen beweglichem und unbeweglichem Nachlass unterschieden, vielmehr ist das gewählte Recht auch maßgeblich für Nachlassgegenstände, die sich etwa in einem anderen Staat befinden (Art. 23 Abs. 1 ErbVO). Die Rechtswahl kann auch nicht auf einzelne Gegenstände beschränkt werden.

Von der Rechtswahl nicht umfasst ist das Kollisionsrecht des gewählten Heimatrechtes, d.h. Rück- und Weiterverweisungen des gewählten Rechtes sind unbeachtlich, es gilt unmittelbar das Sachenrecht des gewählten Staates (Art. 34 Abs. 2 ErbVO).

133 **Sonderproblem: Bindungswirkung**

Der Gesetzgeber hat auf die Problematik der Bindungswirkung der Rechtswahl reagiert. Wäre es nicht möglich, eine Rechtswahl erbvertraglich bindend oder im Rahmen eines gemeinschaftlichen Testamentes wechselbezüglich anzuordnen, könnte sich der Längerlebende durch Wegzug in das Ausland und ständigen Aufenthalt dort leicht aus einer Bindung befreien, da er dann das Recht seines letzten gewöhnlichen Aufenthaltsortes wählen

---

45 *Lange*, ZErb 2012, 160 (163).
46 *Müller-Lukoschek*, § 2 Rn 150.

könnte. § 2270 Abs. 3 BGB ist konsequenterweise dahingehend ergänzt worden, dass auch die Wahl des anzuwendenden Erbrechtes als eine mögliche wechselbezügliche Verfügung anerkannt ist, so dass diese jetzt neben Erbeinsetzungen, Vermächtnisse und Auflagen tritt. Entsprechendes gilt für den Erbvertrag, so dass eine Rechtswahl tatsächlich auch verbindlich angeordnet werden kann.

Damit ist das Problem allerdings noch nicht endgültig gelöst, denn bei anzunehmendem Wegzug ins Ausland und Wahl eines abweichenden Erbrechtes befindet sich der längerlebende Erblasser mutmaßlich in einem Rechtskreis, der entsprechende Bindungswirkungen überhaupt nicht kennt, so dass die Frage der Bindungswirkung nicht oder nur unvollkommen vom Auslandsstaat geprüft werden wird.

IV. Die unterschiedlichen Formen der letztwilligen Verfügung

Für die Form von Testamenten gilt aus deutscher Sicht nach wie vor das Haager Übereinkommen vom 5.10.1961, entscheidend ist das Errichtungsstatut. In Deutschland sind also weiterhin Erbvertrag und Ehegattentestamente gültig. Der Erbvertrag ist darüber hinaus in der ErbVO auch expressis verbis erwähnt, wo in Art. 25 ErbVO geregelt ist: 134

> Die Zulässigkeit, die materielle Wirksamkeit und die Bindungswirkung eines Erbvertrages, der den Nachlass einer einzigen Person betrifft, einschließlich der Voraussetzungen für seine Auflösung, unterliegen dem Recht, das nach dieser Verordnung auf die Rechtsnachfolge von Todes wegen anzuwenden wäre, wenn diese Person zu dem Zeitpunkt verstorben wäre, in dem der Erbvertrag geschlossen wurde. Ein Erbvertrag der den Nachlass mehrerer Personen betrifft, ist nur zulässig, wenn nach jedem der Rechte zulässig ist, die nach dieser Verordnung auf die Rechtsnachfolge der einzelnen beteiligten Personen anzuwenden wären, wenn sie zu dem Zeitpunkt verstorben wären, in dem der Erbvertrag geschlossen wurde.

Wenn also an dem Erbvertrag zwei Personen teilnehmen, nach deren Recht ein Erbvertrag ohne weiteres zulässig ist, bleibt er auch zulässig, selbst für den Fall, dass der letzte gewöhnliche Aufenthaltsort einen Staat betrifft, der derartige Erbverträge nicht anerkennt. Im Übrigen richten sich die materielle Wirksamkeit und die Bindungswirkung eines Erbvertrages nach dem Recht, zu dem er die engste Verbindung hat. Was das zu bedeuten hat, wird leider in Art. 25 ErbVO nicht näher definiert.

Sonderfall: Das gemeinschaftliche Testament 135

Das gemeinschaftliche Testament wird anders als der Erbvertrag in der ErbVO nicht erwähnt. Es wird zum Teil vertreten, dass damit ein solches gemeinschaftliches Testament wie ein Erbvertrag zu behandeln sei.[47]

---

47 *Dutta*, FamRZ 2013, 4.

Die Gegenmeinung ist der Auffassung, ein solches gemeinschaftliches Testament unterliege nicht der erbvertraglichen Regelung der ErbVO.[48]
Ob die ErbVO ein gemeinschaftliches Testament überhaupt als zulässige Rechtsform anerkennt, ist daher fraglich.[49]

V. Das Europäische Nachlasszeugnis (ENZ)

136 Hierbei handelt es sich um einen Erbschein, der in allen Mitgliedstaaten als Ausweis gilt. Aus deutscher Sicht ist daran lediglich neu, dass es sich um ein Zeugnis handelt, welches EU-weit anerkannt wird (nicht aber in Dänemark, Großbritannien und Irland). Darüber hinaus ist zu beachten, dass im Unterschied zum deutschen Erbschein im ENZ die Erbquote des Ehegatten nach § 1371 Abs. 1 BGB wegen des güterrechtlichen Charakters dieser Quote nicht erwähnt wird. Dazu wird empfohlen, im ENZ zumindest einen klarstellenden Hinweis darauf anzubringen, dass das deutsche Recht zu einer höheren Quote kommt.[50]

In Abweichung zum Erbschein erscheinen im ENZ auch die Rechte des dinglichen Vermächtnisnehmers, was daran liegt, dass das Recht des Vermächtnisnehmers in vielen europäischen Staaten als dingliches Recht anerkannt ist (Art. 68n ErbVO).

Zuständig für die Ausstellung des ENZ ist das Gericht am letzten gewöhnlichen Aufenthaltsort.

Die Urschrift des ENZ wird von der Ausstellungsbehörde verwahrt, also nicht ausgehändigt. Ein Schwachpunkt ist die Regelung des Art. 70 Abs. 3 S. 1 ErbVO, wonach das ENZ nur einen Gültigkeitszeitraum von sechs Monaten hat. Nach dem Ablaufdatum verliert die beglaubigte Abschrift ihre Gültigkeit. Wenn das ENZ danach Verwendung finden soll, muss entweder eine Verlängerung der Gültigkeitsfrist oder eine neue beglaubigte Abschrift beantragt werden. Das wird allgemein als wenig praxistauglich kritisiert.[51]

VI. Vermächtnisse und EU-Erbrechtsverordnung

137 Nach deutschem Recht begründet die Anordnung eines Vermächtnisses ausschließlich ein sogenanntes Damnationslegat, der Vermächtnisnehmer erhält einen rein schuldrechtlichen Anspruch gegenüber dem Nachlass auf Erfüllung des Vermächtnisses. Das Vermächtnis hat keinerlei dingliche Wirkung. Es ist noch durch eine weitere Handlung des

---

48 *Nordmeyer*, ZEV 2012, 513.
49 Dazu auch *Lehmann*, ZEV 2015, 309.
50 *Müller-Lukoschek*, § 2 Rn 310.
51 *Vollmer*, ZErb 2012, 227.

E. Auslandsbezug § 2

Erben zu vollziehen, der beispielsweise bei einem Grundstücksvermächtnis noch die Auflassung zugunsten des Vermächtnisnehmers zu erklären hat. Das ist nicht in allen europäischen Ländern der Fall. Der Europäische Gerichtshof hatte es mit einem Fall zu tun, in dem eine polnische Staatsangehörige mit dem Wohnsitz in Frankfurt a.d. Oder mit einem deutschen Staatsgehörigen verheiratet war und mit diesem zwei minderjährige Kinder hatte. Die Ehegatten sind je zur Hälfte Miteigentümer eines in Frankfurt belegenen Grundstücks. Für die Errichtung ihres Testamentes wandte sich nun die Polin an einen in Polen tätigen Notar. Sie beabsichtigte, in ihr Testament ein nach polnischem Recht erlaubtes Vindikationslegat zugunsten ihres Ehemannes aufzunehmen, das sich auf ihren Eigentumsanteil an der gemeinsamen Immobilie bezog. Für den übrigen Teil ihres Erbvermögens möchte sie die gesetzliche Erbfolge beibehalten. Sie schloss ausdrücklich ein Damnationslegat, das nach polnischem Recht alternativ zulässig gewesen wäre, aus und zwar mit Blick auf die Schwierigkeiten sowie zusätzliche Kosten, die im Zusammenhang mit der Vertretung ihrer zur Erbschaft berufenen minderjährigen Kinder verbunden gewesen wäre. Nun lehnte allerdings der Notar in Polen die gewünschte Regelung mit der Begründung ab, dass die Errichtung eines Testamentes mit einem solchen Vermächtnis nicht mit dem deutschen Sachen- und Registerecht und der deutschen Rechtsprechung vereinbar sei und daher ein derartiges Testament rechtswidrig sei. Er wies darauf hin, dass in Deutschland die Eintragung des Vermächtnisnehmers in das Grundbuch nur mittels notariellen Vertrages über den Übergang des Eigentums an der Immobilie zwischen den Erben und dem Vermächtnisnehmer erfolgen könne. Ausländische Vindikationslegate würden in Deutschland im Wege einer Anpassung gemäß Art. 31 der Verordnung Nr. 650/2012 in Damnationslegate umgedeutet. Die Polin wehrte sich gegen die ablehnende Entscheidung des Notars und hatte schließlich beim Europäischen Gerichtshof Erfolg.[52] Der EuGH ist der Auffassung, dass die maßgeblichen Vorschriften der EU-ErbVO dahingehend auszulegen sind, dass eine Behörde eines Mitgliedstaates die gewählte Rechtsnachfolge nicht deswegen ablehnen darf, weil in dem entsprechenden Mitgliedsland das Recht des Institutes des Vermächtnisses mit unmittelbarer dinglicher Wirkung nicht bekannt sei. Diese Entscheidung dürfte so zu verstehen sein, dass mit einem derartigen durch ein europäisches Nachlasszeugnis belegten Vermächtnis eine unmittelbare Eintragung des Vermächtnisnehmers auch nach deutschem Grundbuchrecht zu erfolgen hat.

Es ist die erste Entscheidung auf europäischer Ebene, die sich mit den unterschiedlichen Vermächtnisarten beschäftigt und die im Ergebnis dazu führt, dass die im Ausland anerkannten Vermächtnisse mit Vindikationswirkung auch in Deutschland anerkannt werden müssen.

---

52 EuGH NJW 2017, 3767.

F. Überlassungsverträge

I. Allgemeines

138 Aufgabenstellung einer Klausur, aber auch eines Aktenvortrags könnte sein, einen Überlassungsvertrag zu prüfen oder aber die Motivlage für einen Überlassungsvertrag darzulegen und Gestaltungsvorschläge zu unterbreiten. Teilweise haben Prüfer geäußert, ein Prüfling müsse ja wohl in der Lage sein, die Gegenrechte, die sich beispielsweise Eltern bei der Übertragung an Kinder vorbehalten, in einer Klausur formulieren zu können. Angesichts der Tatsache, dass der Prüfling keinerlei Formulierungsvorschläge zur Hand hat, wird nichts daran vorbeiführen, sich mit der Systematik auch derartiger Überlassungsvorgänge auseinanderzusetzen und entsprechende Formulierungen zu üben. Da gelegentlich auch die Sinnhaftigkeit beabsichtigter Übertragungen abgefragt werden könnte, ist zunächst einmal zu prüfen, welche Motivation für eine solche Übertragung ausschlaggebend sein kann.

II. Motive für die Übertragung an Kinder

139 Bei einer Übertragung zugunsten eigener Kinder kommen folgende Motivlagen in Betracht:

- Steuerersparnisse
  Es handelt sich hier um ein fremdnütziges Motiv der Eltern. In Betracht kann ja nur kommen, dass die Empfänger der Leistung, also die Kinder, eigene Erbschafts- bzw. Schenkungssteuern zahlen müssen. Angesichts des Umstandes, dass die Steuerfreibeträge alle zehn Jahre neu ausgenutzt werden können, kann es sich daher gelegentlich empfehlen, eine solche Übertragung früh genug zu vollziehen, um dann zehn Jahre später ein weiteres Mal die Freibeträge zu haben. Kinder haben nach jedem ihrer Eltern einen Steuerfreibetrag von 400.000 EUR alle zehn Jahre neu.
- Ein weiterer Gesichtspunkt ergibt sich aus dem Schenkungsrecht, hier insbesondere § 528 BGB, die Rückforderung wegen Verarmung des Schenkers. Wenn ein Schenker nach der Vollziehung der Schenkung außer Stande ist, seinen angemessenen Unterhalt zu bestreiten und die ihm obliegende Unterhaltspflicht zu erfüllen, kann er von dem Beschenkten die Herausgabe des Geschenks nach den Vorschriften über die Herausgabe einer ungerechtfertigten Bereicherung fordern. Der Beschenkte kann die Herausgabe durch Zahlung des für den Unterhalt erforderlichen Betrages abwenden. Der Anspruch auf Herausgabe des Geschenks ist ausgeschlossen, wenn zum Zeitpunkt des Eintritts der Bedürftigkeit seit der Leistung zehn Jahre verstrichen sind. Diese Zehn-Jahres-Frist gilt es ebenfalls in Gang zu setzen. Diese Motivation steht oft im Vordergrund sämtlicher Übertragungen.

- Eine weitere, andere Zehn-Jahres-Frist ergibt sich aus dem Pflichtteilsrecht, nämlich § 2325 Abs. 3 BGB. Die Problematik dieser Vorschrift besteht darin, dass zunächst einmal häufig übersehen wird, dass bei Zuwendungen von Ehegatten untereinander die Zehn-Jahres-Frist kraft Gesetzes nicht zu laufen beginnt (§ 2325 Abs. 3 S. 2 BGB), zum anderen aber Voraussetzung für den Beginn des Laufs der Zehn-Jahres-Frist ist, dass der geschenkte Gegenstand wirtschaftlich ausgegliedert wird. An einer derartigen wirtschaftlichen Ausgliederung fehlt es beispielsweise bei der Vereinbarung eines Nießbrauchsrechts.[53]
Es gilt die sogenannte Genusstheorie des BGH. Eine Leistung im Sinne des § 2325 Abs. 3 BGB liegt nur vor, wenn der Übergeber seine Rechtsstellung als Eigentümer endgültig aufgibt und darauf verzichtet, den verschenkten Gegenstand im Wesentlichen weiter zu benutzen. Gerade bei der Einräumung eines Nießbrauchsrechts ist davon auszugehen, dass die wesentliche wirtschaftliche weitere Nutzung beim Übergeber selbst verbleibt, so dass eine solche Ausgliederung nicht vorliegt.
Ähnliche Überlegungen sind beim Wohnungsrecht anzustellen, wenn das Wohnungsrecht deutlich mehr als 50 % der Gesamtbesitzung erfasst.
- Schließlich ist in der Praxis die Tendenz festzustellen, dass es mehr und mehr nichteheliche Lebensgemeinschaften und Patchwork-Situationen gibt. Auch das ist häufig ein Grund für vermögensrechtliche Neuordnungen, insbesondere im Blick auf mögliche Pflichtteilsansprüche erstehelicher Kinder.

III. Motive für die Übertragung unter Ehegatten

Als Grund für die Übertragung von Ehegatten untereinander kommt ebenfalls eine wirtschaftliche Neuordnung der Vermögensverhältnisse angesichts neu eingegangener Beziehungen in Betracht, auch die Pflichtteilsproblematik spielt hier ebenfalls eine Rolle. Hinzu treten Gesichtspunkte, die eine sogenannte unbenannte oder ehebedingte Zuwendung rechtfertigen könnten.

140

IV. Vorbehalten von Gegenrechten

Art und Umfang der Gegenrechte, die sich Eltern im Rahmen eines Übertragungsvertrags vorbehalten können, können im Rahmen der vorliegenden Abhandlung nur skizziert werden.

141

---

53 BGH NJW 1994, 1791 und ständige Rechtsprechung.

§ 2 Mögliche Aufgabenstellungen im Erbrecht

In Betracht kommen:
- ein umfangreiches Nießbrauchsrecht.

Die Problematik der fehlenden wirtschaftlichen Ausgliederung des Objektes aus dem Vermögen der Eltern muss hier dringend gesehen werden, denn unter anderem bereits gestellte Klausuren geben den Hinweis darauf, dass dieses Problemfeld auch examensrelevant ist. Wenn also beispielsweise im Sachverhalt mitgeteilt wird, dass Ziel der Übertragungen sein soll, dass etwa ersteheliche Kinder so wenig wie möglich „mitbekommen" und im daran anhängenden Urkundsentwurf ein Nießbrauchsrecht vorgesehen ist, so spricht das deutlich dafür, dass hier Erläuterungen zur fehlenden wirtschaftlichen Ausgliederung erwartet werden.

Der vorgelegte Entwurf müsste dann dahingehend kommentiert werden, dass das angedachte Nießbrauchsrecht kontraproduktiv ist und man auf Wohnungsrechte ausweichen sollte. Die Klausur, an die hier zu denken ist, gab dafür im Übrigen weitere Veranlassung, da auch noch die Wohnflächen der jeweiligen Wohnungen mitgeteilt wurden und im Ergebnis die Eltern sich ein Wohnungsrecht an wesentlich weniger Quadratmetern als der Hälfte des Gesamtobjektes vorbehalten wollten. Dieser Sachverhalt sprach nun eindeutig dafür, dass ein Wohnungsrecht die richtige Lösung gewesen wäre.

Ansonsten – also etwa bei fehlender Pflichtteilsproblematik – ist die Vereinbarung eines Nießbrauchsrechts durchaus empfehlenswert, zumal seit dem 1.1.2009 § 25 ErbStG aufgehoben worden ist. Nach der bis dahin geltenden Vorschrift wurde zwar der Vorbehaltsnießbrauch bewertet und anlässlich der Übertragung nicht besteuert, nach Wegfall des Nießbrauchers, also Tod des Nießbrauchsberechtigten jedoch fand eine Nachversteuerung statt. Nachdem der Gesetzgeber diese Vorschrift ersatzlos gestrichen hat, können also auch werthaltige Objekte, bei denen dann notwendigerweise das Nießbrauchsrecht ebenfalls einen relativ hohen Wert hat, steuergünstig auf die nächste Generation übertragen werden, ohne dass es nach Wegfall des Nießbrauchsberechtigten noch zu einer steuerlichen Belastung kommt. Dementsprechend wird man die vorgelegte Fallkonstellation jeweils darauf abklopfen müssen, ob eine Pflichtteilsproblematik verborgen ist oder nicht und ansonsten die Vorteile der Nießbrauchslösung nach Maßgabe der heutigen Gesetzeslage erkennen müssen.

Das Problem der wirtschaftlichen Ausgliederung und die damit zusammenhängende Frage, ob die Zehn-Jahres-Frist nun anläuft oder nicht, bleibt – Gott sei Dank – auf § 2325 Abs. 3 BGB beschränkt. Eine Übertragung auf § 528 BGB erfolgt nicht, da es sich um eine völlig andere Interessenlage handelt. Mit Blick auf diese Vorschrift braucht man also Fragen der wirtschaftlichen Ausgliederung nicht zu erörtern.

- Wohnungsrechte.

In allen weiteren Fällen, insbesondere auch dann, wenn Eltern beispielsweise die von ihnen bewohnte Wohneinheit auf die Kinder übertragen wollen und diese in dem Objekt eine eigene Wohneinheit schaffen oder ausbauen wollen, das Objekt also als Belastungsgegenstand für die Bank benötigen, ist es sinnvoller, über die Vereinbarung von Wohnungsrechten nachzudenken. Ein derartiges Wohnungsrecht beinhaltet lediglich die Möglichkeit des Übergebers, das Objekt selbst bewohnen zu dürfen. Die Problematik des § 2325 Abs. 3 BGB stellt sich nur dann, wenn keine hinreichende Genussaufgabe gegeben ist, also beispielsweise das Wohnungsrecht mehr als 50 % der Wohnfläche erfasst. Die Rechtsprechung dazu ist noch relativ uneinheitlich, man wird allerdings die Tendenz feststellen dürfen, dass es hier tatsächlich auf eine reine Wohnflächenberechnung hinausläuft.

Gegenüber dem Sozialhilfeträger kommt es im Zusammenhang mit Wohnungsrechten lediglich dann zu Diskussionen, wenn das Wohnungsrecht selbst nicht mehr ausgeübt wird. Es fragt sich dann, ob Dritte, also hier etwa ein Sozialhilfeträger, aus dem Wohnungsrecht eigene Rechte herleiten können und etwa den Eigentümer dazu verpflichten könnten, dann zu vermieten. Das wird von der Rechtsprechung jedenfalls überwiegend und in jüngerer Zeit skeptisch bis ablehnend gesehen. So hatte der BGH[54] die in der Praxis üblichen Wegzugsklauseln für unbedenklich erachtet und auch keine Sittenwidrigkeit angenommen. Zu regeln ist allerdings in jedem Falle, dass das Wohnungsrecht für den Fall, dass es endgültig nicht mehr ausgeübt wird, erlischt und Löschungsbewilligungen abzugeben sind.

- Ebenfalls praxis- und klausurrelevant sind Rückforderungsrechte, die sich ein Übergeber einräumen lässt. Über die gesetzlichen Rückforderungsrechte (neben den erörterten §§ 528, 529 BGB kommt noch eine Rückforderung etwa wegen groben Undanks nach §§ 530 ff. BGB in Betracht) gibt es eine Reihe von zu vereinbarenden Rückforderungsrechten, die praxisrelevant sind, nämlich
- eine Verfügung oder Belastung über den Vertragsgegenstand ohne Zustimmung des Übergebers,
- Vermögensverfall des Übernehmers (hier die Unterfälle Insolvenz, Einleitung von Zwangsvollstreckungsmaßnahmen pp.),
- Rückforderung bei Vorversterben des Übernehmers.

Darüber hinaus sind weitere Rückforderungstatbestände etwa für die Fälle denkbar, dass der Übernehmer einen dem Übergeber nicht genehmen Güterstand vereinbart, seine Ausbildung abbricht, der Trunksucht verfällt, sich einer bestimmten Sekte anschließt und andere persönliche Rückforderungsgründe, die in der Praxis allerdings seltener vorkommen.

Die Problematik des § 2325 BGB wird im Zusammenhang mit Rückforderungsfällen zwar diskutiert und teilweise sogar als gegeben angesehen, dazu ergangene Rechtspre-

---

54 BGH DNotZ 2009, 441.

chung bleibt aber vereinzelt. Man wird im Wesentlichen davon ausgehen dürfen, dass allein die Vereinbarung von Rückforderungsklauseln mit der wirtschaftlichen Ausgliederung nichts zu tun hat, denn ob nun ein Rückforderungsfall eintritt oder nicht, hängt ja noch von dem Eintritt bestimmter weiterer Umstände oder von einem Verhalten des Übernehmers ab.

V. Abfindungsgelder

143 Diejenigen Geschwister, die bei einer Übertragung jedenfalls nicht mit dem Übergabeobjekt bedacht werden, nennt man die „weichenden Abkömmlinge." An diese weichenden Geschwister sind Abfindungszahlungen zu leisten, jedenfalls in der Regel. Diese Abfindungszahlungen nennt man auch Gleichstellungsgelder. Es soll damit erreicht werden, dass die auf den ersten Blick ablesbare Ungleichheit, die sich daraus ergibt, dass eines der Kinder die Immobilie erhält, während die anderen sozusagen leer ausgehen, abgefedert wird. Bei Ermittlung des zu zahlenden Betrages gibt es keine gesetzlichen Vorgaben, wie es überhaupt keinen Anspruch auf Zahlung von Gleichstellungsgeldern gibt. Man wird vielmehr festhalten müssen, dass immer dann, wenn seit der Übertragung zehn Jahre vergangen sind, eine Berücksichtigung des zugewendeten Immobilienbesitzes im Rahmen einer Pflichtteilsberechnung nicht mehr stattfindet, es sei denn, das Objekt ist wirtschaftlich nicht vollständig ausgegliedert worden. Andererseits haftet der Übernehmer mit dem übernommenen Gut zehn Jahre lang (und zwar ohne eine quotenmäßige Reduzierung während dieser Zeit), wenn das Vermögen der Übernehmer nicht mehr ausreicht, die eigene Pflege und Unterkunft zu finanzieren. Diese Haftung nach § 528 BGB lässt sich auch nicht wegverhandeln oder einschränken.

144 So hat es sich eingebürgert, dass an die weichenden Geschwister entsprechende Gleichstellungsgelder zu leisten sind. Diese sind keine direkten Leistungen des Übernehmers an seine Geschwister, sondern Teil der Leistungen an den Übergeber und damit Ausstattungen. Gelegentlich wird empfohlen, die Ausgleichszahlungen durch eine Grundschuld noch abzusichern. In aller Regel finden sich in den Übergabeverträgen Regelungen dazu, in welchen Raten oder zu welcher Zeit die jeweiligen Beträge fällig sind.

VI. Geschwistervereinbarungen

145 Schließlich spielen im Rahmen von Übertragungsverträgen auch sogenannte Geschwistervereinbarungen eine Rolle, wonach die sogenannten weichenden Geschwister sich verpflichten, einen bestimmten Prozentsatz der Beträge zu übernehmen, die der Übernehmer etwa Dritten gegenüber leisten muss, weil eine Rückforderung wegen Verarmung des Schenkers im Raume steht.

VII. Pflichtteilsverzichte

Letztlich ist es nicht selten, dass derartige Übertragungsvorgänge mit Pflichtteilsverzichten verbunden werden, wobei in aller Regel eine Beschränkung auf den übertragenen Grundbesitz gewollt ist, so dass es sich lediglich um einen Verzicht auf Pflichtteilsergänzungsansprüche handeln kann.

146

Derartige Verzichtserklärungen schließen sich logischerweise an die Vereinbarung von Abfindungsgeldern an, denn die Gleichstellungsgelder sollen ja gerade dazu führen, dass ein Gleichlauf der Begünstigungen hergestellt wird, so dass es natürlich fehlerhaft wäre, den Abkömmlingen, die Gleichstellungsgelder erhalten, auch noch einen Pflichtteilsanspruch zur Seite zu stellen. Auf diese Weise würde man letztlich doch noch zu einer vollwertigen Abfindung gelangen, obwohl möglicherweise im Rahmen der Übertragung aus welchen Gründen auch immer günstigere Abfindungs- und Gleichstellungsgelder vereinbart werden.

VIII. Ehebedingte Zuwendung

Bei Zuwendungen von Ehegatten untereinander sind zunächst Abgrenzungen zum Unterhalt und zur Ehegatteninnengesellschaft vorzunehmen sowie zur – in der Praxis allerdings selteneren – reinen Schenkung.

147

Ist eine Pflichtteilsproblematik virulent, wird man nicht über eine sogenannte unbenannte Zuwendung nachdenken dürfen, da diese jedenfalls pflichtteilsrechtlich immer wie eine reine Schenkung eingestuft wird. Daher muss bei Zuwendungen von Ehegatten untereinander im Zusammenhang mit einer Pflichtteilsproblematik dafür gesorgt werden, dass der Zuwendung ein Rechtsgrund zugrunde liegt, der nicht Schenkung ist. In Betracht kommt die sogenannte Güterstandsschaukel, die etwa bei Vorliegen des gesetzlichen Güterstandes systematisch wie folgt eingesetzt wird:

- Faktische und rechtliche Beendigung der Zugewinngemeinschaft durch Wechsel in den Güterstand der Gütertrennung,
- Feststellung des Zugewinnausgleichsanspruchs durch Berechnung im Vertrag,
- Erfüllung des Zugewinnausgleichsanspruchs durch Zahlung oder kompensierende Übertragung von Immobilienvermögen.

Durch diese Systematik hat man zunächst einmal der Zuwendung der Ehegatten untereinander den Rechtsgrund des Zugewinnausgleichsanspruchs gegeben, was grundsätzlich nicht als Schenkung einzustufen ist, es sei denn (Ausnahmefall!), die Zuwendung erfolgte lediglich, um den Pflichtteilsberechtigten zu schädigen. Eine Güterstandsschaukel bedingt, dass die Beteiligten in den Güterstand der Zugewinngemeinschaft zurückkehren, was nach angemessener Zeit als neue Überlegung denkbar ist. Zwar hat der BFH die

148

Rückkehr in die Zugewinngemeinschaft aufschiebend bedingt auf den nächsten Tag zugelassen, vorsichtige Gestalter würden hier aber einen längeren Zeitraum vergehen lassen.

IX. Pflichtteilsproblematik

149 Auch und gerade im Zusammenhang mit vorbehaltenen Rechten muss in jedem Falle die Pflichtteilsproblematik gesehen werden. Überträgt beispielsweise der Erblasser einem Dritten eine Immobilie und behält sich und seiner Ehefrau einen lebenslangen Nießbrauch oder ein Wohnungsrecht vor, ist die Problematik wie folgt zu lösen:
Soweit er sich selbst Gegenrechte vorbehält, wird der Wert der Zuwendung von vornherein um den Wert des vorbehaltenen Rechts gemindert. Auch ein als Gegenleistung vereinbarter Rückübertragungsvorbehalt und eine vom Dritten gegenüber dem Erblasser und dessen Ehefrau übernommene Pflegeverpflichtung ist in diese Bewertung mit einzubeziehen.[55] Allerdings handelt es sich bei der Zuwendung des Nießbrauchs (Wohnungsrecht) und des Pflegerechts an die Ehefrau, die nicht Eigentümerin des Objektes war, um eine ausgleichspflichtige Schenkung im Sinne von § 2325 BGB. Für die Bewertung dieser Zuwendungen spielen die dem Erblasser selbst eingeräumten Rechte keine Rolle mehr, da es insoweit auf den Zeitpunkt des Erbfalls ankommt. In diesen Fällen besteht also grundsätzlich ein Wertersatzanspruch nach § 818 Abs. 2 BGB. Das gilt selbst für den Fall, dass die Ehegatten sich wechselseitig zu Erben eingesetzt haben, denn auch der Erbe selbst kann Dritter im Sinne von § 2325 BGB sein.

150 Immer wieder stellt sich auch die Frage, ob die Aufgabe von Gegenrechten schenkungsrelevant und damit auch relevant im Sinne von § 2325 BGB ist. Das wird man im Zusammenhang mit der Aufgabe von Wohn- und Nießbrauchsrechten ohne weiteres bejahen können. Wenn allerdings in einem Übergabevertrag eine bedingte Rückübertragungsverpflichtung enthalten ist (üblicherweise also das Rückforderungsrecht des Übergebers für den Fall der vertragswidrigen Verfügung, des Insolvenzverfahrens usw.) und verzichtet später der Übergeber auf diese Rückübertragung, so ist dieser spätere Verzicht nicht als Schenkung im rechtlichen Sinne einzustufen.[56] Das wird damit begründet, dass der Rückforderungsanspruch des Schenkers zwar mit Abschluss des Übertragungsvertrags entsteht, allerdings mangels Bedingungseintritt bei Aufgabe des Rechts nicht endgültig erworben worden ist. Daher führt der Verzicht nicht zu einer Verminderung des gegenwärtigen Vermögens und unterfällt mithin § 517 Alt. 2 BGB.

---

55 OLG Koblenz ZEV 2002, 460.
56 OLG München ErbR 2017, 634.

F. Überlassungsverträge §2

X. Gestaltungsvorschläge

1. Umfangreiches Wohnungsrecht

Der Übernehmer räumt dem Übergeber, und zwar seinen Eltern, als Gesamtberechtigte gemäß § 428 BGB, ein Wohnungsrecht gemäß § 1093 BGB nach Maßgabe folgender Bestimmungen ein: 151

a) Gestaltung

Formulierungsbeispiel 152

Der Übergeber erhält ein ausschließliches, lebenslängliches Wohnungsrecht an sämtlichen Räumen des Erdgeschosses des Hauses, das die Mitbenutzung der Kellerräume, der Garage und des Gartens einschließt. Das dingliche Wohnungsrecht und die ihr zugrunde liegende Abrede erlöschen, wenn es durch den Berechtigten voraussichtlich auf Dauer nicht mehr ausgeübt werden kann oder wenn dem Grundbuchamt eine notarielle Eigenurkunde über das Erlöschen vorgelegt wird. Der amtierende Notar, sein Vertreter und Nachfolger im Amt werden hiermit in stets widerruflicher Weise angewiesen, diese Eigenurkunde zu fertigen, wenn dem Notar ein schriftliches ärztliches Attest vorlegt wird, demzufolge beide Berechtigten aus gesundheitlichen Gründen voraussichtlich dauernd an der Ausübung des Wohnungsrechtes durch Selbstnutzung gehindert sind.

Das vorstehende Recht soll grundbuchlich gesichert werden und zwar im Range nach den von dem nachstehenden Rangvorbehalt erfassten Grundpfandrechten.

Der Jahreswert des Wohnungsrechtes wird im Kosteninteresse mit ... EUR angegeben.

b) Schuldrechtlich vereinbaren die Vertragsparteien

(1) Das gemäß § 4 Abs. 1 eingeräumte Wohnungsrecht ist unentgeltlich. Der Wohnungsberechtigte hat die gewöhnlichen Ausbesserungs- und Erneuerungsaufwendungen, insbesondere auch die Schönheitsreparaturen, für die dem Wohnungsrecht unterliegenden Räume und Gebäudeteile zu tragen. Den Eigentümer treffen alle weitergehenden Instandhaltungsaufwendungen; er ist weiter verpflichtet, die vom Wohnungsrecht betroffenen Räume und Gebäudeteile in bewohnbarem Zustand zu erhalten. 153

Der Wohnungsberechtigte hat während der Dauer seines Bewohnens die Kosten für Wasser und Abwasser, Beheizung, Strom und Gas, Kaminkehrer und Müllabfuhr zu tragen, soweit sie auf seiner Wohnnutzung beruhen, nicht jedoch sonstige öffentliche oder private Lasten oder Grundsteuer.

(2) Die Ausübung des Wohnungsrechts kann Dritten nicht überlassen werden. Der Wohnungsberechtigte ist jedoch befugt, seine Familie sowie zur Bedienung und

Pflege erforderliche Personen aufzunehmen. Wird das Wohnungsrecht vom Berechtigten nicht ausgeübt, kann er den Mietwert nicht ersetzt verlangen.
(3) Die Geltung der Vorschriften des PrAGBGB zum Leibgedingsrecht wird abbedungen.

2. Nießbrauchsrecht

154 *Formulierungsbeispiel*

Der Übernehmer räumt hiermit dem Übergeber an der vorgenannten Besitzung den lebenslänglichen Nießbrauch ein. Danach ist der Übergeber berechtigt, sämtliche Nutzungen aus dem Vertragsgegenstand zu ziehen.

Für den Nießbrauch gelten im Übrigen die gesetzlichen Bestimmungen.

Allerdings wird der Übergeber auch die außergewöhnlichen Ausbesserungen und Erneuerungen, wenn diese anfallen sollten, tragen.

Der Jahreswert des Nießbrauchsrechts wird mit ... EUR angegeben.

3. Rückforderungsrechte

155 Der Übergeber behält sich das Recht vor, auf Kosten des Übernehmers das Übergabeobjekt zurückfordern zu können, wenn

a) der Übernehmer den Vertragsgegenstand ohne schriftliche Zustimmung des Übergebers veräußert oder belastet, oder

b) der Übernehmer vor dem Übergeber verstirbt, ohne dass das Eigentum an dem Vertragsgegenstand ausschließlich auf den Ehegatten und/oder leibliche Abkömmlinge des Übernehmers übergeht, oder

c) über das Vermögen des Übernehmers das Insolvenzverfahren eröffnet oder der Antrag mangels Masse abgelehnt wird, oder

d) die Zwangsvollstreckung in das Vermögen des Übernehmers betrieben wird und diese Maßnahmen nicht innerhalb von 3 Monaten abgewendet werden, oder

e) der Übernehmer auf Antrag eines Gläubigers ein Verzeichnis seines Vermögens vorzulegen und dessen Richtigkeit an Eides statt zu versichern hat und der Antrag nicht innerhalb von drei Monaten zurückgewiesen oder zurückgenommen wird.

156 Sollte der Übergeber vor seinem derzeitigen Ehegatten versterben, tritt er bereits hiermit aufschiebend bedingt und befristet das Rückforderungsrecht sowie die Rechte aus etwa bereits erklärter Rückforderung an den dies hiermit annehmenden Ehegatten ab. Im Übrigen ist das Rückforderungsrecht jedoch nicht abtretbar oder vererblich. Der Abtretungsempfänger wird die Berichtigung der nachstehend bewilligten Vormerkung unter

F. Überlassungsverträge §2

Vorlage der Sterbeurkunde des Veräußerers zu gegebener Zeit selbst beantragen. Das Rückforderungsrecht kann bei den jeweiligen Rückforderungsfällen nur innerhalb von sechs Monaten nach dem Eintritt bzw. nach der Kenntnis seiner Voraussetzungen ausgeübt werden.

Verwendungen aus dem Vermögen des Rückübertragungsverpflichteten werden – maximal jedoch bis zur Höhe der noch vorhandenen Zeitwerterhöhung – gegen Rechnungsnachweis erstattet bzw. durch Schuldübernahme abgegolten, soweit sie nicht nur der Erhaltung des Anwesens im derzeitigen Zustand, sondern dessen Verbesserung oder Erweiterung gedient haben und mit schriftlicher Zustimmung des Berechtigten oder seines Vertreters durchgeführt wurden. Sondertilgungen auf übernommene Verbindlichkeiten sowie Gutabstandszahlungen an den Veräußerer, sind ebenfalls Zug um Zug mit Vollzug der Rückauflassung, frei von nicht zu übernehmenden Belastungen, und ohne Beilage von Zinsen zu erstatten. Im Übrigen erfolgt die Rückübertragung unentgeltlich, also insbesondere ohne Ausgleich für geleistete Dienste, wiederkehrende Leistungen, Gleichstellungsgelder – soweit sie auch mittelbar, an weichende Geschwister geflossen sind –, planmäßige Tilgungen, geleistete Zinsen, Arbeitsleistungen, oder die gezogenen Nutzungen. Nur hilfsweise gelten die gesetzlichen Bestimmungen zum Rücktrittsrecht. **157**

Der Veräußerer hat die im Grundbuch eingetragenen Rechte und Grundpfandrechte in lediglich dinglicher Weise zu übernehmen, soweit sie im Rang vor der nachstehend bestellten Auflassungsvormerkung eingetragen sind. Mit Durchführung der Rückübertragung entfällt die ggf. angeordnete Anrechnung der Zuwendung auf den Pflichtteilsanspruch des heutigen Erwerbers sowie ein etwa mit ihm vereinbarter Pflichtteilsverzicht (auflösende Bedingung). Der jeweilige Berechtigte erhält für den Fall der Rückforderung bei Vorversterben des Übernehmers hiermit unwiderruflich auf den Todesfall Vollmacht zur Vornahme aller zur Rückübertragung erforderlichen Rechtshandlungen unter Befreiung von den Beschränkungen des § 181 BGB. **158**

Das Rückforderungsrecht soll durch Eintragung einer Auflassungsvormerkung dinglich gesichert werden, und zwar nach dem Wohnungs-/Nießbrauchsrecht.

4. Beispielhafte Grundbuchanträge

a) Wohnungsrecht für Einzelpersonen

Formulierungsbeispiel **159**

Der Übernehmer erklärte sodann:

Ich bewillige und beantrage, an dem vorstehenden mir aufgelassenen Grundstück ein Wohnungsrecht gemäß § 1093 BGB entsprechend den Bestimmungen des § 4 dieses Vertrags zugunsten des Übergebers in das Grundbuch einzutragen.

§ 2 Mögliche Aufgabenstellungen im Erbrecht

b) Wohnungsrecht für mehrere Berechtigte

160 *Formulierungsbeispiel*
Leben beide Übergeber noch, muss es stattdessen heißen:
[...] § 4 dieses Vertrages zugunsten der Übergeber, und zwar als Gesamtberechtigte gemäß § 428 BGB, in das Grundbuch einzutragen.

c) Rückforderungsrecht

161 Häufig ist ein Rückforderungsrecht Gegenstand der Beurkundung, dann würde ein Eintragungsantrag wie folgt lauten:

Formulierungsbeispiel
Ich bewillige und beantrage, an dem vorstehenden mir aufgelassenen Grundstück
a) ein Wohnungsrecht,
b) ranganschließend eine Rückauflassungsvormerkung gemäß § 883 BGB entsprechend den Bestimmungen des § 4 dieses Vertrages jeweils zugunsten des Übergebers in das Grundbuch einzutragen.

d) Übergeber leben in Gütergemeinschaft

162 Leben die Übergeber in Gütergemeinschaft, wird das Recht nicht für Gesamtberechtigte gemäß § 428 BGB eingetragen, sondern

Formulierungsbeispiel
... zugunsten meiner Eltern lebend in der Gütergemeinschaft des BGB, mit der Maßgabe, dass es bei Beendigung der Gütergemeinschaft den Berechtigten als Gesamtgläubigern gemäß § 428 BGB zusteht.

e) Löschungen

163 Immer dann, wenn für den Übergeber Gegenrechte im Grundbuch abgesichert werden (also eigentlich immer) muss man sich als Notar Gedanken darüber machen, wie diese Rechte wieder gelöscht werden können.
Dazu gibt es unterschiedliche Möglichkeiten:

- Sieht man dazu überhaupt keine Regelung vor, kommt § 23 GBO zur Geltung. Danach kann ein Recht, das auf die Lebenszeit des Berechtigten beschränkt ist, nach dessen Tod, falls Rückstände von Leistungen nicht ausgeschlossen sind, nur mit Bewilligung des Rechtsnachfolgers gelöscht werden, wenn die Löschung vor dem Ablauf eines Jahres nach dem Tod des Berechtigten erfolgen soll oder wenn der Rechtsnachfolger der Löschung bei dem Grundbuchamt widersprochen hat. Diese Jahresfrist

F. Überlassungsverträge §2

wird im Allgemeinen bei sämtlichen eingetragenen Rechten zu beachten sein, denn selbst bei einem reinen Wohnungsrecht sind Rückstände theoretisch denkbar (in Bezug auf die Nebenleistungen).
- § 23 Abs. 2 GBO sieht eine Löschungserleichterung vor. Der Bewilligung des Rechtsnachfolgers bedarf es in den Fällen nicht, wenn im Grundbuch eingetragen ist, dass zur Löschung des Rechts der Nachweis des Todes des Berechtigten genügen soll. Dann ist auch die Einhaltung der Jahresfrist nicht mehr erforderlich.
- Zu beachten ist allerdings, dass die Eintragung einer Löschungserleichterung nach § 23 Abs. 2 GBO in Bezug auf eine Rückauflassungsvormerkung ausscheidet.[57]
- Die übrigen Rechte kann man allerdings mit entsprechender Löschungserleichterung nach dem Tode des Berechtigten löschen.
- Denkbar ist die Einräumung einer Löschungsvollmacht. Diese könnte folgenden Wortlaut haben:

Formulierungsbeispiel

Der Übergeber erteilt hiermit dem Übernehmer eine unwiderrufliche Vollmacht für seinen Todesfall, die Löschungsbewilligung bezüglich des eingetragenen Wohnungsrechts und der eingetragenen Rückauflassungsvormerkung zu erteilen.

Diese Vormerkung darf nur unter Vorlage der Sterbeurkunde des Übergebers ausgeübt werden.

f) Belastungen

Wenn der Übergeber dem Übernehmer eine Belastungsvollmacht erteilt, muss er unbedingt darüber belehrt werden, welches Risiko er damit eingeht.

164

Formulierungsbeispiel

Sowohl bei dem Wohnungsrecht als auch bei der Auflassungsvormerkung bleibt der Vorrang für noch einzutragende Grundpfandrechte bis zum Betrage von 50.000 EUR nebst bis zu 20 % Zinsen jährlich vom Tage der Eintragungsbewilligung des Grundpfandrechts an und bis zu 10 % Nebenleistungen einmalig vorbehalten.
Die Eintragung dieses Rangvorbehaltes wird hiermit bewilligt und beantragt.
Der Übergeber wurde ausdrücklich darüber belehrt, dass
a) die von diesem Rangvorbehalt erfassten Grundpfandrechte seinen eigenen Rechten bei einer eventuellen Zwangsversteigerung vorgehen,
b) Wohnungs- und Rückforderungsrechte ersatzlos wegfallen, wenn der Versteigerungserlös zur Abdeckung der Verbindlichkeiten nicht ausreicht,

---

57 BGH NJW 1992, 1683.

c) ansonsten lediglich eine Kapitalisierung des Wohnungsrechts erfolgt, es im Übrigen aber bei Zwangsversteigerung aus dem vorgehenden Recht auf jeden Fall gelöscht wird.

g) Nießbrauchsrecht

165 Die Absicherung eines Nießbrauchsrechts erfolgt beispielhaft wie folgt:

Formulierungsbeispiel
Der Übernehmer erklärt sodann:
Ich bewillige und beantrage, an dem vorstehenden mir aufgelassenen Grundstück ein lebenslängliches Nießbrauchsrecht entsprechend den Bestimmungen des Paragraphen ... dieses Vertrages zugunsten des Übergebers in das Grundbuch einzutragen.

G. Kosten im Erbrecht

166 Seit dem 1.8.2013 ist das 2. Kostenrechtsmodernisierungsgesetz in Kraft getreten und hat uns das Gericht- und Notarkostengesetz (GNotKG) beschert.[58]

I. Grundsätze

167 Es bleibt im Grunde genommen bei der alten Struktur, die von der Kostenordnung schon bekannt ist. Auszugehen ist von der **Wertgebühr** (§ 3 Abs. 1 GNotKG).
Auch die Gebührensätze sind im Erbrecht im Wesentlichen konstant geblieben.[59]
Aus der in Zehnteln zu berechnenden Gebühr (bislang beispielsweise für einen Erbvertrag 20/10) ist nunmehr eine 2,0 Gebühr nach dem KV GNotKG Nr. 21100 geworden.
Übersicht über die Gebührensätze:
Eine 2,0 Gebühr fällt an für:
- gemeinschaftliche Testamente
- Erbverträge
- Erb- und Pflichtteilsverzichtsverträge.

Hier folgt das Gesetz dem allgemeinen Grundsatz, dass bei Verträgen und wechselseitigen Erklärungen grundsätzlich eine 2,0 Gebühr anfällt.

---

[58] Dazu allgemein und auch in Besonderheit für das Erbrecht: *Kroiß*, ZEV 2013, 413 ff., *Bormann*, ZEV 2013, 425 ff.
[59] Dazu auch *Diehn*, DNotZ 2013, 406.

Eine 1,0 Gebühr fällt an für:
- Testamente (einseitig)
- die vollständige Aufhebung eines Erbvertrags
- die Abnahme einer eidesstattlichen Versicherung (etwa bei Erbscheinsanträgen).

Eine 0,5 Gebühr (bisher ½ Gebühren nach KostO) fällt an für: 168
- den Widerruf und die Anfechtung einer letztwilligen Verfügung,
- den Rücktritt von einem Erbvertrag,
- Anträge an das Nachlassgericht,
- Erklärungen, die gegenüber dem Nachlassgericht abzugeben sind.

II. Neues zu den Geschäftswerten

Die Gebührenstufen wurden bei niedrigen Geschäftswerten stärker angehoben, als bei höheren, bei hohen Geschäftswerten wurden zum Teil sogar niedrigere Gebühren vorgesehen. 169

Hinweis
Die volle Gebühr bei einem Geschäftswert von 125.000 EUR steigt um 19 %, die volle Gebühr bei einem Wert von 25 Mio. EUR sinkt um 0,8 %.
Der Gesetzentwurf sieht eine Gebührenerhöhung von durchschnittlich 11–20 % vor. Am unteren Rande ist zu berücksichtigen, dass die Mindestgebühr für Erbverträge 120 EUR und für ein Einzeltestament 60 EUR beträgt.[60]

III. Hälftiger Schuldenabzug

Bei der Geschäftswertbestimmung ist künftig § 102 Abs. 1 GNotKG zu beachten: 170

(1) Geschäftswert bei der Beurkundung einer Verfügung von Todes wegen ist, wenn über den ganzen Nachlass oder einen Bruchteil verfügt wird, der Wert des Vermögens oder der Wert des entsprechenden Bruchteils des Vermögens. Verbindlichkeiten des Erblassers werden abgezogen, jedoch nur bis zur Hälfte des Wertes des Vermögens. Vermächtnisse und Auflagen werden nur bei Verfügung über einen Bruchteil und nur mit dem Anteil ihres Wertes hinzugerechnet, der dem Bruchteil entspricht, über den nicht verfügt wird.

(2) Verfügt der Erblasser außer über die Gesamtrechtsnachfolge daneben über Vermögenswerte, die noch nicht zu seinem Vermögen gehören, jedoch in der Verfügung von Todes wegen konkret bezeichnet sind, wird deren Wert hinzugerechnet. Von dem Begünstigten zu übernehmende Verbindlichkeiten werden abgezogen, jedoch nur bis zur Hälfte des Vermögenswertes. Die Sätze 1 und 2 gelten bei gemeinschaftlichen Testamenten und gegenseitigen Erbverträgen nicht für Vermögenswerte, die bereits nach Abs. 1 berücksichtigt sind.

---

60 *Bormann*, ZEV 2013, 425.

(3) Betrifft die Verfügung von Todes wegen nur bestimmte Vermögenswerte, ist deren Wert maßgebend; Abs. 2 S. 2 gilt entsprechend.
(4) Bei der Beurkundung eines Erbverzichts- oder Pflichtteilsverzichtsvertrags gilt Abs. 1 S. 1 und 2 entsprechend. Das Pflichtteilsrecht ist wie ein entsprechender Bruchteil des Nachlasses zu behandeln.
(5) Die Abs. 1–3 gelten entsprechend für die Beurkundung der Anfechtung oder des Widerrufs einer Verfügung von Todes wegen sowie für den Rücktritt von einem Erbvertrag. Hat eine Erklärung des einen Teils nach S. 1 im Falle eines gemeinschaftlichen Testamentes oder eines Erbvertrags die Unwirksamkeit von Verfügungen des anderen Teils zur Folge, ist der Wert der Verfügungen des anderen Teils dem Wert nach S. 1 hinzuzurechnen."

171 Zunächst ist also gemäß § 102 Abs. 1 GNotKG bei Verfügungen von Todes wegen über den ganzen Nachlass oder einen Bruchteil davon das Vermögen des Erblassers maßgeblich. Neu ist Abs. 1 S. 2, der regelt, dass Verbindlichkeiten künftig nur noch bis zur Hälfte des Vermögens des Erblassers abzuziehen sind (so genanntes modifiziertes Reinvermögen). Begründung des Gesetzgebers ist, dass vermieden werden soll, dass es „zu einem unangemessen niedrigen Geschäftswert" kommt.

172 *Was aber ist eine Verfügung über den „ganzen Nachlass"?*
Eine solche Verfügung liegt beispielsweise auch dann vor, wenn der Erblasser lediglich einen Ersatzerben bestimmt oder die Position eines Vollerben in eine Ersatz- oder Vorerbenstellung umwandeln will.[61] Die Verfügung über einen Bruchteil des Nachlasses liegt vor, wenn der Erblasser z.B. nur einen von mehreren Ersatzerben neu bestimmt oder nur hinsichtlich einer bestimmten Quote verfügt. Vermächtnisse werden neben Verfügungen über den gesamten Nachlass nicht gesondert berechnet. Bei isolierter Anordnung sind sie dagegen nach § 102 Abs. 2 S. 1 GNotKG in voller Höhe, und zwar sogar gegebenenfalls über das modifizierte Reinvermögen hinaus zum Ansatz zu bringen. Anders als früher sind Verbindlichkeiten, die der Vermächtnisnehmer zu übernehmen hat, bis zur Hälfte des Vermögenswertes des vermachten Gegenstandes abzuziehen.

173 Die Aufhebung eines Erbvertrags oder eines gemeinschaftlichen Testamentes (1,0 Gebühr) richtet sich im Geschäftswert ebenfalls nach § 102 Abs. 1–3 GNotKG, weil die Aufhebung selbst auch eine Verfügung von Todes wegen ist. Wenn ein solcher Erbvertrag nicht vollumfänglich aufgehoben wird, sondern nur einzelne Verfügungen, wird derselbe Gebührensatz wie für die Verfügung selbst angesetzt. Für eine Änderung eines Erbvertrags ist daher eine 2,0 Gebühr zu berechnen. Die Rückgabe eines Erbvertrags aus der amtlichen Verwahrung wird mit einer 0,3 Gebühr berechnet (Nr. 23100 KV), die gemäß § 114 GNotKG aus dem Wert der im Erbvertrag getroffenen Verfügungen im Zeitpunkt der Rücknahme zu berechnen ist (§ 96 GNotKG).

---

61 *Diehn/Sikora/Tiedtke*, Rn 654.

Im Hinblick auf Erb- und Pflichtteilsverzichtsverträge ist ausdrücklich geregelt, dass auch hier das modifizierte Reinvermögen des Erblassers im Zeitpunkt der Vornahme des Rechtsgeschäfts zugrunde zu legen ist und ein Abzug von Verbindlichkeiten nur bis zur Hälfte des Erblasservermögens statthaft ist. Unter dem Regime der Kostenordnung war immer wieder diskutiert worden, ob eventuell Abschläge aufgrund von Wahrscheinlichkeitserwägungen vorzunehmen sind. Das ist jetzt nicht mehr der Fall.

174

IV. Besonderheit: Geschäftswert des Erbscheinsverfahrens

Diese Regelung wird als „Revolution im Bereich des Geschäftswerts" definiert.[62] § 40 GNotKG fasst die Geschäftswertvorschriften für Erbscheinsverfahren, für das Verfahren über die Erteilung eines Zeugnisses über die Fortsetzung der Gütergemeinschaft und für das Verfahren zur Erteilung als Testamentsvollstreckerzeugnisses zusammen. Die Vorschrift stellt zwar auf den Wert des Nachlasses zum Zeitpunkt des Erbfalls ab. Zur Wertermittlung dürfen aber als Passiva lediglich die Erblasserschulden, nicht hingegen die Erbfallschulden in Ansatz gebracht werden. Das ist eine wesentliche Änderung im Vergleich zum alten § 107 Abs. 2 S. 1 KostO. Damit bleiben also die Erbfallschulden, insbesondere Vermächtnisse, Pflichtteile, Auflagen oder Erbschaftsteuer unberücksichtigt. Der Gesetzgeber hat hierfür Vereinfachungsgründe angeführt. Der Aufwand zur Ermittlung oft unsicherer Erbfallschulden stehe in keinem Verhältnis zum kostenrechtlichen Zweck. Für den Erbscheinsantrag eines Miterben bestimmt sich der Geschäftswert nach seinem Anteil. Weggefallen ist die gebührenermäßigte Erteilung eines Erbscheins nur zu Grundbuchzwecken.

175

Begründung des Gesetzgebers:

... Zwar besteht ein öffentliches Interesse, über einen Gebührenanreiz auf eine zeitnahe Berichtigung der Grundbücher im Erbfall hinzuwirken. Dem wird jedoch bereits durch die Privilegierung der Grundbuchberichtigung in Abs. 1 der Anm. zu Nr. 14110 KV GNotKG Rechnung getragen...

Für die Abnahme der eidesstattlichen Versicherung im Erbscheinsverfahren entsteht eine 1,0 Gebühr (Nr. 23300 KV GNotKG). Durch sie ist auch die gleichzeitige Beurkundung des als solchen formlos möglichen Erbscheinsantrages abgegolten. Hinzu kommt allerdings bei der Beurkundung durch den Notar noch die Umsatzsteuer, die zu den Auslagen des Notars gehört und als solche erhoben wird (Nr. 32014 KV GNotKG).

---

62 *Kroiß*, ZEV 2013, 415.

§ 2 Mögliche Aufgabenstellungen im Erbrecht

V. Gebührenerhebung bei Entwurf, vorzeitiger Beendigung oder Beratung

176 Diese Tätigkeiten sind in Nrn. 21300 ff. KV GNotKG geregelt. Die vorzeitige Beendigung setzt immer einen Beurkundungsauftrag voraus. Wird das Verfahren nach Erteilung eines entsprechenden Beurkundungsauftrags länger als sechs Monate nicht mehr betrieben, ist in der Regel von einer vorzeitigen Beendigung auszugehen. Während bereits mit Erteilung des Beurkundungsauftrags nach Nr. 21300 KV GNotKG grundsätzlich eine Festgebühr i.H.v. 20 EUR anfällt, greift nach einer persönlichen oder schriftlichen Beratung durch den Notar gemäß 21301 KV GNotKG in Verbindung mit 24200 KV GNotKG ein Gebührenrahmen von 0,3–1,0 bei Erbverträgen und gemeinschaftlichen Testamenten bzw. 0,3–0,5 bei Einzeltestamenten.

Wenn der Notar

- den Entwurf am Tage der vorzeitigen Beendigung durch Aufgabe zur Post an den Beteiligten versandt hatte oder
- den Entwurf vor der vorzeitigen Beendigung per Telefax oder elektronisch als Datei an die Beteiligten übermittelt oder ausgehändigt hatte oder
- mit allen Beteiligten in einem zum Zwecke der Beurkundung vereinbarten Termin auf der Grundlage des von ihm gefertigten Entwurfes verhandelt hatte,

fällt gemäß § 92 Abs. 2 GNotKG grundsätzlich die volle Beurkundungsgebühr an. Diese ist jedoch bei einer nachfolgenden Beurkundung anzurechnen, sofern diese demnächst, also regelmäßig innerhalb von 6 Monaten nach der Versendung des Entwurfs erfolgt. Damit kommt es zu einer angemessenen Honorierung von Entwürfen im Erbrecht.

H. Steuerliche Problematik

177 Wenn auch nicht schwerpunktmäßig, so doch im Rahmen einer Nebenprüfung, einer Ergänzungsfrage oder im Rahmen der mündlichen Prüfung können natürlich auch erbschaftsteuerliche Gesichtspunkte einmal Gegenstand des Notarexamens werden. Daher sollen hier einige wenige Hinweise auf die Systematik genügen:

178 1. Die Erbschaftsteuer ist eine sogenannte Erbanfallsteuer, steuerpflichtig ist also der Erwerb von Todes wegen nach § 1 Abs. 1 ErbStG.

Ein solcher Erwerb von Todes wegen ist klassischerweise der Erwerb durch Erbanfall nach § 1922 BGB, aufgrund eines Vermächtnisses nach § 2147 ff. BGB oder einer Auflage nach § 2192 BGB, aber auch der Erwerb aufgrund eines Pflichtteilsanspruchs, der geltend gemacht worden ist, fällt hierunter.

H. Steuerliche Problematik § 2

Achtung:
Bei der Vor- und Nacherbfolge gilt erbschaftsteuerlich der Vorerbe als Vollerbe und ist unbeschränkt steuerpflichtig. Im Rahmen der Gestaltung ist also immer zu berücksichtigen, dass es sich hier um zwei steuerbare Vorgänge handelt. Tritt die Nacherbfolge ein, unterliegt der Nacherbe einer erneuten Erbschaftsteuerpflicht (für denselben Nachlass). Der Nacherbe wird auf Antrag aus dem Verhältnis zum Erblasser versteuert. Entsprechend steuerbar sind sämtliche Erwerbe aufgrund Verträge zugunsten Dritter auf den Todesfall (Lebensversicherungen) oder lebzeitige Schenkungen.

2. § 14 des ErbStG hat zur Folge, dass ein Zeitraum von zehn Jahren, innerhalb dessen Erwerbe erfolgen, zusammengezogen wird. Hier wird also eine mögliche Schenkung mit einer Erbfolge, die sich innerhalb von zehn Jahren von dem Schenker an dem Beschenkten zusätzlich ergibt, aufaddiert. **179**

3. Die Steuerpflicht richtet sich nach dem persönlichen Verhältnis des Erwerbers zum Erblasser. Unterschieden werden drei Steuerklassen: **180**

Steuerklasse I:
1. Der Ehegatte
2. Die Kinder und Stiefkinder
3. Die Abkömmlinge der in der Nr. 2 genannten Kinder und Stiefkinder
4. Die Eltern und Voreltern bei Erwerben von Todes wegen

Steuerklasse II:
1. Die Eltern und Voreltern, soweit sie nicht zur Steuerklasse I gehören
2. Die Geschwister
3. Die Abkömmlinge ersten Grades von Geschwistern
4. Die Stiefeltern
5. Die Schwiegerkinder
6. Die Schwiegereltern
7. Der geschiedene Ehegatte

Steuerklasse III:
Alle übrigen Erwerber und die Zweckzuwendungen.

Bei der Einteilung der Steuerklassen wird das Adoptivkind entgegen dem bürgerlichen Recht auch bei der Volladoption sowohl gegenüber seinen leiblichen Eltern als auch gegenüber den Adoptiveltern wie ein leibliches Kind behandelt (§ 15 Abs. 1a ErbStG). Das Adoptivkind hat damit erbschaftsteuerlich zwei Elternpaare.

4. Die Steuerfreibeträge sind für Ehegatten bei 500.000 EUR und Kinder bei 400.000 EUR sowie Kindeskindern bei 200.000 EUR relativ auskömmlich, bei den übrigen Personen der Steuerklasse II, insbesondere aber auch III mit jeweils 20.000 EUR aber beklagenswert ge- **181**

ring. Das deckt sich dann mit den Steuersätzen nach § 19 ErbStG, die ebenfalls für die bevorzugte Steuerklasse I, die ja ohnehin schon über einen erheblichen Steuerfreibetrag verfügt, sehr gering bleiben. Hier werden also die Erwerbe, die über den Steuerfreibetrag hinausgehen zunächst nur mit 7 % und erst ab 300.000 EUR mit 11 % besteuert, darüber hinausgehend dann mit 15 %, 19 %, 23 %, 27 % bis schließlich 30 % (das aber erst bei einem Erwerb von über 26 Mio. EUR), während die Personen in der Steuerklasse II schon mit einer 15 %igen Steuerlast beginnen und die Personen der Steuerklasse III mit einem 30 %igen Steuersatz, wohl gemerkt, es handelt sich hier um den Personenkreis der ohnehin nur einen Steuerfreibetrag von 20.000 EUR hat. Klassischerweise geht es hier um den nichtehelichen Lebenspartner, der von seinem Partner erhebliches Barvermögen oder Immobilienvermögen erbt. Hier ist dann tatsächlich nur ein Freibetrag von 20.000 EUR zu berechnen und der Rest mit 30 % zu versteuern. Wenn eine derartige Beratungssituation auftaucht, wird man fast immer zu Ausweichgestaltungen kommen, denn eine derartige Steuerlast ist wirtschaftlich unvertretbar und führt zur Vernichtung des Nachlasses.

182 5. Die Zuwendung des Familienheims ist in § 13 ErbStG noch einmal gesondert geregelt.

a) Bei einer lebzeitigen Zuwendung des Familienheims unter Ehegatten fällt grundsätzlich eine Steuer nicht an, so dass also dieser Erwerb auch außerhalb sämtlicher Freibeträge steuerfrei bleibt. Der Güterstand der Eheleute ist hierbei ohne jede Bedeutung, eine Angemessenheitsprüfung findet nicht statt, ein Objektverbrauch kommt nicht in Frage, d.h., dass während der Ehe mehrfach ein Familienheim zugewendet werden kann, eine Behaltenspflicht besteht nicht. Eine Wertobergrenze ist ebenfalls nicht gegeben, es muss sich lediglich um das Familienheim handeln. Hierbei handelt es sich um die Zuwendung eines zu eigenen Wohnzwecken genutzten Objektes. Nicht hierher gehört beispielsweise eine Ferienwohnung, die die Familie als Zweiwohnung und zum Ferienaufenthalt nutzt.[63]

183 b) Der Erwerb des Familienheims von Todes wegen durch den Ehegatten ist ebenfalls von der Steuer befreit, hier ist allerdings in § 13 Abs. 1 Nr. 4 b. ErbStG eine zehnjährige Behaltensfrist eingebaut, die nur dann nicht gilt, wenn der Erwerber aus zwingenden Gründen an einer Selbstnutzung zu eigenen Wohnzwecken gehindert ist. Ein zwingender Hinderungsgrund kann in einer schweren Erkrankung oder einem krankheitsbedingten längeren stationären Klinikaufenthalt zu sehen sein. Zwingende objektive Hinderungsgründe können nach Sinn und Zweck der gesetzlichen Befreiungsvorschrift die Selbstnutzung durch den Erblasser bis zum Eintritt des Erbfalls nur dann ersetzen, wenn diese Selbstnutzung immerhin zu einem früheren Zeitpunkt, d.h. vor Entstehung der Hinderungsgründe, tatsächlich vorgelegen hat.

---

63 FG Münster ZEV 2012, 222.

H. Steuerliche Problematik § 2

Allein die feste Absicht, eine Wohnung in nächster Zukunft zu eigenen Wohnzwecken beziehen zu wollen, ist der tatsächlichen Nutzung dieser Wohnung im Sinne von § 13 Abs. 1 Nr. 4b S. 1 ErbStG nicht gleichzustellen.
Eine Immobilie, die bis zum Eintritt des Erbfalls überhaupt nie durch den Erblasser zu Wohnzwecken eigengenutzt worden ist, ist von dem Schutzzweck des § 13 Abs. 1 Nr. 4b ErbStG nicht erfasst.[64]

c) Der Erwerb eines Familienheims durch die Kinder von Todes wegen ist nunmehr ebenfalls steuerbegünstigt (§ 13 Abs. 1 Nr. 4c ErbStG) und knüpft an die Befreiung für den Erwerb von Todes wegen durch den Ehegatten an, allerdings mit der Einschränkung, dass neben der Behaltensfrist auch noch eine Wohnflächenobergrenze von 200 m² nicht überschritten werden darf. Sollte diese überschritten werden, wird die Befreiung anteilig gewährt. 184

d) Nicht steuerlich privilegiert ist nach alledem die lebzeitige Übertragung eines Familienheims auf die Kinder. Hier kommt es also zur Prüfung der Freibeträge (je 400.000 EUR nach jedem Elternteil) und zum Verbrauch der Freibeträge. 185

6. Ein weiterer Schwerpunkt der steuerlichen Betrachtung könnte – auch klausurenrelevant – bei der Prüfung eines Berliner Testamentes liegen. Der Gestaltungsschwerpunkt des Berliner Testamentes liegt ja darin, dass die Ehegatten sich zunächst wechselseitig zu alleinigen Erben einsetzen. Tun sie das, wird mithin das Vermögen des Erstversterbenden zunächst allein beim Längerlebenden eigenes Vermögen (Einheitslösung). 186

Die Kinder hätten zwar nach jedem Elternteil jeweils 400.000 EUR Steuerfreibetrag, dieser Steuerfreibetrag bleibt aber auf den ersten Erbfall ungenutzt. Die Lösung des Berliner Testamentes in Reinkultur sieht ja gerade eine Enterbung der eigenen Kinder auf den ersten Erbfall vor. Stirbt dann der Längerlebende, erben die Kinder zu gleichen Teilen. Dann kann es eintreten, dass dadurch, dass zunächst der Längerlebende der Eltern das Vermögen seines erstversterbenden Partners geerbt hat, das Vermögen insgesamt so hoch geworden ist, dass die Steuerfreibeträge bei den Kindern schließlich überschritten werden. Im Ergebnis wird man daher ohne weiteres vertreten dürfen, dass die Anordnungen des Berliner Testamentes zumindest bei erheblichen Vermögensverhältnissen steuerschädlich ist. Wenn man hier gestalterische Gegenmaßnahmen überlegt, könnte Folgendes gelten:

a) Es kann sinnvoll sein, eine Vor- und Nacherbfolge anzuordnen, denn dann wird unter Vermeidung der Einheitslösung die Trennungslösung durchgeführt. Das Vermögen des erstversterbenden Elternteils erreicht zwar den längerlebenden Ehegatten, bleibt bei ihm aber getrenntes Vermögen, da es der Nacherbfolge unterliegt. Tritt der Nacherbfall ein, erben die Kinder dann im Ergebnis zwar alles, jedoch den Teil des erstversterbenden 187

---

64 FG München BeckRS 2016, 94639.

Elternteils als Nacherben und den Teil des letztversterbenden Elternteils als Vollerben des Letztversterbenden.

b) Alternativ ist denkbar, die Abkömmlinge schon auf den ersten Erbfall unter erbschaftsteuerlichen Gesichtspunkten zu bedenken, etwa vermächtnisweise mit Geldbeträgen (beispielsweise Freibetragsvermächtnisse). In jedem Falle müsste also dafür gesorgt werden, dass die erbschaftsteuerlichen Freibeträge der Abkömmlinge auch auf den ersten Fall ausgenutzt werden, wenn das Vermögen der Eltern ein solches Volumen hat, dass die Freibeträge auf den zweiten Erbfall überschritten werden. Zudem ist ja auch durchaus denkbar, dass der längerlebende Elternteil bei einer Alleinerbenstellung schon für sich gesehen in eine Steuerverpflichtung käme, wenn er nicht an die Kinder weitergeben könnte. Diese Problematik könnte man unter Umständen damit auffangen, dass die Kinder – im Einvernehmen mit dem längerlebenden Elternteil – einen Pflichtteilsanspruch geltend machen (Achtung: Pflichtteilsstrafklausel greift auch dann, wenn übereinstimmende Geltendmachung des Pflichtteils erfolgt, so dass also auf sorgfältige Gestaltung der Pflichtteilsstrafklausel geachtet werden muss).

§ 3 Die Klausur

A. Klausurentaktik

Zur Klausurtaktik im Allgemeinen darf verwiesen werden auf die Erläuterungen von *Schulte*,[1] die auch für das Erbrecht gelten.

Soweit *Schulte* die Sachverhaltserfassung in 15 Minuten gewährleisten will, dürfte das für den Bereich des Erbrechts etwas knapp sein. Empfehlenswert ist, hier großen Wert auf die Vollständigkeit und Korrektheit der Sachverhaltserfassung zu legen. Das wird bei gelegentlich recht umfangreich gestellten Sachverhalten, erst recht, wenn beispielsweise ein Aktenauszug Gegenstand der Prüfung ist, in 15 Minuten nicht zu machen sein. Daher dürfte tendenziell der Bereich der Sachverhaltserfassung eher einen Zeitraum von 30 Minuten benötigen. Das führt natürlich dazu, dass andere Teilbereiche verkürz 0 t werden müssen, denn mehr als 5 h = 300 Minuten stehen nun einmal nicht zur Verfügung. Mein Vorschlag für das Erbrecht lautet daher, in der Regel von folgender Zeiteinteilung auszugehen:

Sachverhaltserfassung	30 Minuten
Prüfung der rechtlichen Fragen	60 Minuten
Niederschrift	200 Minuten
Schlusscheck	10 Minuten

Eine Zeitschiene für jede denkbare Klausur lässt sich schlecht erarbeiten, da die Schwerpunkte sehr unterschiedlich liegen und damit verbunden der Schreibaufwand auch sehr unterschiedlich ist. Ist beispielsweise ein vollständiges Rechtsgutachten zu fertigen und eine Urkunde, wird man mehr Zeit auf die Niederschrift verwenden müssen, als wenn lediglich eine Fremdurkunde überprüft werden muss und Rechtsfragen gestellt werden.

B. Beispielhafte Aufgabenstellungen

Einige beispielhafte Aufgabenstellungen in erbrechtlichen Klausuren lauteten bislang wie folgt:

Beispiel 1:
1. Nehmen Sie gutachterlich zu den Erfolgsaussichten des auf das Erlangen der Erbnachweise gerichteten Begehrens von ... Stellung.
2. Erstellen Sie auf der Grundlage Ihrer Ergebnisse zur Aufgabe 1. den Entwurf der Urkunde bzw. der Urkunden, die den notwendigen Inhalt zu den Erbscheinsanforderungen enthält bzw. enthalten.

---

1 *Schulte*, S. 25 ff.

§ 3 Die Klausur

3. Welche Gestaltungsmöglichkeiten hätten Sie den Eheleuten unterbreitet, um ihren Willen umzusetzen, wenn sie vor Testamentserrichtung zu Ihnen gekommen wären?

Beispiel 2:
1. Nehmen Sie gutachterlich Stellung zu folgenden Fragen:
   a) Ist M durch das Testament vom 1.8.1990 in seiner Testierfreiheit beschränkt?
   b) Was ist gegebenenfalls zu unternehmen, um die volle Testierfreiheit von M wiederherzustellen?
   c) In welchen Formen lässt sich der letzte Wille der Ehegatten M und Z umsetzen? Skizzieren Sie die wesentlichen Unterschiede zwischen den möglichen Formen.
   d) Mit welchen erbrechtlichen Anordnungen lassen sich die Wünsche der Ehegatten M und Z am besten umsetzen?
   e) Welche Vorschriften des Erbschaftsteuergesetzes können im konkreten Fall bei der Suche nach einer erbschaftsteuerlich optimalen Lösung eine besondere Rolle spielen und was ist dabei zu beachten?
2. Formulieren Sie einen Urkundsentwurf mit sämtlichen von M zu treffenden Verfügungen von Todes wegen

Beispiel 3:
1. Nehmen Sie gutachterlich Stellung
   a) zur Zwischenverfügung des Rechtspflegers vom ...
   b) zur Wirksamkeit des Pflichtteilsverzichtsvertrages
   c) zu den Testiermöglichkeiten der B entsprechend ihren geäußerten Wünschen.
2. Wie sollte C weiter vorgehen?
3. Welche Möglichkeiten bestünden für B, wenn in dem seinerzeitigen Erbvertrag kein Rücktrittsrecht vorbehalten worden wäre?

C. Fehlerquellen

4 Zu den möglichen Fehlerquellen darf zunächst wiederum auf *Schulte*[2] verwiesen werden. Es ist ihm nur recht zu geben, wenn er insbesondere folgende Fehlerquellen aufführt:

---

2 *Schulte*, S. 101 ff.

C. Fehlerquellen §3

I. Falsche Zeiteinteilung

Unter Berücksichtigung der oben unter A. (siehe Rdn 1) aufgeführten taktischen Hinweise ist Wert auf eine vernünftige und taktisch kluge Zeiteinteilung zu legen. Insbesondere ist es unabdingbar, sich eine Deadline zu setzen, ab wann zwingend mit der Niederschrift begonnen werden muss. Die Sachverhalte führen oft zu Prüfungen auch verästelter Nebenfragen, was zeitlich natürlich in die Irre führt. Da, wie gesehen, häufig genug vollständige Urkunden erwartet werden, braucht man allein zur Niederschrift der Formalien und der rechtlich unproblematischen Teile einer solchen Urkunde ausreichend Zeit. Es geht daher kein Weg darum herum, sich hier selbst erheblich zu disziplinieren. Dieser Tipp, der natürlich für alle Prüfungssituation gilt, hat insbesondere im Erbrecht seine Berechtigung, weil hier, wie erwähnt, gelegentlich auch Schreibübungen erwartet werden. Da mit zeitlichen „Zugaben" nicht zu rechnen ist, ist ein Arbeiten mit der Uhr erforderlich.

II. Ansätze in der Aufgabenstellung

Nicht ohne Grund wurden soeben einige Aufgabenstellungen zitiert, woraus sich bereits ergibt, dass das Bild der Aufgabenstellung im Erbrecht schillernd ist. Es gibt die unterschiedlichsten Ansätze. Da das so ist, sollte man stringent an den gestellten Fragen entlang prüfen und sich nicht auf eine allgemeine Prüfung der vorgelegten Unterlagen stürzen, wenn das auch noch so verführerisch erscheint. Selbst wenn man möglicherweise auf den ersten Blick ein vermeintliches Klausurenproblem sofort erkennt, ist nicht gesagt, dass es darauf im geprüften Sachverhalt überhaupt ankommt. Insofern ist der von *Schulte* gegebene Hinweis auf „alte Bekannte", die eigentlich übergangen werden wollen, sicher richtig. Gelegentlich gibt es auch noch ergänzende Sachbearbeitervermerke, die etwa darin bestehen, dass steuerliche Gesichtspunkte nicht zu prüfen sind. Auch hier tut man sich selbst einen Gefallen, wenn man vor Beginn der Prüfung sicher eruiert, was überhaupt abgefragt ist. Nur so erspart man sich unnötige Prüfungsrunden etwa durch das Steuerrecht, wenn steuerliche Fragen gar nicht abgefragt sind.

Aus den Aufgabenstellungen, die zitiert wurden, ist auch ersichtlich, dass es häufig darauf ankommt, den Wünschen der Beteiligten gerecht zu werden bzw. die Vorstellungen der Beteiligten sachgerecht umzusetzen. Daher ist vor Beginn einer Klausurlösung die Motivlage der Beteiligten zu beleuchten und so festzustellen, dass man anhand dieser Feststellungen eine zuverlässige Prüfung durchführen kann.

Und nicht zuletzt: Daten, Altersangaben und Angabe von Größenverhältnissen (etwa Quadratmetergröße von Wohnungen) haben zumeist eine Bedeutung, wenn auch nicht immer. Es wäre fahrlässig, diese Angaben nicht mit der gebührenden Aufmerksamkeit zu studieren. Insofern ist bei einem sich aufbauenden Sachverhalt selbstverständlich ein Zeitschema hilfreich. Bei etwas unübersichtlicheren Familienverhältnissen ist ein Familiendiagramm als Unterstützung und für die Übersicht auch nach 3 h sinnvoll, ja unabdingbar. Da es gerade im Erbrecht um Verwandtschaftsverhältnisse, Zeitpunkt des Vorversterbens, erste oder zweite Ehen, Zeitpunkte der Errichtung letztwilliger Verfügungen gehen kann, sollte man sich gerade diese Fakten deutlich schematisch festhalten, um auch während der materiell-rechtlichen Prüfung immer wieder schnell einen Zugriff auf die Faktenlage zu haben. Das verhindert, dass man sich im Gewirr etwa unterschiedlicher letztwilliger Verfügungen verläuft.

8 So darf festgestellt werden, dass die zutreffende und vollständige Sachverhaltserfassung das non plus ultra überhaupt ist. Werden hierbei bereits Fehler eingebaut, wird die Aufgabenstellung nicht vollständig erfasst oder werden Ziele und Wünsche der Beteiligten nicht besprochen, wird es keine allzu gute Klausur werden. Daher ist gerade am Beginn der Klausurensachbearbeitung höchste Aufmerksamkeit gefragt. Aber auch während der Sachbearbeitung ist eine stetige eigene Rückfrage und Kontrolle sinnvoll, ist es doch besser, einen Fehler, den man zwar spät bemerkt, dann doch noch zu beseitigen, als ihn bis zum Schluss zu übersehen.

D. Musterklausur I (IPR, Bindungswirkung, Erbscheinverfahren)

I. Sachverhalt

9 *Sachverhalt der Musterklausur I:*

Bei Ihnen als Notar/Notarin erscheint Frau Beate B. Sie bittet Sie um Rat sowie gegebenenfalls Bearbeitung einer Erbschaftsangelegenheit. Sie berichtet Ihnen Folgendes: „Mein Vater Alfred A. ist vor ca. vier Wochen anlässlich eines Besuches bei mir verstorben. Sein letzter Wohnsitz befand sich in Florenz, wo er die letzten zehn Jahre seines Lebens gewohnt hat. Er ist dort hingezogen, nachdem seine Frau, meine Mutter Maria B. am 1.12.2005 verstorben ist. Aus der Ehe meiner Eltern bin ich als Tochter hervorgegangen. Neben mir gibt es noch einen Bruder, den Christoph B. Zu ihm hatte aber die gesamte Familie keinen Kontakt mehr.

Meine Eltern haben schon im Jahre 1992 vor einem Notar in Münster den in der Anlage 1 beigefügten Erbvertrag geschlossen. Mein Bruder Christoph hat damals einen Pflichtteilsverzicht unterschrieben (Anlage 2).

Mein Vater hat dann im Jahre 2010, als er schon in Florenz wohnte, dort ein weiteres handschriftliches Testament errichtet, in dem er seine Lebensgefährtin Evita (E.) zu seiner Erbin beruft (Anlage 3). Die E. war bis zuletzt die Lebensgefährtin meines Vaters.

Mein Vater hat bis zu seinem Tode die Eigentumswohnung in Beckum behalten, in der er zusammen mit meiner Mutter gelebt hatte. Nach seinem Wegzug hat er sie vermietet. Zuletzt wohnte er mit der Evita in deren Haus in der Nähe von Florenz. Nach meiner Kenntnis befindet sich in seinem Nachlass diese Eigentumswohnung und etwas Barvermögen in Höhe von vielleicht 50.000 EUR."

Die B. fragt bei Ihnen nach, wer denn nun ihren Vater beerbt habe und was sie, wenn sie tatsächlich Erbin geworden wäre, nun veranlassen müsse. Ferner fragt sie nach, ob ihr Bruder gegebenenfalls Ansprüche habe.

II. Aufgabenstellung

1. Nehmen Sie gutachterlich Stellung zur Frage der Erbfolge.
2. Welchen Rat erteilen Sie B.?

III. Hinweise zur Aufgabenstellung

Steuerliche Fragen sind nicht zu begutachten.

IV. Anlagen

1. Anlage 1

▼

Muster: Erbvertrag

Nummer der Urkundenrolle für 2016

Verhandelt

zu Münster

am 15.7.1992

vor mir, dem Notar

mit dem Amtssitz in Münster

im Bezirk des Oberlandesgerichtes Hamm/Westf.

erschienen heute:

Eheleute **Alfred A.**, geboren am , und **Maria B.**, geborene , geboren am ,

wohnhaft: Nordstraße 1, 4720 Beckum

§ 3 Die Klausur

Die Erschienenen wiesen sich durch Vorlage ihrer Bundespersonalausweise aus.

Der Notar überzeugte sich durch eine längere Unterredung von der Geschäfts- und Testierfähigkeit der Erschienenen.

Die Erschienenen baten sodann um die Beurkundung des nachstehenden

Erbvertrages

und erklärten:

§ 1

Wir haben am ▓▓▓▓ vor dem Standesbeamten des Standesamtes in Beckum die bürgerliche Ehe geschlossen und leben mangels anderweitiger Vereinbarungen im gesetzlichen Güterstand der Zugewinngemeinschaft.

§ 2

Wir sind beide deutsche Staatsangehörige.

§ 3

Aus unserer Ehe sind zwei Kinder hervorgegangen, nämlich

– Beate B., geboren am ▓▓▓▓ und

– Christoph B., geboren am ▓▓▓▓.

Weitere Abkömmlinge haben wir nicht.

§ 4

Wir sind in der Verfügung über unser Vermögen nicht beschränkt. Vorsorglich widerrufen wir hiermit alle von uns etwa bereits angegebene Verfügungen von Todes wegen. Auf die Hinzuziehung von Zeugen wird verzichtet.

§ 5

Wir vereinbaren hiermit erbvertragsmäßig, also in einseitig unwiderruflicher Weise, was folgt:

Wir setzen uns hiermit gegenseitig zu alleinigen und ausschließlichen Vollerben ein.

Der Längerlebende ist allerdings berechtigt, lebzeitig über das gesamte Vermögen zu verfügen.

Zu unserer alleinigen Schlusserbin setzen wir unsere Tochter Beate B., ersatzweise deren Abkömmlinge nach den Regeln der gesetzlichen Erbfolge ein.

§ 6

Für den Fall, dass der überlebende Ehegatte wieder heiratet, wird unsere gemeinsame Tochter sogleich zur Nacherbin berufen.

Sollte unsere Tochter nach dem Tode des Erstversterbenden von uns ihren Pflichtteilsanspruch geltend machen, entfällt die Erbeinsetzung unserer Tochter ersatzlos.

§ 7

Weitere Bestimmungen haben wir nicht zu treffen.

Wir tragen die Kosten dieser Urkunde und beantragen, uns eine gemeinschaftliche Abschrift zu erteilen.

Das Protokoll wurde den Erschienenen in Gegenwart des Notars vorgelesen, von ihnen genehmigt und eigenhändig unterschrieben:

Unterschrift Ehemann

Unterschrift Ehefrau

Unterschrift Notar

2. Anlage 2

Muster: Pflichtteilsverzichtvertag

Nummer   der Urkundenrolle für 2016

Verhandelt

zu Münster

am 15.7.1992

Vor mir, dem Notar

mit dem Amtssitz in Münster

im Bezirk des Oberlandesgerichtes Hamm/Westf.

§ 3 Die Klausur

erschienen heute:

1. die Eheleute **Alfred A.**, geboren am ▒▒▒▒, und
   Maria B., geborene ▒▒▒▒, geboren am ▒▒▒▒,
   wohnhaft: Nordstraße 1, 4720 Beckum,
2. Herr **Christoph B.**, geboren am ▒▒▒▒,
   wohnhaft: Südstraße 55, 59302 Oelde.

Die Erschienenen wiesen sich durch Vorlage ihrer Bundespersonalausweise aus.

Der Notar überzeugte sich durch eine längere Unterredung von der Geschäfts- und Testierfähigkeit der Erschienenen.

Die Erschienenen baten sodann um die Beurkundung des nachfolgenden

Pflichtteilsverzichtsvertrages

und erklärten:

§ 1

Der Erschienene zu 2. erklärte:

Ich verzichte hiermit gegenüber meinen Eltern, den Erschienenen zu 1., für mich und meine Abkömmlinge auf die Geltendmachung von Pflichtteils- und Pflichtteilsergänzungsansprüchen und zwar sowohl nach dem Erstversterbenden wie auch nach dem Längerlebenden meiner Eltern.

§ 2

Die Erschienenen zu 1. erklärten:

Hiermit nehmen wir den Verzicht unseres Sohnes Christoph an.

§ 3

Die Kosten dieser Beurkundung tragen die Erschienenen zu 1.

Das Protokoll wurde den Erschienenen in Gegenwart des Notars vorgelesen, von ihnen genehmigt und eigenhändig unterschrieben:

Unterschrift Ehemann ▒▒▒▒

Unterschrift Ehefrau ▒▒▒▒

Unterschrift Sohn ▒▒▒▒

Unterschrift Notar

3. Anlage 3

▼

Muster: Testament

Testament

Florenz, den 1.10.2010

Hiermit setze ich, Alfred A., im vollen Besitz meiner geistigen Kräfte meine Lebensgefährtin Evita E. zu meiner alleinigen unbeschränkten Erbin ein.

Florenz, den 1.10.2010

Alfred A.

V. Analyse der Fragestellung

Die vorliegende Aufgabenstellung ist dadurch gekennzeichnet, dass unterschiedliche letztwillige Verfügungen sowie ein Pflichtteilsverzichtsvertrag vorliegen. Ferner liegt auf der Hand, dass die Verlegung des Wohnsitzes des Vaters A. eine entsprechende Rolle spielt. Daher wird man bei dem Studium der Aufgabenstellung schnell zu dem Ergebnis gelangen, dass es vorliegend folgende Problemkreise gibt:

- Welche letztwillige Verfügung ist wirksam?
- Ist der abgegebene Pflichtteilsverzicht des C. noch rechtlich wirksam?
- Welche rechtlichen Möglichkeiten hat nach dem gefundenen Ergebnis die B.?

VI. Vorschlag für einen sinnvollen Prüfungsaufbau

1. Anwendbares Recht

Zunächst ist zu prüfen, welches Recht auf die Erbfolge überhaupt anwendbar ist. Der Erblasser war deutscher Staatsangehöriger. Der Erbfall ist allerdings nach dem 17.8.2015 eingetreten, so dass kollisions- und verfahrensrechtlich bereits das „neue Recht" nach Geltung der EU-ErbVO Anwendung finden könnte. Denkbar ist in diesen Fällen, dass die Staatsangehörigkeit des Erblassers keine Rolle mehr spielt. Alle nach dem 17.8.2015 als Stichtag eintretenden Erbfälle markieren den Wechsel des Anknüpfungspunktes für die Prüfung nach internationalem Erbrecht. Von hier ab ist Art. 25 EGBGB nicht mehr anwendbar, sondern es kommt zum Anknüpfungsregime der EU-ErbVO. Zugleich sind auch die neuen nachlassgerichtlichen Verfahrensregelungen in den §§ 343, 344, 352 bis 352e FamFG n.F. anzuwenden. Dieser Abschied vom

§ 3 Die Klausur

Prinzip der Staatsangehörigkeit ist für die notarielle Praxis eine erhebliche Erleichterung, weil mit der Anknüpfung an den letzten gewöhnlichen Aufenthalt ausländisches Erbrecht faktisch sehr viel seltener zur Anwendung gelangt.

Das kann aber auch einmal, wie der vorliegende Sachverhalt deutlich macht, umgekehrt sein. Soweit die EU-ErbVO an den letzten gewöhnlichen Aufenthaltsort anknüpft, könnte ein Erblasser durch einen Wohnsitzwechsel auch einen Statutenwechsel erreichen, zumindest könnte er es versuchen. Die Frage, ob durch einen Wechsel des gewöhnlichen Aufenthalts des Erblassers nach Abschluss eines nach deutschem Recht wirksamen Vertrages ein Statutenwechsel eintritt, ist nicht mit letzter Sicherheit zu beantworten. Rechtsprechung zu dieser Problematik fehlt aus naheliegenden Gründen. Die Literatur ist sich in der Behandlung dieser Problemfälle noch nicht ganz einig.

Zu beachten ist in diesem Zusammenhang insbesondere die Regelung des Art. 83 Abs. 4 EU-ErbVO, wo es heißt:

> Wurde eine Verfügung von Todes wegen vor dem 17.8.2015 nach dem Recht errichtet, welches der Erblasser gemäß dieser Verordnung hätte wählen können, so gilt dieses Recht als das auf die Rechtsfolge von Todes wegen anzuwendende gewählte Recht.

17 Derzeit ist unklar, wie das Tatbestandsmerkmal „nach dem Recht errichtet" auszulegen ist.

Zum einen wird die Meinung vertreten, dass die letztwillige Verfügung lediglich wirksam errichtet sein muss, weitere Anwendungsvoraussetzungen gebe es nicht.[3]

Ein „geschwätziger Erblasser" solle nicht bessergestellt werden als ein schweigsamer.

Eine andere Auffassung meint, es sei eine wie auch immer geartete Bezugnahme auf die Heimatrechtsordnung erforderlich.[4]

Es spricht viel dafür, der zweiten Ansicht zu folgen, denn der Schutzzweck des Art. 83 Abs. 4 EU-ErbVO dürfte das konkrete Vertrauen in die Fortgeltung des Heimatsrechts des Erbstatutes sein, so dass nur derjenige Erblasser geschützt werden sollte, der bei der Testamentserrichtung von der Geltung einer bestimmten Rechtsordnung ausging, diese aber mangels Kenntnis der in Zukunft einmal sich eröffnenden Rechtswahlmöglichkeit nicht ausdrücklich gewählt hat. In diesen Fällen kann man ihm nachträglich eine Rechtswahl unterstellen.

Folgt man der ersten Auffassung, wird man sehr schnell zur Gültigkeit des ersten Erbvertrages aus dem Jahre 1992 gelangen. Folgt man der zweiten Auffassung, müssten weitere Dinge hinzutreten. Es müsste eine Bezugnahme auf die Heimatrechtsordnung in dem Erbvertrag zu finden sein. Nach Art. 22 Abs. 2 Eu-ErbVO kann die Rechtswahl sich auch

---

3 So bspw. *Döbereiner*, MittBayNot 2013, 437, Palandt/*Thorn*, Art. 83 EU-ErbVO, Rn 7 u.a.
4 MüKo/*Dutta*, EU-ErbVO Art. 83 Rn 8; ausführlich: *Fetsch*, RNotZ 2015, 626 ff.

konkludent aus dem Inhalt der letztwilligen Verfügung ergeben. Das ist zum Beispiel dann der Fall, wenn der Erblasser auf spezifische Bestimmungen seines Heimatsrechts Bezug nimmt. Nach deutschem Verständnis setzt eine stillschweigende Rechtswahl ein entsprechendes Erklärungsbewusstsein voraus.[5] Dementsprechend kann aus deutscher Sicht nicht in jedes unter Bezugnahme auf Bestimmungen des deutschen Erbrechts errichtete Testament eine stillschweigende Rechtswahl hinein gelesen werden. Es wird gefordert, dass sich die stillschweigende Rechtswahl unmittelbar in der Verfügung niederschlagen muss. Das Testament ist daraufhin auszulegen, ob die Testierenden konkludent deutsches Recht gewählt haben. Das LG München[6] hat in einem Fall, in dem die testierenden Begriffe wie „gemeinschaftliches Testament, Vor-, Nach-, Schluss- und Ersatzerben, Testamentsvollstreckung, Ausschluss von den Beschränkungen des § 181 BGB, Wechselbezüglichkeit der Verfügungen im Sinne des § 2270 BGB" benutzt haben, gemeint, die Verwendung dieser Begriffe spreche dafür, dass ein Testament nach deutschem Recht erstellt werden sollte, soweit dies rechtlich möglich war. Allerdings handelte es sich in dem entschiedenen Sachverhalt um zwei gebürtige Polen, die zum Zeitpunkt der Testamentserrichtung amerikanische Staatsbürger waren und ihr gemeinschaftliches Testament vor einem Münchener Notar beurkunden ließen. In diesem Fall lag die Bezugnahme auf Begrifflichkeiten aus dem deutschen Erbrecht und die Folgerung hieraus, dass deutsches Recht gewählt werden sollte, relativ nahe. Im vorliegenden Klausurenfall wird man wohl nicht unbeachtet lassen dürfen, dass die Testierenden zu einem Zeitpunkt den Erbvertrag errichtet haben, zu dem sich die Frage, ob ausländisches Recht anwendbar sein könnte, nicht ernsthaft stellte. Dennoch wird man im vorliegenden Falle zu einer konkludenten Rechtswahl kommen dürfen.

a) Wenn man diese Bezugspunkte verlangt, ist der Erbvertrag daraufhin zu überprüfen. Zunächst einmal befindet sich in dem Erbvertrag der Hinweis darauf, dass die Beteiligten deutsche Staatsangehörige sind. Enthält eine Urkunde den Hinweis auf die deutsche Staatsangehörigkeit, wurde sie offenkundig auf der Grundlage des deutschen Rechts errichtet. Darin dürfte unter Umständen schon ein erster Hinweis auf das sogenannte Rechtsanwendungsbewusstsein zu sehen sein.

b) Unter Verweisung auf sämtliche kollisionsrechtlich relevanten Anknüpfungspunkte in Richtung auf das Heimatrecht, die im Zeitpunkt der Testamentserrichtung vorlagen (Errichtungszeit, Wohnsitz, Belegenheit des Vermögens) wird der Erblasser wahrscheinlich selbstverständlich von der Geltung seines Heimatsrechts ausgegangen sein, wenn es bis dahin an jedwedem relevanten Auslandsbezug fehlt.

---

5 *Leitzen*, ZEV 2013, 128.
6 LG München NJW 2007, 3445.

20 c) Noch stärker ist der Heimatrechtsbezug bei Verwendung spezifisch deutscher Rechtsbegriffe.[7] Auf der Suche danach wird man die für den Fall der Wiederverheiratung – zugegebener Weise unvollständig – angeordnete Nacherbfolge finden, aber auch die Verwendung der Pflichtteilsstrafklausel. Eine derartige Pflichtteilsstrafklausel wäre bei Verwendung italienischen Rechts von vornherein unzulässig, da der italienische Rechtskreis Pflichtteilsstrafklauseln oder auch Pflichtteilsverzichte grundsätzlich nicht zulässt.

So bietet der vorliegende Sachverhalt hinreichend Anhaltspunkte dafür, in der Urkunde aus dem Jahre 1992 eine konkludente Rechtswahl zu erkennen. Selbst wenn eine konkludente Rechtswahl nicht angenommen werden könnte, würde jedenfalls die Anwendung des Art. 83 Abs. 4 EU-ErbVO zur Wahl des Heimatrechtes führen.

2. Aufhebung dieses Erbvertrages durch die handschriftliche letztwillige Verfügung im Jahre 2010?

21 Wie bereits erwähnt, führt der Wechsel des ständigen Aufenthaltsortes grundsätzlich zu einem Statutenwechsel, anders ist das bei anzunehmender Rechtswahl. Käme man also beim vorstehenden Prüfungspunkt zu dem – meines Erachtens unzutreffenden – Ergebnis, dass der Erblasser durch seinen Wegzug nach Italien auch einen Statutenwechsel vollzogen hat, unterläge er italienischem Recht und könnte alsdann möglicherweise wirksam neu testieren. Hier stellt sich die Frage, ob ein nach dem Errichtungsstatut wirksam geschlossener Erbvertrag mit Bindungswirkung weiterhin seine Wirksamkeit entfaltet und ein dem widersprechendes einseitiges Testament nach Wechsel des gewöhnlichen Aufenthaltsortes wirksam wird.

Auch diese Frage ist letztlich noch nicht höchstrichterlich entschieden. Der Gesetzgeber hat das Problem erkannt und durch eine Ergänzung des § 2270 Abs. 3 BGB, der auch für Erbverträge gilt, eine verbindliche Rechtswahl zugelassen. Bis zu dieser Gesetzesänderung waren ja nur Erbeinsetzungen, Vermächtnisse und Auflagen mit Bindungswirkung oder Wechselbezüglichkeit möglich, andere Verfügungen nicht. Nunmehr ist auch die Wahl des anzuwendenden Erbrechtes wechselbezüglich bzw. erbvertraglich verbindlich möglich.

Was aber gilt für Altfälle?

22 **Zunächst gilt:**

a) Eine Rechtswahl nach Art. 22 EU-ErbVO unterliegt den Formvorschriften der Verfügung von Todes wegen. Auch die Änderung oder der Widerruf der Rechtswahl muss diesen Formvorschriften Genüge tun (Art. 22 Abs. 4 EU-ErbVO).

---

7 MüKo/*Dutta*, Art. 22 EuErbVO Rn 13.

D. Musterklausur I § 3

Für die Nachlassplanung deutscher Erblasser mit möglicherweise nur zukünftigem gewöhnlichem Aufenthalt im Ausland kann eine solche schon erfolgte Rechtswahl auch vor Geltung der EU-ErbVO, zur Vermeidung von Nachlasskonflikten, sehr interessant sein.[8]

Eine derartige Rechtswahl ist jederzeit durch Verfügung von Todes wegen widerruflich, selbst wenn sie im Wege eines gemeinschaftlichen Testamentes oder eines Erbvertrages erfolgte. Ein Widerruf berührt jedoch nicht eine nach dem früher gewählten Recht bestehende Bindung an die frühere Verfügung.[9]

Folgt man der überwiegenden Auffassung, wäre also die Bindung an die frühere Verfügung von Todes wegen durchgreifend, so dass der B. durch die handschriftliche letztwillige Verfügung, die er in Florenz gefertigt hat, gegen eine eventuell vorhandene Bindungswirkung verstoßen hätte.

b) Fraglich ist, ob die Rechtswahl nicht ohnehin zumindest konkludent einer Bindungswirkung unterliegt. Dann würde man die Wahl der Form des Erbvertrages mit mehreren Folgerungen versehen:

Es würde eine konkludente Rechtswahl auf deutsches Recht angenommen. Darüber hinaus würde man von einer konkludenten Bindungswirkung dieser Rechtswahl ausgehen.

Das OLG Hamm hat in einer Entscheidung, in der zwei Italiener vor einem deutschen Notar einen Erbvertrag abgeschlossen haben[10] eine konkludente Rechtswahl, allerdings noch unter der Geltung des EGBGB bejaht und sich in den Entscheidungsgründen, wenngleich es nicht darauf ankam, dafür ausgesprochen, dass auch die Rechtswahl in eine erbvertragliche Bindung einbezogen ist.

Man wird abzuwarten haben, ob unter Geltung der EU-ErbVO ebenfalls ein Einbezug in die Bindungswirkung anzunehmen ist. Es spricht einiges dafür, auch die Rechtswahl als zumindest stillschweigend vereinbart, ebenfalls mit erbvertraglicher Bindung zu versehen. Folgt man dieser Rechtsauffassung, könnte der B. durch ein gegenläufiges Testament in Florenz die Regelungen des ersten Erbvertrages nicht mehr umstoßen, wenn sie denn Bindungswirkung entfaltet haben.

23

3. Bindungswirkungen

Fraglich ist, ob eine entsprechende Bindungswirkung tatsächlich enthalten ist. In dem Erbvertrag ist lediglich die Regelung enthalten, dass die Ehegatten sich wechselseitig

24

---

8 BeckOK BGB Bamberger/*Roth*, Art. 25 EGBGB Rn 22a.
9 Umstritten so wie hier: Palandt/*Thorn*, Art. 25 EGBGB Rn 8; BeckOK BGB Bamberger/*Roth/Lorenz*, Art. 25 EGBGB Rn 22; anderer Auffassung: MüKo/*Dutta*, Art. 25 EGBGB Rn 58.
10 OLG Hamm BeckRS 2014, 17373; MüKo BGB/*Dutta*, Art. 25 EGBGB Rn 58.

zu alleinigen Erben einsetzen. Darüber hinaus ist bestimmt, dass der Längerlebende lebzeitig über das Vermögen verfügen kann.

25 **Exkurs:** Bindungswirkungen

Art und Ausmaß der Bindungswirkungen bei gemeinschaftlichen Testamenten und Erbverträgen ist ständig Gegenstand aktueller Rechtsprechung. Umso wahrscheinlicher ist es, dass diese Problematik im Notarexamen in irgendeinem Gewand eine Rolle spielt. Es soll daher kurz die Bindungswirkung gemeinschaftlicher Testamente und Erbverträge thematisiert werden.[11] Wenn im Rahmen einer Prüfungsaufgabe von Bedeutung ist, ob eine vorausgehende letztwillige Verfügung eine Bindungswirkung entfaltet, stellt sich bei Testierung von Ehegatten in privatschriftlicher Form als erstes die Frage, ob es sich überhaupt um ein gemeinschaftliches Testament handelt, denn nur solche können eine Bindungswirkung nach § 2270 Abs. 1 BGB entfalten.

26 Das Wesen des gemeinschaftlichen Testamentes besteht in der Gemeinschaftlichkeit seiner Errichtung aufgrund eines gemeinsamen Entschlusses beider Ehegatten. Die Antwort auf die Frage, ob eine derartige Gemeinschaftlichkeit vorliegt, hängt nicht, wie man meinen könnte, von der äußeren Form ab, sondern ist nach der so genannten Andeutungstheorie zu überprüfen, wonach sich aus der Testamentsurkunde (oder den Urkunden) ergeben muss, dass eine gemeinschaftliche Erklärung gewollt war.

27 So können auch zwei von den Eheleuten gleichzeitig errichtete Urkunden mit gleichem Wortlaut für eine gemeinschaftliche Testierung und eine damit einhergehende Bindungswirkung sprechen, wenn eine Wechselbezüglichkeit im Sinne des § 2270 Abs. 1 BGB angedeutet ist. Teilweise wird angenommen, dass dazu schon die Verwendung des Plural „wir" oder „gemeinsam" reicht.

Klausurentechnisch interessant könnten hier die so genannten **Mängelfälle** werden, das sind die Fälle, in denen ein gemeinschaftliches Testament zwar formell einwandfrei errichtet worden ist, einer der Beteiligten aber im Zeitpunkt der Errichtung bereits testierunfähig war.

28 *Was gilt dann? Was gilt bei Testierunfähigkeit?*

Hier wäre dann ein gemeinschaftliches Testament nicht wirksam errichtbar gewesen, so dass allenfalls über eine Umdeutung eine wirksame Einzelverfügung angenommen werden könnte. Ob man diesen Schritt tatsächlich gehen kann, hängt davon ab, ob man eine effektiv wechselbezüglich gewollte letztwillige Verfügung auch als einseitige Verfügung aufrechterhält oder ob man wegen des Charakters der Wechselbezüglichkeit eine dementsprechende Auslegung ablehnt.

Selbst wenn ein gemeinschaftliches Testament wirksam errichtet worden ist (oder ein Erbvertrag) heißt das noch nicht, dass die darin enthaltenen Verfügungen sämtlich wech-

---

11 Ausführlich dazu: *Gockel*, ZErb 2012, S. 72 ff.

selbezüglich sind. Nach § 2270 Abs. 3 BGB können wechselbezüglich ohnehin nur Erbeinsetzungen, Vermächtnisse, Auflagen oder eine Rechtswahl sein. Andere Verfügungen, also etwa Teilungsanordnungen oder die Einsetzung eines Testamentsvollstreckers, können nicht wechselbezüglich getroffen werden, ebenso kann die Anordnung eines Schiedsgerichts nach überwiegender Auffassung nicht wechselbezüglich erfolgen.

Zur Testamentsvollstreckung 29

Zwar kann die Testamentsvollstreckung nicht wechselbezüglich, also bindend angeordnet werden, allerdings ist eine nachträglich angeordnete Testamentsvollstreckung deswegen in aller Regel unwirksam, weil damit das Recht des wechselbezüglich Bedachten beeinträchtigt wird. Anders wäre das nur, wenn dem Längerlebenden im Rahmen eines Änderungsvorbehalts die Möglichkeit eingeräumt worden ist, eine Testamentsvollstreckung anzuordnen.

Was heißt Wechselbezüglichkeit? 30

Wechselbezüglich sind diejenigen Verfügungen, die ein Ehegatte nicht ohne die Verfügung des anderen getroffen hätte, bei denen also aus dem Zusammenhang des Motivs eine innere Abhängigkeit zwischen den einzelnen Verfügungen derart besteht, dass die Verfügung des einen Ehegatten gerade deshalb getroffen worden ist, weil auch der andere Partner eine bestimmte andere Verfügung getroffen hat.

> *Beispiel:*
> Der Ehemann setzt nur deswegen seine Ehefrau zu seiner Alleinerbin ein, weil die Ehefrau verbindlich die gemeinschaftlichen Kinder zu Schlusserben eingesetzt hat.
> Oder anders ausgedrückt:
> Der Ehegatte sieht in der Verfügung zugunsten einer ihm nahestehenden Person (seiner Kinder) durch den anderen Ehegatten eine Art Gegenleistung dafür, dass er seinerseits seinen Ehegatten zum alleinigen Erben einsetzt.

Die Rechtsprechung[12] sagt dazu: 31

> Wer sein Vermögen letztendlich an die eigenen Kinder weitergeben will, sie aber trotzdem für den ersten eigenen Todesfall enterbt, tut das im Bewusstsein und Vertrauen darauf, dass wegen der Schlusserbeneinsetzung des anderen Ehegatten das gemeinsame Vermögen eines Tages auf die Kinder übergehen wird.

Diese Formulierung findet sich seitdem in vielen entsprechenden Entscheidungen, sie entspricht also gängiger Auffassung.

---

12 BayObLG FamRZ 91, 1485.

§ 3 Die Klausur

32 *Wie wird eine Wechselbezüglichkeit festgestellt?*
Zunächst einmal kann sie sich aus einer ausdrücklichen Anordnung im Testament/Erbvertrag ergeben. Da es sich hierbei um Musterfälle handeln würde, darf man nicht damit rechnen, dass ausgerechnet diese im Rahmen des Notarexamens auftauchen. Insbesondere auch bei privatschriftlichen Testamenten ist das Problembewusstsein der Testierenden diesbezüglich nicht vorhanden, so dass also Angaben dazu, welche Verfügungen wechselbezüglich sein sollen und welche nicht, in der Regel fehlen. Hierbei darf man beispielsweise nicht allein aufgrund der Wahl der Form des gemeinschaftlichen Testamentes eine Wechselbezüglichkeit unterstellen. Auch der Grad der Verwandtschaft der Schlusserben zum Erblasser besagt darüber zunächst einmal nichts.

33 Wie aber wäre ein Fall zu beurteilen, in dem, wie eben erwähnt, die Ehegatten sich wechselseitig zu alleinigen Erben einsetzen und übereinstimmend die Kinder zu ihren Schlusserben. Ist dann nicht von einer stillschweigenden Wechselbezüglichkeit auszugehen? Es kommt auf die Auslegung an.

Zu berücksichtigen sind die Zeit der Testierung, die in diesem Zeitpunkt vorhandene Lebenssituation und Interessenlage, das Alter der damals vorhandenen Kinder und anderes.[13]

Es gibt allerdings keinen Erfahrungssatz dahingehend, dass alle in einem Ehegattentestament errichteten Verfügungen wechselbezüglich sind. Es muss also noch etwas hinzukommen. In dem beschriebenen Fall war es so, dass der Ehemann im Zeitpunkt der Testierung bereits schwer erkrankt war, so dass davon auszugehen war, dass der Ehemann deutlich vor seiner Ehefrau versterben würde. Ferner war den Eheleuten damals schon bewusst, dass die „Wechselfälle des Lebens Biografien radikal verändern können", so dass die Gerichte eine Wechselbezüglichkeit schlussendlich bejaht haben.

Weitere Fälle, in denen durch Auslegung eine Wechselbezüglichkeit der Schlusserbeneinsetzung der Kinder angenommen wurde, sind etwa

- eine im Testament vorhandene Pflichtteilsstrafklausel[14]
- eine Wiederverheiratungsklausel[15]
- die Feststellung, dass es den Eltern erklärtermaßen auf eine gleichmäßige Verteilung des beiderseitigen Vermögens auf die Kinder ankommt.[16]

34 Klausurentechnisch ist darauf hinzuweisen, dass für die Frage der Prüfung der Wechselbezüglichkeit immer zunächst die Auslegung zu erfolgen hat. Erst wenn die Auslegung nicht zu einem Ergebnis führt, darf auf die Auslegungsregel des § 2270 BGB abgestellt werden, wonach eine Wechselbezüglichkeit im Zweifel nzunehmen ist, wenn sich Ehegatten gegenseitig bedenken und für den Fall des Überlebens des Bedachten eine Ver-

---

13 OLG München ZErb 2010, 334.
14 AA: OLG Frankfurt BeckRS 2006, 12285.
15 BGH NJW 2002, 1126.
16 LG München FamRZ 2000, 705.

fügung zugunsten einer Person getroffen wird, die **mit dem anderen Ehegatten** verwandt ist oder ihm sonst nahe steht. Die zu dieser Problematik ergehenden Urteile lassen erkennen, dass die Rechtsprechung zu 95 % die Auslegungsregel des §§ 2270 BGB nicht anwendet, sondern über eine Auslegung des Testamentes selbst zu einem Ergebnis gelangt, wobei in den Urteilen häufig die Erwägung zu finden ist, dass auch unter Zugrundelegung der Auslegungsregel des §§ 2270 BGB kein anderes Ergebnis erzielt wird.

Problemfall: Zusammenspiel der Vermutung des § 2270 Abs. 2 BGB mit § 2069 BGB   35

Nach § 2069 BGB kommt nach dem Tod eines Kindes im Zweifel dessen Abkömmling zum Zuge. Würde dann also aus Sicht der Testierenden ein Enkelkind an die Stelle des eigenen Abkömmlings treten, würde man darüber hinaus die Regeln des § 2270 Abs. 2 BGB mit § 2069 BGB kombinieren, hätten die Eltern keine Möglichkeit mehr, auf den Tod eines Kindes zu reagieren.[17]

Die BGH-Rechtsprechung dürfte wohl dahin zu verstehen sein, dass allein die Erbenstellung des Ersatzerben, die aus § 2069 BGB resultiert, nicht zu einer entsprechenden Bindungswirkung führt, es sei denn, dass Anhaltspunkte für einen auf deren Einsetzung gerichteten Willen der testierenden Eheleute (im Zeitpunkt der Testierung!) ersichtlich waren. Auch hier ist also auszulegen und zu prüfen, ob im Zweifel die Eheleute bereits im Zeitpunkt der Testierung an diesen Fall gedacht und den oder die Enkel als Ersatzerben hätten sehen wollen – und das auch noch verbindlich.

Die Rechtsprechung der OLGs dazu ist etwas unterschiedlich. Während das OLG München die Rechtsprechung des BGH 1:1 umsetzt, meinte das OLG Hamm einmal,[18] es spreche in diesen Fällen viel für die Familienerbfolge.   36

Anders wird man das Problem bei einer so genannten gewillkürten Ersatzschlusserbeneinsetzung sehen müssen, die im Zweifel auch dann verbindlich ist, wenn die Testierung ausreichende Anhaltspunkte dafür erkennen lässt, dass sich die Bindungswirkung auch auf den Ersatzschlusserben erstrecken soll.

Nach Rechtsprechung kann es auch darauf ankommen, dass beispielsweise eine Wiederverheiratungsklausel Verwendung findet. Diese spricht nach Auffassung der OLGs ebenfalls für eine Bindungswirkung. Durch Verwendung der Klausel wird den gemeinsamen Kindern eine starke Position eingeräumt.[19]

Als Ergebnis ist daher festzuhalten, dass der Erblasser an seine erbvertragliche Verfügung aus dem Erbvertrag aus dem Jahre 1992 gebunden war, so dass eine davon abweichende letztwillige Verfügung unwirksam ist. Damit ist die Tochter B. alleinige Erbin gemäß dem Erbvertrag aus dem Jahre 1992.

---

17 *Keim*, ZEV 2004, 245.
18 OLG Hamm FamRZ 2004, 662.
19 OLG Hamm 15 W 158/13 – nicht veröffentlicht.

37 **Weiterer Problemfall**1: Das Vorhandensein sog. einseitiger Kinder
Auch wenn „nur" einseitige Kinder (der typische Fall einer Patchworksituation) vorhanden sind, kann es zu einer bindenden Schlusserbeneinsetzung kommen. Hier könnte es schon ausreichen, wenn die Testatoren beispielsweise die einseitige Tochter der zweiten Ehefrau als „unsere" Tochter bezeichnen, denn dadurch macht der Stiefvater einen besonders nahen Kontakt zu diesem Kind deutlich. Es wird darüber hinaus aber auch wohl darauf ankommen, wie das Verhältnis zu diesem Stiefkind gewesen ist. Ist es in der neuen Familie aufgewachsen o. Ä? Auch hier ist Auslegung gefragt.[20]

4. Weitere Wirksamkeit des Pflichtteilsverzichtsvertrages?

38 **Qualifikation des Pflichtteilsverzichtsvertrages**
Nach Art. 3 Abs. 1b EU-ErbVO ist der Begriff des Erbvertrages weit gefasst. Darunter ist eine Vereinbarung zu verstehen, die „Rechte am künftigen Nachlass ... einer oder mehrerer an dieser Vereinbarung beteiligten Personen begründet, ändert oder entzieht. Daher ist gänzlich überwiegende Auffassung, dass auch Erb- und Pflichtteilsverzichtsverträge Erbverträge im Sinne der EU-ErbVO sind.[21] Wie sich ein Statutenwandel auf einen nach dem ursprünglichen Errichtungsstatut wirksamen Erb- und Pflichtteilsverzicht unter Geltung der EU-ErbVO auswirkt, ist indes noch nicht abschließend geklärt.

39 a) Teilweise wird von einem sogenannten „wirksam-wirkungslosen" Erb- und Pflichtteilsverzicht gesprochen. Danach ist dieser Verzicht wirksam-wirkungslos, wenn das anwendbare Erbstatut einen solchen Verzicht nicht kennt oder für unzulässig hält. Begründet wird das damit, dass sich der Inhalt einer letztwilligen Verfügung stets nach dem maßgeblichen Erbstatut richtet. Art. 25 Abs. 1 EU-ErbVO beziehe sich nur auf die Vertragsform, bestimme aber nicht das materielle Erbrecht und die Wirkungen des Verzichts.[22]

40 b) Andere sind der Auffassung, die Annahme einer Wirkungslosigkeit des Verzichtsvertrags könne zu erheblichen Verwerfungen führen. Das wird daran dokumentiert, dass Verzichtsverträge häufig von Gegenleistungen abhängig sind und auch ein Pflichtteilsberechtigter unter Umständen ein schutzwürdiges Interesse am Fortbestand des Verzichtsvertrags haben könne, weil er gegebenenfalls ansonsten die Gegenleistung herausgeben müsse. Diese Auffassung kommt zu dem Ergebnis, dass Erb- und Pflichtteilsverzichte auch nach einem Statutenwechsel ihre Wirkung behalten. Ein ausländisches Erbrecht müsse diesen Verzichtsvertrag ebenfalls anerkennen.[23]

---

20 Zu einem Neffen: OLG Schleswig BeckRS 2011, 24295.
21 *Weber*, ZEV 2015, 503.
22 *Odersky*, notar 2014, 139.
23 *Weber*, ZEV 2015, 503 m.w.N.

Der letztgenannten Auffassung dürfte man sich anschließen können. Im Ergebnis heißt das, dass der Bruder C. ebenfalls an den Pflichtteilsverzicht gebunden bleibt, für sich also keine abweichende Rechtsstellung reklamieren kann, obwohl der Vater durch seinen Wegzug einen Statutenwechsel erreicht haben könnte.

Endergebnis:
Die B. ist alleinige Erbin ihres Vaters geworden, der C. hat mit sofort geltender Wirksamkeit auf sein Pflichtteilsrecht verzichtet.

5. Was muss die B veranlassen?

Im Normalfall reicht für den Erbnachweis die Vorlage des eröffneten Erbvertrages nebst Eröffnungsprotokoll aus, darüberhinausgehende Unterlagen wie beispielsweise Erbscheine u.ä. sind nicht erforderlich. Im vorliegenden Fall wird aber das zuständige Grundbuchamt mit an Sicherheit grenzender Wahrscheinlichkeit einen Erbschein verlangen, da die Rechtsnachfolge aufgrund des italienischen Testamentes unklar ist und auch die Vorfragen geklärt werden müssen (Erbstatut, Bindungswirkung). Im vorliegenden Falle wird die B. also ohne Vorlage eines Erbscheins nicht die Erbfolge antreten können und erst recht keine Umschreibung der Eigentumswohnung im Grundbuch erreichen können. Es ist der B. also vorzuschlagen, einen entsprechenden Erbscheinsantrag zu beurkunden. 41

E. Musterklausur II (Vorbefassung, Drittbestimmungsverbot, modifizierte Zugewinngemeinschaft)

I. Sachverhalt

Musterklausur II 42

Unternehmer U ist einer Ihrer regelmäßigen Mandanten. Sie haben ihn in seiner ersten Ehescheidungsangelegenheit vertreten und kümmern sich um seine Beitreibungssachen. Er ist alleiniger Geschäftsführer einer Maschinenbau GmbH & Co. KG, in der KG ist er einziger Kommanditist, in der GmbH alleiniger Gesellschafter.

Aus seiner ersten Ehe hat er keine Abkömmlinge. Mit seiner zweiten Ehefrau hat er bereits zwei Kinder im Alter von 7 und 9 Jahren.

Er möchte sicherstellen, dass eines seiner Kinder zu gegebener Zeit seine Firma weiterführt. Er kann und will aber heute noch nicht entscheiden, welches der Kinder das sein soll. Er meint, das bringe die Zeit erst noch mit sich. Dennoch treibt ihn die Sorge, dass durch Erbstreitigkeiten Vermögen unnötig verbraucht wird, so dass er eine erbrechtliche Regelung wünscht. Seine jetzige Ehefrau kann nach seiner Auffassung

höchstens übergangsweise im Unternehmen tätig sein, während sie sein Privatvermögen und seine Villa durchaus einmal erben soll.
Er fragt an, welche Regelungsmöglichkeiten es da gibt. Außerdem wünscht er, dass eine neutrale Person den Nachlass mindestens so lange überwacht, bis die Kinder „alt genug" sind und insbesondere eines seiner Kinder einmal die Firma weiterführt.
Er fragt Sie, ob Sie nicht bereit sind, diese Aufgaben zu übernehmen.

Da er „gebranntes Kind" ist, möchte er zudem sichergestellt wissen, dass seine jetzige Ehefrau bei einer Ehescheidung nicht auf das Firmenvermögen zugreifen kann.

Aus Kostengründen meint er, dass er vielleicht die testamentarische Regelung besser handschriftlich verfassen sollte, wobei er anfragt, ob für die übrigen Regelungen denn überhaupt ein Notar erforderlich sei.

II. Aufgabenstellung

43   1. Begutachten Sie unter Berücksichtigung der Wünsche des Erschienenen die Sach- und Rechtslage.
2. Machen Sie zu den vom Mandanten angesprochenen Problemen Formulierungsvorschläge, die entweder in eine notarielle Urkunde aufgenommen werden könnten oder aber, falls Sie die Form der notariellen Beurkundung nicht für erforderlich halten, im Rahmen einer privatschriftlichen Vereinbarung festgehalten werden könnten.

III. Analyse der Fragestellung

44   In dieser Klausur ist neben einer Begutachtung auch der Entwurf einer Urkunde gefordert, die die Gestaltung einer letztwilligen Verfügung beinhaltet. Hier geht es also im Wesentlichen darum, die Ziele des Mandanten herauszuarbeiten und ihm eine rechtlich mögliche und zulässige Variante vorzustellen.

IV. Problemstellungen

45   Schon im ersten Satz könnte sich ein Problem verbergen, in dem es heißt, dass der U einer Ihrer regelmäßigen Mandanten ist. Hier könnte also das Problem der Vorbefassung eine Rolle spielen.

46   Bei erster Durchsicht wird man darüber hinaus feststellen, dass ein weiterer Problemschwerpunkt dort liegen könnte, dass der Mandant noch keine letztgültige Bestimmung seines Erben vornehmen möchte, demzufolge kann es hier zu Problemen im Zusammenhang mit der sogenannten Drittbestimmung kommen.

Angesprochen sind darüber hinaus auch das Problem der jetzigen Ehefrau und deren Zugriff auf das Firmenvermögen, was ein weiterer Problemschwerpunkt sein könnte.

V. Vorschlag für einen sinnvollen Prüfungsaufbau

1. Vorfragen

Im Sachverhalt heißt es, dass Sie den Unternehmer U in seiner ersten Ehescheidungsangelegenheit vertreten haben und sich anwaltlich um seine Beitreibungssachen kümmern. Es besteht daher Veranlassung, die Frage zu prüfen, ob Sie möglicherweise wegen Vorbefassung gehindert sind, eine notarielle Tätigkeit zu entfalten.   47

a) Die Vertretung im ersten Scheidungsverfahren kann nur dann eine Hinderung einer späteren notariellen Tätigkeit bedeuten, wenn es sich bei dem jetzt vorliegenden Sachverhalt um dieselbe Angelegenheit handelt (§ 3 Abs. 1 Nr. 7 BeurkG). Die erste Scheidung ist rechtskräftig. Mit Rechtskraft der Scheidung erlischt das Erbrecht des Ehegatten.   48

Allerdings ist die eheliche Lebensgemeinschaft der typische Fall eines Lebenssachverhaltes mit unterschiedlichen rechtlichen Wirkungen und Konsequenzen für die Ehepartner. § 3 Abs. 1 Nr. 7 BeurkG soll eine strikte Trennung von notarieller und außernotarieller Tätigkeit erreichen. Der BGH[24] hat eine Vorbefassung schon in den Fällen angenommen, in denen der später tätig werdende Notar als Rechtsanwalt zugunsten einer Partei in dem Eheverfahren mitwirkte und der von ihm dann als Notar beurkundete Vertrag eine Scheidungsfolgenregelung enthielt, da beide Tätigkeiten im Zusammenhang des einheitlichen Vorgangs, der Scheidung der beiden betroffenen Ehegatten, standen. Der Begriff derselben Angelegenheit ist hier sehr eng ausgelegt worden. Es wird als ausreichend angesehen, wenn ein Gesamtzusammenhang innerhalb des einheitlichen Lebenssachverhaltes besteht. Nur damit sei die Unparteilichkeit und Unabhängigkeit des Notars gewährleistet. Es kommt dann nicht einmal mehr darauf an, ob sich das Mandat des Anwalts auch auf diese Scheidungsfolge erstreckte oder nicht.

b) Die Tätigkeit in Beitreibungssachen kann im Übrigen nur dann zu einer Vorbefassung führen, wenn es sich um ein so genanntes dauerndes Beratungsverhältnis handelt. Das ist nur dann anzunehmen, wenn ein Notar einen Mandanten in allen Lebensfragen, die juristische Berührungspunkte haben, vertritt. Im Normalfall ist davon auszugehen, dass die Vorbefassung des Notars grundsätzlich mandatsbezogen und nicht mandantenbezogen ist.[25] Allein aus der Vertretung in Beitreibungssachen dürfte sich ein derartiges mandantenbezogenes Mitwirkungsverbot nicht ergeben.   49

Damit spricht vorliegend gegen Ihre Tätigkeit als Notar nichts.

---

24 BGHZ 158, 310 (314).
25 OLG Schleswig NJW 2007, 3651.

§ 3 Die Klausur

2. Regelungsmöglichkeiten zur Firmennachfolge

50 Der Mandant fragt an, welche Regelungsmöglichkeiten es gibt, eines seiner Kinder sicher in die Firmennachfolge nachrücken zu lassen, ohne schon heute zu bestimmen, wer dieser Nachfolger sein soll.

51 a) Auszugehen ist von dem grundsätzlichen Verbot, die Bestimmung eines Erben einem Dritten zu überlassen. Das ergibt sich zwingend aus § 2065 BGB. Der Erblasser muss inhaltlich sämtliche Verfügungen selbst festlegen, also seinen letzten Willen vollständig und abschließend selbst treffen (Höchstpersönlichkeit). Daher ist es ihm untersagt, einem Dritten die Entscheidung, ob und wann eine Verfügung gelten soll oder wer Zuwendungsempfänger ist oder wer welchen Gegenstand erhalten soll, zu überlassen. Verfügungen, die hiergegen verstoßen, sind **nichtig**.[26]

Ein Ehegatte kann daher seinem anderen Ehegatten nicht das Recht einräumen, Zuwendungen zu ändern oder aufzuheben.

52 b) Dieser Grundsatz findet eine Lockerung dahingehend, dass allgemein für zulässig angesehen wird, die Wirksamkeit der Verfügung von einem bestimmten Verhalten des Bedachten abhängig zu machen (etwa ob der Bedachte den Pflichtteil fordert, die Erbschaft ausschlägt, heiratet oder eine bestimmte Ausbildung abschließt).

Ebenfalls zulässig ist die Einsetzung von Nacherben unter der Bedingung, dass der Vorerbe keine oder eine ganz bestimmte Verfügung über seinen eigenen Nachlass trifft.[27]

Daraus kann sich für den vorliegenden Sachverhalt die erste Gestaltungsmöglichkeit ergeben:

53 aa) Denkbar wäre beispielsweise, dass der Unternehmer das Modell der auflösend bedingten Vor- und Nacherbschaft wählt. In diesem Modell ist die Ehefrau nur Vorerbin und die Abkömmlinge werden zu Nacherben eingesetzt. Der Ehegatte als Vorerbe erhält im Ergebnis die Möglichkeit, den Unternehmensnachfolger aus dem Kreis der Abkömmlinge zu bestimmen. Der Ehegatte kann das durch Beseitigung der Nacherbfolge durch eigene letztwillige Verfügung und Vererbung des Unternehmens als Gegenstand ihres eigenen Vermögens vollziehen.

Eine solche Regelung könnte folgenden Wortlaut haben:

> *Formulierungsbeispiel*
>
> Ich setze meine Ehefrau zu meiner alleinigen Erbin ein. Sie ist befreite Vorerbin. Nacherben auf den Tod der Vorerbin sind meine dann lebenden Abkömmlinge nach den Regeln der gesetzlichen Erbfolge. Die Anordnung der Nacherbfolge ist auflösend bedingt. Sie entfällt mit der Wirkung, dass meine Ehefrau unbeschränkte Alleinerbin

---

26 BayObLG FamRZ 2000, 1392.
27 MüKo/*Lieder*, § 2100 Rn 24.

ist, dadurch, dass meine Ehefrau in einer eigenen letztwilligen Verfügung einen meiner Abkömmlinge zu ihrem Alleinerben einsetzt oder dadurch, dass meine Ehefrau mein derzeit betriebenes Unternehmen auf einen Abkömmling überträgt oder liquidiert oder veräußert.

bb) Eine weitere Lösung wird in der so genannten Maßgabelösung erblickt, die jedoch in ihrer Gestaltung umstritten ist.[28] Die überwiegende Literatur hält sie für zulässig und meint, der Erblasser bestimme in dieser Regelung den Nacherben hinreichend genau, in dem er das eigene Testament des Vorerben für maßgeblich erklärt. 54

Formulierungsbeispiel
Ich setze meine Ehefrau zu meiner alleinigen Erbin ein. Sie ist befreite Vorerbin. Nacherben auf den Tod der Vorerbin sind die Personen, die meine Ehefrau durch letztwillige Verfügung zu ihren eigenen Erben einsetzt.

Ein Nachteil dieser Lösungsvariante ist darin zu sehen, dass die Ehefrau, wenn der Nacherbfall auf den Tod des Vorerben gelegt ist, erst noch nachversterben muss, bevor die Abkömmlinge die Firmenbeteiligungen übernehmen, so dass eine recht lange Übergangszeit entsteht.

c) Alle diese Regelungen sind des Weiteren in Bezug auf ihre Zulässigkeit nicht unumstritten, da eine große Nähe zur so genannten Drittbestimmung besteht. Der BGH[29] betont, ein Erblasser könne dem Dritten nicht die Bestimmung, sondern nur die Bezeichnung der Person des Bedachten überlassen. Das setzt voraus, dass der Erblasser Angaben gemacht hat, die es jeder mit genügender Sachkunde ausgestatteten Person ermöglichen, den Bedachten zu bezeichnen, ohne dass das eigene Ermessen des Dritten dabei bestimmend oder mitbestimmend ist.[30] 55

Es hat sich daher in der Gestaltungspraxis zur Frage der Unternehmensnachfolge das Vermächtnismodell durchgesetzt. Zwar gilt das Drittbestimmungsverbot des § 2065 Abs. 2 BGB auch für Vermächtnisse. Hier allerdings gibt das Gesetz selbst gemäß § 2151 Abs. 1 BGB Ausnahmeregelungen vor. Nach der genannten Vorschrift ist es einem Erblasser erlaubt, mehrere Personen mit einem Vermächtnis in der Weise zu bedenken, dass der Beschwerte oder ein Dritter zu bestimmen hat, wer von ihnen das Vermächtnis erhalten soll. Dadurch ergibt sich eine wesentlich bessere Gestaltungsmöglichkeit für den Erblasser, was die Auswahl des Vermächtnisnehmers angeht.[31] 56

---

28 „Dieterle-Klausel" dazu: *Langenfeld*, Rn 746 ff.
29 BGHZ 15, 199 und seitdem ständige Rechtsprechung.
30 *Langenfeld*, Rn 967.
31 Dazu: MüKo/*Rudy*, § 2151 Rn 2.

§ 3 Die Klausur

Formulierungsbeispiel
Zu meiner alleinigen unbeschränkten Erbin setze ich meine Ehefrau ein. Einem der bei meinem Tod lebenden Kinder setze ich mein derzeit unter der Firma ... betriebenes Einzelunternehmen/mein unter der Firma XY GmbH & Co. KG betriebenes Unternehmen mit allen zum Unternehmen gehörenden Betriebsvermögen, insbesondere dem Sonderbetriebsvermögen, als Vermächtnis aus. Meine Ehefrau ist berechtigt, die zum Unternehmen gehörenden Gegenstände genau zu bezeichnen.

Ich bitte sie, diese Bezeichnung so vorzunehmen, dass steuerliche Nachteile, insbesondere Veräußerungsgewinne, nicht entstehen. Weiterhin bitte ich meine Ehefrau, unter den Abkömmlingen denjenigen als Vermächtnisnehmer zu bestimmen, der zur Fortführung des Unternehmens nach ihrer Einschätzung geeignet ist. Das Vermächtnis fällt zu dem Zeitpunkt an, zu dem meine Ehefrau diese Bestimmung vornimmt. Hat meine Ehefrau die Bestimmung bis zur Vollendung des 25. Lebensjahrs des jüngsten meiner Abkömmlinge nicht vorgenommen, so entfällt das Vermächtnis. Das Vermächtnis entfällt ebenfalls, wenn meine Ehefrau das Unternehmen bis zum vorbezeichneten Zeitpunkt liquidiert oder an Dritte veräußert.[32]

57 Die Vermächtnislösung stellt sich als elastischer dar als die Varianten über eine wie immer geartete Erbeinsetzung. Ihr ist im Regelfall gegenüber der Vor-/Nacherbenlösung der Vorzug zu geben. Insbesondere erspart sie dem längerlebenden Ehegatten die Errichtung eines Testamentes. Zudem ist eine zeitlich fixierte Übergangsphase vorgegeben.

Der Formulierungsvorschlag hätte zur Folge, dass das Vermächtnis entfällt, wenn die Ehefrau die Bestimmung nicht bis zur Vollendung des 25. Lebensjahrs des jüngsten Abkömmlings vornimmt. Hat der Erblasser Bedenken, dass diese Bestimmung tatsächlich erfolgt und möchte er sicherstellen, dass sich nicht seine Ehefrau das Unternehmen letztlich auf diese Weise durch schlichte Untätigkeit aneignet, müsste man gestalterisch vielleicht einen anderen Weg wählen, denn die Gestaltung über die Vermächtnislösung setzt Vertrauen zum Ehegatten voraus. Fehlt ein solches Vertrauen, wird man wohl eher die Vor- und Nacherbenlösung favorisieren. Die Vorerbschaft könnte man dann mit der auflösenden Bedingung versehen, dass die Ehefrau das Wahlrecht ausübt, welches sie dann zum Vollerben werden lassen würde, während ansonsten für den Fall, dass sie das Wahlrecht nicht ausübt, der Nacherbfall einträte. Alle Lösungen setzen also eigentlich die Mitwirkung der Ehefrau voraus, deren mit dem Testierenden übereinstimmendes Interesse es sein muss, die Unternehmensnachfolge sachgerecht zu regeln.

---

32 *Langenfeld*, Rn 978.

E. Musterklausur II § 3

3. Testamentsvollstreckung

Die Testamentsvollstreckung ist ein wesentlicher Teil in der Struktur der Unternehmensnachfolge. Bei jeder Form der Anordnung der Testamentsvollstreckung sind jedoch die zivil- und gesellschaftsrechtlichen Grenzen zu beachten. Bei der hier in Betracht kommenden Verwaltungsvollstreckung kollidieren die Haftungsnormen. Zum Nachlass des U gehört unter anderem eine KG-Beteiligung. 58

a) Kommanditgesellschaft

Beim Tod eines Kommanditisten wird die Gesellschaft nicht aufgelöst, sondern kraft Gesetzes mit den Erben fortgesetzt, sofern der Gesellschaftsvertrag nichts anderes anordnet (§ 177 HGB). An der so vererblichen Kommanditbeteiligung ist eine Testamentsvollstreckung möglich.[33] Voraussetzung ist allerdings, dass die übrigen Gesellschafter – im Gesellschaftsvertrag oder im Einzelfall – der Wahrnehmung der Gesellschafterrechte durch den Testamentsvollstrecker zugestimmt haben.[34] Diese Zustimmung kann auch stillschweigend erteilt werden.[35] 59

Der Testamentsvollstrecker nimmt alle Rechte des Erben in der Gesellschaft wahr. Zwingenderweise müsste hier also der Gesellschaftsvertrag daraufhin überprüft werden, ob eine Testamentsvollstreckung für zulässig erachtet wird oder nicht. Man sollte eine entsprechende Ergänzung der Satzung der jeweiligen Gesellschaft vornehmen. 60

b) GmbH

Der Geschäftsanteil des Gesellschafters ist gemäß § 15 Abs. 1 GmbHG vererblich und gehört zum Nachlass, eine Sondererbfolge findet hier anders als bei der Personengesellschaft nicht statt. Eine ohne besondere Einschränkung angeordnete Testamentsvollstreckung erfasst daher auch den Anteil des Erblassers an der GmbH. Die Verwaltungsvollstreckung ist nach allgemeiner Auffassung zulässig und bedarf nicht der Zustimmung der Erben. 61

c) Exkurs (Testamentsvollstrecker als Gesellschafter einer OHG, BGB-Gesellschaft oder Komplementär einer KG)

Der Testamentsvollstrecker kann einen Erben nicht persönlich verpflichten. Diese sich aus § 2206 Abs. 1 S. 1 BGB ergebenden erbrechtlichen Schranken passen nicht zur gesellschaftsrechtlichen Haftungsanordnung. Darüber hinaus ist nach einer in der Literatur vertretenen Auffassung durch die so genannte gesellschaftsrechtliche Kernbereichslehre eine weitere Beschränkung der Testamentsvollstreckung gegeben. Diese Kernbereichs- 62

---

33 BGHZ 108, 187.
34 *Nieder/Kössinger*, § 15 Rn 140.
35 Bengel/Reimann/*Pauli*, § 5 Rn 202.

lehre wurde vom BGH als Schranke des Umfangs eines zulässigen Stimmrechtsausschlusses entwickelt.[36] Zum Kernbereich gehört jedenfalls ein Mindestmaß von Kontroll- und Informationsrechten des Gesellschafters. Die Übertragung auf die Testamentsvollstreckung würde bedeuten, dass der Testamentsvollstrecker auch in den Kernbereich gesellschaftsrechtlicher Rechte eingreifen könnte, was allgemein für unzulässig erachtet wird.[37]

Die Praxis hat hier Ausweichlösungen entwickelt, die darin bestehen können, dass

- der Erblasser dem Testamentsvollstrecker eine Vollmacht erteilt (so genannte postmortale Vollmacht) und somit selbst die Haftung für eingegangene Verbindlichkeiten übernimmt. Es kann sich hierbei um eine Spezialvollmacht wie auch um eine Generalvollmacht handeln, darüber hinaus ist auch möglich eine Vollmacht des Erblassers, die aufschiebend bedingt erst nach seinem Tode (Vollmacht ab dem Tod) gegenüber dem Erben wirksam werden soll.[38]
Hinweis: Diese Vollmacht bedarf nicht der Form einer letztwilligen Verfügung, kann aber auch im Rahmen einer derartigen letztwilligen Verfügung angeordnet werden. Dann jedoch muss ihr Zugang (§§ 177 Abs. 1, 168, 130 Abs. 2 BGB) beim Erbfall sichergestellt sein. Eine derartige Sicherstellung ist durch die Vorschriften über die Testamentsablieferung und Eröffnung (§§ 2260, 2262, 2248, 2249 BGB) grundsätzlich gewährleistet.[39]
- dem Testamentsvollstrecker das Unternehmen im Wege der Treuhand übertragen wird oder
- dem Testamentsvollstrecker die Umwandlung des Unternehmens in eine GmbH & Co. KG erlaubt wird, so dass der Testamentsvollstrecker die Geschäftsführung übernehmen oder einen Dritten zum Geschäftsführer bestellen kann (Letzteres gilt bei Vorliegen eines einzelkaufmännischen Unternehmens).

63 Vorliegend könnte man sich darauf beschränken, dem Testamentsvollstrecker die Wahlmöglichkeit zu überlassen, ob er als Treuhänder handelt oder als Bevollmächtigter. Der Wortlaut könnte etwa lauten:

Formulierungsbeispiel

Ich ordne Testamentsvollstreckung in Bezug auf meine etwa in den Nachlass fallenden Firmenbeteiligungen und das übrige Firmenvermögen an. Der Testamentsvollstrecker hat die Aufgabe, die zum Nachlass gehörenden Anteile an dem Gesellschaftsvermögen solange zu verwalten, bis meine Erbin von ihrem zuvor eingeräumten Wahl-

---

36 BGHZ 20, 363.
37 Dazu nur *Spiegelberger*, S. 66, 67.
38 *Hannes/von Oertzen*, ZEV 2012, 142.
39 OLG Köln FamRZ 1992, 859.

recht Gebrauch gemacht hat und der Firmennachfolger feststeht, was auch bei Erreichen der jeweiligen Altersgrenze gilt.

Der Testamentsvollstrecker kann dabei die Art seiner Verwaltung wählen dahingehend, ob er als Treuhänder handelt, also im eigenen Namen unter eigener Haftung, jedoch für Rechnung des jeweilig Erben/Vermächtnisnehmers oder als Bevollmächtigter also im Namen und für Rechnung des jeweiligen Erben/Vermächtnisnehmers.

Darüber hinaus wäre denkbar, dem Testamentsvollstrecker die Vollmacht zu erteilen, alle vermögensrechtlichen und mitgliedschaftlichen Rechte mit Wirkung für die Erbin auszuüben, solange er das Amt des Testamentsvollstreckers ausübt.[40]

Vorliegend kann also eine allgemeine Verwaltungstestamentsvollstreckung angeordnet werden. Der Wortlaut könnte etwa lauten:

Formulierungsbeispiel

Für meinen Nachlass ordne ich Testamentsvollstreckung an. Der Testamentsvollstrecker hat die Aufgabe, meinen Nachlass zu verwalten, soweit Gesellschaftsbeteiligungen in den Nachlass fallen. Die Testamentsvollstreckung endet, wenn meine Erbin einen Nachfolger bezüglich der Gesellschaftsbeteiligungen benannt hat und dieser das 25. Lebensjahr vollendet hat sowie für den Fall, dass sie von ihrem Ernennungsrecht keinen Gebrauch gemacht hat, mit Vollendung des 25. Lebensjahres des Jüngsten meiner Abkömmlinge.

Der Testamentsvollstrecker ist in der Eingehung von Verbindlichkeiten für den Nachlass nicht beschränkt. Er ist von der Beschränkung des § 181 BGB befreit. Die Erträge des Nachlasses unterliegen der Verwaltung des Testamentsvollstreckers.

Der Testamentsvollstrecker erhält neben dem Ersatz seiner Aufwendungen folgende Vergütung: …

Hier müsste eines der gängigen Vergütungsmodelle eingebaut werden (aktualisierte Rheinische Tabelle, Richtlinien des Deutschen Notarvereins, Möhring'sche Tabelle und andere).[41]

Darüber hinaus empfiehlt sich folgende Ergänzung:

Formulierungsbeispiel

Ich ermächtige die jeweiligen Testamentsvollstrecker, einen oder mehrere Mitvollstrecker gemäß § 2199 Abs. 1 BGB zu ernennen. Jedoch beschränke ich gemäß den §§ 2208, 2224 Abs. 1 S. 3 BGB den Aufgabenkreis und die Rechte des jeweiligen Mit-

---

40 Zur Vollmachtslösung, Treuhandlösung, Weisungsgeberlösung ergänzend *Langenfeld*, Rn 1042.
41 Dazu MüKo/*Zimmermann*, § 2221 Rn 8 ff.

vollstreckers auf die Bereiche, die dem ernennenden Testamentsvollstrecker aufgrund einer Interessenkollision von der Verwaltung rechtlich entzogen sind bzw. bei denen er in seiner Amtsausübung gehindert ist.

66 Das Gesetz bietet in § 2199 BGB ausdrücklich für den Erblasser die Möglichkeit, den Testamentsvollstrecker zu ermächtigen, einen oder mehrere Mitvollstrecker zu ernennen. Das ist deswegen sinnvoll, weil ansonsten in den Fällen, in denen der Testamentsvollstrecker an einer Tätigkeit gehindert ist (beispielsweise wegen Interessenkollision) erst der umständliche Weg über das Gericht gegangen werden muss, bevor das in Betracht kommende Rechtsgeschäft vollzogen werden könnte. Durch die hier gegebene Regelung ist es dem Testamentsvollstrecker selbst möglich, einen Mitvollstrecker zu ernennen (einen Bruder, eine Schwester, einen Schwager), der dann die eine oder andere Erklärung abgeben kann und anschließend wieder aus seinem Amt entlassen ist.

d) Die Benennung des Testamentsvollstreckers

67 Da der U gerne möchte, dass Sie die Testamentsvollstreckung durchführen, kann eine Benennung des Testamentsvollstreckers in der Urkunde selbst nicht erfolgen. Hier müsste der Hinweis folgen:

Formulierungsbeispiel
Ich behalte mir die Benennung des Testamentsvollstreckers zu gesonderter Urkunde vor.

Dass der Notar selbst Testamentsvollstrecker ist, ist von vielen Beteiligten gewünscht. In der Urkunde des Notars kann und darf das aber nicht erscheinen. Ist der Notar Testamentsvollstrecker, darf er nicht beurkunden. Selbst die Regelung in einem notariellen Testament, dass der Notar die Person des Testamentsvollstreckers bestimmen soll (§ 2198 Abs. 1 S. 1 BGB), ist wegen des Verbots der Verschaffung eines rechtlichen Vorteils zugunsten des Notars gemäß § 7 Nr. 1 BeurkG unwirksam.

In der Praxis müsste man dem Testierenden anraten, in einer weiteren, der Testamentsform entsprechenden Urkunde zu bestimmen, wer Testamentsvollstrecker sein soll.

68 Alsdann müsste im Rahmen einer handschriftlichen ergänzenden Erklärung des Erblassers verfügt werden, wer konkret Testamentsvollstrecker werden soll. Der Erblasser ist darauf hinzuweisen, dass diese Verfügung der Form der letztwilligen Verfügung entsprechen muss, damit sie Wirksamkeit entfaltet. Nach § 8 Abs. 4 BNotO bedarf der Notar zur Übernahme des Amtes als Testamentsvollstrecker keiner Genehmigung seiner Dienstaufsichtsbehörde. Die Führung eines Einzelunternehmens oder die Verwaltung eines Gesellschaftsanteils eines persönlich haftenden Gesellschafters einer Personengesellschaft be-

darf jedoch gemäß § 8 Abs. 3 Nr. 1 BNotO der vorherigen Genehmigung der Aufsichtsbehörde. Insofern ist streitig, ob eine derartige Tätigkeit genehmigungsfähig ist.[42]
Die Ernennung zum Testamentsvollstrecker darf nicht in der notariellen Urkunde selbst erfolgen (§§ 27, 7 Nr. 1 BeurkG), es bestünde dann ein Ausschlussgrund. Wird dennoch eine Eigenbenennung vollzogen, ist die Ernennung unwirksam, § 125 BGB, wobei die Frage auftaucht, inwieweit sich die Teilnichtigkeit auf die übrige Verfügung von Todes wegen auswirkt.

69

In der Praxis wird allenthalben empfohlen, dass der Erblasser den Testamentsvollstrecker in einem Ergänzungstestament selbst bestimmt. Das hat auch das OLG Köln für wirksam gehalten, in dem es ausgeurteilt hat, dass eine solche Gestaltung nicht zur Unwirksamkeit des Testamentes führt.[43]

4. Ehevertrag

Der U möchte sichergestellt wissen, dass seine jetzige Ehefrau bei einer Ehescheidung nicht auf das Firmenvermögen zugreifen kann.

70

Hier bietet sich die Vereinbarung der so genannten modifizierten Zugewinngemeinschaft an. Die Vereinbarung einer Gütertrennung würde über das Ziel hinausschießen. Zudem würden die Beteiligten die Möglichkeiten der Steuerfreiheit des Zugewinns im Todesfalle ohne Not aufgeben, so dass in aller Regel die Modifikation der Zugewinngemeinschaft sinnvoll ist. Wahlweise könnte man die Zugewinngemeinschaft für den Zeitpunkt der Scheidung generell ausschließen oder aber aus der Zugewinngemeinschaft für den Fall der Scheidung die Firmenbeteiligung herausnehmen. Dies bedürfte dann einer genauen Formulierung.

Formulierungsbeispiel für eine generelle Ausschließung des Zugewinnausgleichs im Falle der Scheidung

Für den Fall der Beendigung des Güterstandes durch den Tod eines Ehegatten soll es beim Zugewinnausgleich durch Erbteilserhöhung oder güterrechtliche Lösung verbleiben.

Wird jedoch der Güterstand auf andere Weise als durch den Tod eines Ehegatten beendet, so findet kein Zugewinnausgleich statt. Das gilt auch für den vorzeitigen Zugewinnausgleich. Auf den Ausgleich eines Zugewinns wird insoweit gegenseitig verzichtet. Den Verzicht nehmen wir hiermit gegenseitig an.

---

42 Mayer/Bonefeld/Weidrich/*Mayer*, S. 342; Bengel/Reimann/*Sandkühler*, § 11 Rn 18.
43 OLG Köln ZErb 2018, 94.

§ 3 Die Klausur

Hinweis
Die Modifikation der Zugewinngemeinschaft kann sich natürlich auch lediglich auf die Firmenbeteiligungen beschränken. Im vorstehenden Formulierungsbeispiel ist der Zugewinnausgleich für den Fall der Ehescheidung vollständig ausgeschlossen. Die Modifikation ist auf einzelne Vermögensgegenstände, Firmenbeteiligungen u.ä. durchaus beschränkbar und des Öfteren auch interessengerecht.

5. Kostengesichtspunkte/Beurkundungserfordernis

71 Zwar ist nach dem jetzt geltenden GNotKG eine Kostenprivilegierung bei gleichzeitiger Beurkundung eines Ehe- und Erbvertrags nicht mehr gegeben. Für die ehevertraglichen Vereinbarungen braucht der U allerdings ohnehin eine notarielle Gestaltung, die bei Güterstandsregelungen zwingend angeordnet ist. Darüber hinaus wird man dem U darlegen können, dass die erbrechtlichen Regelungen derart kompliziert sind, dass er selbst mit einer handschriftlichen Lösung nicht sehr weit wird kommen können. Selbst wenn man soweit ginge und dem U als Notar eine entsprechende Regelung gewissermaßen „vorschreiben" würde, würde dafür ebenfalls mindestens eine 1,0 Gebühr anfallen. Darüber hinaus wird man dem U aber darlegen müssen, dass es sinnvoller ist, hier einen Erbvertrag zu gestalten, der die gleichzeitige Anwesenheit beider Eheleute beim Notar erfordert. In jedem Falle der handschriftlichen Lösung ist ein Erbschein erforderlich, so dass eine Kostenersparnis mit einer solchen Gestaltung nicht verbunden wäre. Zudem dürfte vorliegend von erheblicher Bedeutung sein, dass dem U daran gelegen sein muss, eine verbindliche Lösung herbeizuführen. Eine derartige Verbindlichkeit lässt sich aber nur durch einen Erbvertrag erreichen, da das auch handschriftlich mögliche Ehegattentestament jeder Zeit widerrufbar ist.

F. Musterklausur III (Überlassungsvertrag, Ausgestaltung eines Wohnrechtes, Pflegefallrisiko)

I. Sachverhalt

72 *Musterklausur III*
Nach dem Tode ihres Mannes ist die A alleinige Eigentümerin eines Reihenhauses geworden, das derzeit von ihr und der erwachsenen Tochter B bewohnt wird. Die weitere Tochter C ist schon lange zu Hause ausgezogen. Der Sohn D hatte sich schon mit seinem Vater zerstritten und den Kontakt zur Familie abgebrochen.

F. Musterklausur III §3

Nach einem ersten Vorgespräch, zu dem die A mit ihrer Tochter B bei Ihnen erschienen war, haben Sie für die A und ihre Kinder B und C einen Entwurf für einen Übertragungsvertrag gefertigt, der als Anlage 1 beigefügt ist.

Im Rahmen des anberaumten Beurkundungstermins, zu dem A, B und C erscheinen, stellt sich jedoch heraus, dass die familieninterne Planung sich geändert hat. War zunächst vorgesehen, dass die A das Haus künftig allein bewohnen sollte, ist jetzt geplant, dass die B als Tochter doch im Haus wohnen bleibt. Auf Frage teilen Ihnen die Beteiligten mit, dass die A im Erdgeschoss ein Wohnzimmer und ein Schlafzimmer allein bewohnen wird und im Obergeschoss noch ein Zimmer für sich haben möchte (OG hinten links), während die B im OG ein anderes Zimmer bewohnt (ihr altes Kinderzimmer). Küche und Bad sollen gemeinsam genutzt werden, ebenso wie die anderen Räumlichkeiten (Keller) und Garten.

C soll 20.000 EUR erhalten und damit abgefunden sein. B erklärt, dass sie diesen Betrag nicht ohne Kreditaufnahme finanzieren könne, außerdem seien in nächster Zeit größere Reparaturen zu erwarten, deren Volumen sie jedoch nicht abschätzen könne. Sie fragt an, ob sie eine Finanzierung trotz der Rechte ihrer Mutter über das Haus erreichen könne.

Die A teilt mit, sie habe nichts dagegen, dass ihre Tochter B mit ihr das Haus bewohne, aber deren mögliche Rechtsnachfolger möchte sie von einer Nutzung ausschließen zumal ja nicht bekannt sei, wer das einmal sein könne. Schließlich fragen alle erschienenen Beteiligten nach, wer denn bei einer Pflegebedürftigkeit der Mutter für sie aufkommen müsse. Insbesondere die B hat Angst, dass ihr „das Sozialamt das Haus wieder wegnimmt".

Der D nimmt nicht am Vertrag teil, hat allerdings angekündigt, gegen die Hausübertragung mit allen rechtlichen Mitteln vorgehen zu wollen.

II. Aufgabenstellung

1. Lässt sich die Urkunde so ändern, dass die Wünsche der Beteiligten Berücksichtigung finden?
2. Ist die Befürchtung, dass bei Pflegebedürftigkeit der Mutter die Immobilie in Gefahr gerät, zutreffend? Welche flankierenden Maßnahmen empfehlen Sie?
3. Hätte der D rechtliche Möglichkeiten, aus der Hausübertragung „Profit" zu schlagen? Welche weiteren Schritte empfehlen Sie den Beteiligten?

III. Anlage zur Aufgabenstellung

▼

74 Muster: Überlassungsvertrag

Anlage 1: Urkundsentwurf

§ 1 Vertragsobjekt und Grundbuchstand

§ 2 Übertragung

Die Erschienene A – im Folgenden „der Übergeber" genannt – überträgt hiermit auf die Erschienene B – im Folgenden „der Übernehmer" genannt – den vorbeschriebenen Grundbesitz in -Stadt mit allen damit verbundenen Rechten, Bestandteilen und dem gesetzlichen Zubehör.

Der Übernehmer nimmt die Übertragung hiermit an.

§ 3 Besitzübergabe

§ 4 Wohnungsrecht

Der Übergeber räumt dem Übernehmer ein Wohnungsrecht gemäß § 1093 BGB nach Maßgabe der folgenden Bestimmungen ein:

1. Der Übergeber erhält ein ausschließliches, lebenslängliches Wohnungsrecht an sämtlichen Räumen des Hauses in   -Stadt, das die Alleinnutzung der Kellerräume, der Garage und des Gartens einschließt.

    Das vorstehende Recht soll grundbuchlich gesichert werden.

    Der Jahreswert des Wohnungsrechts wird im Kosteninteresse mit 3.600 EUR angegeben.

2. Schuldrechtlich vereinbaren die Vertragsparteien:

    a) Das vorstehend eingeräumte Wohnungsrecht ist unentgeltlich.

    Die Verbrauchskosten (Strom, Wasser, Heizung, Abwasser- und Müllgebühren) werden vom Übergeber getragen, während die Schönheitsreparaturen der Übernehmer trägt. Bauliche Veränderungen am übertragenen Objekt bedürfen in jedem Falle der Zustimmung des Übergebers.

    b) Für den Fall, dass der Übergeber auf Dauer Wohnsitz in einem Heim oder einer ähnlichen Einrichtung nimmt, verpflichtet er sich, eine Löschungsbewilligung in Bezug auf das für ihn einzutragende Wohnungsrecht abzugeben.

F. Musterklausur III § 3

§ 5 Auflassung

§ 6 Grundbucherklärungen

Der Übernehmer erklärte sodann:

Ich bewillige und beantrage an dem mir aufgelassenen Grundstück Gemarkung ▓▓▓ Flur 10, Flurstück 20 ein Wohnungsrecht entsprechend den Bestimmungen des § 4 dieses Vertrages für die Erschienene A einzutragen.

Der Übergeber erteilt dem Übernehmer eine unwiderrufliche Vollmacht auf den Todesfall, die Löschungsbewilligung des eingetragenen Wohnungsrechts zu erteilen. Diese Vollmacht darf nur unter Vorlage der Sterbeurkunde der Berechtigten ausgeübt werden.

§ 7 Vollmachten

§ 8 Kosten

▲

IV. Analyse der Fragestellung/Problemstellungen

1. Diese Klausur macht zur Aufgabe, verschiedene Fragen zu beantworten, die es also abzuarbeiten gilt. Dazu muss man sich zunächst die Interessenlage der Beteiligten verdeutlichen und parallel dazu den bereits gefertigten Urkundsentwurf abchecken, ob die unterschiedlichen Interessen darin zum Ausdruck kommen. Dies betrifft die Frage Nr. 1, während die Fragen Nr. 2 und 3 davon unabhängig beantwortet werden können. Soweit in der Frage Nr. 2 von flankierenden Maßnahmen die Rede ist, könnte gegebenenfalls eine weitere Ergänzung der Urkunde dabei herauskommen, die Frage Nr. 3 geht offensichtlich etwas weiter, weil sie den nicht unmittelbar an der Beurkundung beteiligten D thematisiert.

2. Die Interessenlagen der Beteiligten:

a) Die A ist alleinige Eigentümerin eines Hauses, das sie gemeinsam mit einer erwachsenen Tochter bewohnt. Sie will offensichtlich aus den Verpflichtungen eines Hauseigentümers entlassen werden oder aufgrund anderer, im Sachverhalt nicht näher erwähnter Motivationen das Objekt auf die B übertragen. Es handelt sich also um eine klassische vorweggenommene Erbfolge, bei der – immer – die Interessen des Übergebers, des künftigen Erblassers, angemessen berücksichtigt werden müssen. Sie ist es, die Rechte aufgibt, obwohl sie es – von wirtschaftlichen Nöten einmal abgesehen – nicht müsste. Diese freiwilligen Leistungen dürfen nicht mit einer unnötigen Verkürzung der Rechte der Übergeberin einhergehen. An-

§ 3 Die Klausur

dererseits muss man das Gesamtgefüge einer derartigen Übertragung auswerten und ausloten, welche Interessen die übrigen Beteiligten verfolgen könnten. Hier ist also ein maßvoller und sinnvoller Interessenausgleich angezeigt. Will man den Blick einmal auf die A fokussieren, wird man als ihr Interesse definieren können, dass sie weiterhin ungestört in dem Haus und zwar in den Räumlichkeiten, die sie bislang bereits bewohnt, wohnen kann. Ferner will sie mit den anstehenden Reparaturmaßnahmen wirtschaftlich nicht mehr belastet werden, aber aus naheliegenden Gründen natürlich kein unnötiges wirtschaftliches Risiko eingehen. Sekundär wird man der A unterstellen können, dass sie eine vernünftige Abfindungsregelung zwischen B und C sehen will. Da das Verhältnis zum D ohnehin gestört ist, brauchen dessen Interessen an dieser Stelle keine Berücksichtigung zu finden. Des Weiteren will die A über den Tod der B hinaus sichergestellt wissen, dass ein Rechtsnachfolger (Erbe) der B keine eigenen Rechte erwirbt.

77 b) Das Interesse der B ist darin zu sehen, dass sie uneingeschränkte Eigentümerin wird, die natürlich der Mutter die ihr zustehenden Rechte einräumen will. Darüber hinaus benötigt sie das Objekt offensichtlich als Sicherheit im Hinblick auf die zu zahlenden 20.000 EUR an C sowie anstehende Reparaturen. Schließlich fragt sich, ob ihre Befürchtungen, das Sozialamt betreffend, bei der Vertragsgestaltung in irgendeiner Form Berücksichtigung finden könnten.

Schließlich ist eine „Abschottung" gegenüber den Begehrlichkeiten des D nach dem Sachverhalt im Interesse der B.

78 c) Das Interesse der C geht zunächst auf Erhalt des Betrages von 20.000 EUR. Ob bei C überhaupt noch weitere Interessen eine Rolle spielen, teilt der Sachverhalt nicht mit.

79 d) Schließlich ist noch der D in den Blick zu nehmen, dem es augenscheinlich darum geht, schon eine vorweggenommene Erbfolge zu verhindern, es ist daher damit zu rechnen, dass er auch eine letztwillige Zuordnung des Objektes angreifen würde, bzw. versuchen würde, nach dem Erbfall aus der lebzeitigen Zuwendung Nutzen zu ziehen. Eine Urkundsbeteiligung im engeren Sinne ist nicht zu erwarten, so dass es hier nur darum gehen kann, möglichst durch geeignete Maßnahmen eine Abschottung gegenüber dem D zu erreichen.

V. Vorschlag für einen sinnvollen Prüfungsaufbau

80 Man wird sich zunächst mit der Frage beschäftigen müssen, in welchem Umfang die vorgelegte Urkunde abgeändert werden muss.

1. Das „Wohnungsrecht" der A

81 In dem Vertragsentwurf ist der entwerfende Notar zunächst von einem umfangreichen den Eigentümer ausschließenden Wohnungsrecht ausgegangen. Das Wohnungsrecht ge-

mäß § 1093 BGB beinhaltet tatsächlich den Ausschluss des Eigentümers von der Benutzung des Gebäudes oder von Teilen des Gebäudes, auf die sich das Wohnungsrecht bezieht. Unschädlich ist allenfalls ein Mitbenutzungsrecht des Eigentümers an unbebauten Grundstücksteilen oder Nebenräumen. Der Zweck des Wohnungsrechts geht auf das Bewohnen als solches. Das Recht ist höchstpersönlich, es ist nicht übertragbar und auch nicht pfändbar. Das Charakteristische an dem Wohnungsrecht nach § 1093 BGB ist, dass der Eigentümer in seiner Nutzungsbefugnis zumindest von einem Teil des Gebäudes vollständig ausgeschlossen sein muss, er darf nicht einmal eine Nutzungsbefugnis neben dem Eigentümer haben.[44]

Das Interesse der A geht allerdings, so wie sie jetzt im Rahmen des zweiten Termins erklärt, nicht auf einen Ausschluss des Eigentümers, also der Tochter B, sondern klassischerweise auf ein Mitbenutzungsrecht. 82

Das Recht, ein Gebäude oder den Teil eines Gebäudes als Wohnung zu nutzen, kann nicht durch ein Wohnungsrecht abgesichert werden, sondern muss als einfache beschränkte persönliche Dienstbarkeit bestellt werden. Wenn das Recht Bestandteil einer einfachen beschränkt persönlichen Dienstbarkeit ist, hat das zur Auswirkung, dass die in § 1093 Abs. 1 S. 2 BGB genannten Nießbrauchsvorschriften für dieses Recht nicht gelten. Nur ein solches Recht zum Wohnen im Rahmen einer einfachen beschränkt persönlichen Dienstbarkeit kann jedoch so gestaltet werden, dass dem Eigentümer eine Mitbenutzungsbefugnis zusteht.[45]

Man könnte also vorliegend das der A nunmehr einzuräumende Recht nicht mehr als Wohnungsrecht absichern, in Betracht kommt eine beschränkt persönliche Dienstbarkeit. Der Vertrag ist also dahingehend zu ändern, dass statt des vorgesehen Wohnungsrechts nunmehr definiert wird, dass die A ein Mitbenutzungsrecht an den näher bezeichneten Räumen hat und dieses Recht als beschränkt persönliche Dienstbarkeit abgesichert wird. 83

2. Exkurs: Wie kann ein Wohnrecht entstehen?

Ein Wohnrecht kann bestellt werden:[46] 84

- Als beschränkte persönliche Dienstbarkeit nach § 1093 BGB (das ist dann das sogenannte Wohnungsrecht), wenn dem Berechtigten das Recht eingeräumt werden soll, ein bestimmtes Gebäude oder einen bestimmten Teil eines Gebäudes unter Ausschluss des Eigentümers als Wohnung zu benutzen.
- Als beschränkte persönliche Dienstbarkeit nach §§ 1090–1092 BGB, wenn nur die Mitbenutzung zum Wohnen ohne Ausschluss des Eigentümers gewollt ist (auch

---

44 Beck'scher Online-Kommentar/*Wegmann*, BGB § 1093 Rn 5.
45 Staudinger/*Mayer*, § 1093 Rn 3.
46 *Schöner/Stöber*, Rn 1236.

wenn die Worte „unter Ausschluss des Eigentümers" in der Eintragungsbewilligung fehlen, ist regelmäßig nicht eine schlichte Wohnungsdienstbarkeit, sondern ein Wohnungsrecht nach § 1093 BGB bestellt).

- Als Reallast nach § 1105 BGB („Wohnungsreallast"), wenn der Eigentümer verpflichtet sein soll, nicht lediglich die Benutzung von Räumen zu Wohnzwecken zu dulden, sondern Wohnraum durch positive, wiederkehrende Leistung zur Verfügung zur stellen (zu gewähren) und in gebrauchsfähigem Zustand zu erhalten, wobei dies aber nur allgemein – nicht an bestimmten Gebäuden oder Gebäudeteilen – und nicht unter Ausschluss des Eigentümers geschehen darf. Eine solche Reallast kann die Pflicht beinhalten, bei Zerstörung des Gebäudes eine gleichwertige Wohnung zu gewähren. Diese Reallast kann im Übrigen neben dem eigentlichen Wohnungsrecht noch eingetragen werden.
- Als veräußerliches und vererbliches Dauerwohnrecht nach Maßgabe der §§ 31 ff. WEG.

85 Welches Recht gewollt ist, hängt vom Wortlaut sowie vom Sinn und Zweck der Erklärungen der Beteiligten ab, wie die Rechte und Pflichten der Vertragsparteien im Einzelnen ausgestattet sein sollen. Ist das Recht an bestimmten Räumen bestellt, spricht regelmäßig alles gegen eine Reallast. Des Weiteren ist die Frage zu stellen, ob der Eigentümer von der Benutzung ausgeschlossen sein soll (dann Wohnungsrecht nach § 1093 BGB) oder ob der Eigentümer nur verpflichtet ist, das Wohnen durch den Berechtigten zu dulden (dann Dienstbarkeit nach §§ 1090–1093 BGB) oder er schließlich nur den Wohnraum gewähren soll, was für eine Reallast spricht.

Fehlen weitere Anhaltspunkte, ist von einem Wohnungsrecht nach § 1093 BGB auszugehen.

3. Der Ausschluss der Mitbenutzung eines Rechtsnachfolgers

86 Die A möchte auch erreichen, dass ein möglicher Rechtsnachfolger der B, also deren Erbe, von der Mitbenutzung ausgeschlossen wird.

a) Rückforderungsrecht der A?

87 Diese Überlegung könnte zunächst dazu führen, an ein Rückforderungsrecht der A zu denken für den Fall des Vorversterbens der B. Mit diesem Rückforderungsrecht hätte die A aber nur die Möglichkeit, das Objekt komplett wieder auf sich als Eigentümerin zurückzufordern mit der von ihr sicher nicht gewollten Folge, dass sie die dinglichen Belastungen, die dann mittlerweile möglicherweise aufgenommen worden sind, übernehmen und befriedigen müsste. Sie will sich ja offensichtlich gerade wirtschaftlich von dem Objekt trennen, so dass eine derartige Regelung nicht interessengerecht wäre. Ihr geht es je-

denfalls nach dem Sachverhalt allein darum, einen möglichen Rechtsnachfolger von einer Mitbenutzung auszuschließen.

Im Übrigen: Diese Überlegung scheint außerordentlich lebensnah zu sein, denn wenn man sich einmal überlegt, dass die B möglicherweise ihren Freund oder fremde Dritte zu Erben einsetzt, die dann in das Mitbenutzungsrecht hinsichtlich des Elternhauses nachrücken würden, zeigt sich schon, dass diese Konsequenz wahrscheinlich von allen Beteiligten nicht gewollt sein kann.

b) Einbau einer aufschiebenden Bedingung?

Es ist zwar in der Literatur nicht ganz einheitliche Meinung, jedoch spricht meines Erachtens nichts dagegen, die beschränkt persönliche Dienstbarkeit so zu gestalten, dass dem Eigentümer die Mitbenutzung nur befristet und zwar bis zum Eintritt eines bestimmten Ereignisses zusteht, so dass also aufschiebend bedingt auf den Tod der B aus der beschränkt persönlichen Dienstbarkeit ein echtes Wohnungsrecht (Ausschluss des Eigentümers!) werden könnte.[47] Wenn man die vollständige Absicherung der A interessengerecht vornehmen will, müsste man also zwei unterschiedliche Rechte eintragen lassen. Hier ist es wichtig, zu erkennen, dass nicht etwa ein einheitliches Wohnungsrecht eingetragen werden kann, das vielleicht zunächst eine Mitbenutzungsbefugnis des Eigentümers vorsieht und aufschiebend bedingt dann ein alleiniges Wohnungsrecht für die A, weil es zwischen diesen beiden Rechten doch erhebliche Unterschiede gibt, die sich auch in der Rechtsgrundlage zeigen (beschränkt persönliche Dienstbarkeiten nach § 1092 BGB und Wohnungsrecht nach § 1093 BGB). Es bleibt also nichts anderes übrig, als den Beteiligten darzulegen, dass zunächst eine beschränkt persönliche Dienstbarkeit eingetragen wird und als weitere Absicherung ein aufschiebend bedingtes Wohnungsrecht zugunsten der A.

88

c) Exkurs

Eine Mischform etwa dahingehend, dass der Begünstigte zunächst berechtigt sein soll, das Objekt mit den derzeitigen Eigentümer gemeinsam zu bewohnen und im Falle von dessen Vorversterben vom Zeitpunkt des Todes an allein unter Ausschluss des neuen Eigentümers das Objekt bewohnen darf, kann nicht als einheitliches Wohnungsrecht bestellt werden.[48] Möglich ist tatsächlich nur die Bestellung einer beschränkt persönlichen Dienstbarkeit und ein weiteres aufschiebend bedingtes Wohnungsrecht gem. § 1093 BGB für den Fall des Vorversterbens des Eigentümers.

89

---

47 So auch Beck'scher OK/*Wegmann*, BGB § 1093 Rn 5; anderer Auffassung: Staudinger/*Mayer*, § 1093 Rn 3, der hier eine unzulässige Typenvermischung sieht.
48 OLG Düsseldorf MittRhNotK 1997, 358.

4. Gleichstellungsgelder

90 Die Zahlung des Betrages von 20.000 EUR an die C erfolgt im Sinne der üblichen Gleichstellungsgelder, die ihren Grund darin haben, eine vorgezogene Zuwendung von Immobilienbesitz durch parallele Zahlungen von Bargeld an die so genannten weichenden Geschwister erbrechtlich gleichzuschalten, natürlich mit der Konsequenz, dass derjenige, der dieses Gleichstellungsgeld erhält, anschließend auch keine Ansprüche mehr in erbrechtlicher Hinsicht aus dieser Übertragung herleiten kann.

Zu empfehlen ist daher zunächst die Vereinbarung von Gleichstellungsgeldern i.H.v. 20.000 EUR, wobei in den Vertrag dann noch nach entsprechender Abfrage der Fälligkeitszeitpunkt aufgenommen werden müsste.

5. Exkurs: Die Geschwisterabrede

91 Die Befürchtung der Beteiligten, dass ein Sozialamt Zugriff auf die Immobilie nehmen könnte, ist im Ergebnis nicht unbegründet. Nach § 528 BGB kann ein Schenker (also in unserem Vertragsgefüge der Übergeber) von dem Beschenkten (Übernehmer) die Herausgabe des Geschenkes nach den Vorschriften über die Herausgabe einer ungerechtfertigten Bereicherung verlangen. Das ist immer dann der Fall, wenn er nach Vollzug der Schenkung außer Stande ist, seinen eigenen angemessenen Unterhalt zu bestreiten. Dieser Anspruch nach § 528 BGB wird vom Sozialamt nach Überleitung geltend gemacht und ist tägliche Praxis. Zahlt nun der Übernehmer an die weichenden Geschwister Gleichstellungsgelder, handelt es sich hierbei im Zweifel ebenfalls um eine Schenkung. Demgemäß gibt es also mehrere Beschenkte, nämlich den Übernehmer und denjenigen, der Geld empfängt. Diese haften als Gesamtschuldner. Jeder Beschenkte hat bis zur Grenze des § 818 Abs. 3 BGB die Haftung auf den vollen Notbedarf und nicht nur entsprechend dem Anteil an dem Schenkungsgut.[49]

92 Die Praxis zeigt allerdings, dass die Sozialämter sich in aller Regel zunächst an denjenigen halten, der Immobilienbesitz erhalten hat, wohl auch, weil dieser am empfindlichsten reagiert und sofort agieren muss, um nicht eine Rückforderung des Grundbesitzes zu riskieren.

Allerdings: Nach § 528 S. 2 BGB kann natürlich die Rückforderung dadurch abgewendet werden, dass der Notbedarf gedeckt wird. Denn entschließt sich also der Übernehmer etwa in Übereinstimmung mit seinen Geschwistern, monatliche Zahlungen zu erbringen; ist die Rückforderung ausgeschlossen. Um dem Übernehmer überhaupt eine Chance zu geben, von dieser Möglichkeit Gebrauch zu machen, hat sich in der Praxis die Gestaltung durchgesetzt, sogenannte Geschwisterabreden dergestalt zu treffen, dass immer dann,

---

49 Beck'scher OK/*Gehrlein*, BGB, § 528 Rn 6.

wenn der Übernehmer von Dritten auf Zahlung in Anspruch genommen wird, die Empfänger von Geldleistungen, also die weichenden Geschwister, entsprechend ihrer Quote ebenfalls sofort zahlen müssen. Auf diese Weise wird ein Gefahrentopf gebildet, der möglicherweise ausreicht, den akut entstehenden Notbedarf zu decken.

Beispiel: 93

Die Übergeberin wird ein „Heimfall" und hat kein eigenes weiteres Einkommen – mehr. Es fehlen monatlich 1.000 EUR. Hier müsste dann die C, unterstellt, sie hat den Betrag von 20.000 EUR bereits erhalten, monatlich 500 EUR an die B zahlen, damit diese unter eigener Aufstockung des Betrages auf 1.000 EUR den Notbedarf decken kann. Gedeckelt wird die Verpflichtung der C durch den erhaltenen Betrag, denn sie haftet ja nur in Höhe der erhaltenen Schenkung.

Das Risiko der Übernehmerseite besteht allerdings darin, dass die so verpflichteten Geschwister im Zeitpunkt der Geltendmachung der Geschwisterbeteiligung selbst nicht mehr über die entsprechenden Beträge verfügen, sich also auf Entreicherung berufen könnten oder auch ansonsten vermögenslos sind. Darauf muss der Gestalter natürlich aufmerksam machen. Es kann sich vor diesem Hintergrund gelegentlich empfehlen, die Abstandszahlung an die Geschwister erst nach zehn Jahren zahlen zu lassen oder aber zumindest einen Teil auf den Endpunkt der Zehnjahresfrist fällig zu stellen, um überhaupt noch Vermögensmasse für einen möglicherweise akut werdenden Notbedarf zu haben. 94

Für unseren Fall bedeutet das, dass vorliegend eine Geschwisterabrede dergestalt stattfinden sollte, dass die C sich mit 50 % an den in Betracht kommenden Zahlungen an Dritte beteiligen müsste.

6. Erbrechtliche Erklärungen

Darüber hinaus sind schließlich noch erbrechtliche Erklärungen zu diskutieren. 95
Da die B von ihrer Mutter lebzeitig erhebliches Vermögen durch die Hausübertragung erhält, könnte auf Geschwisterseite angesichts dessen ein Pflichtteilsergänzungsanspruch geltend gemacht werden. Da die C an dem Vertrag teilnimmt, liegt nichts näher, als von ihr Verzichtserklärungen einzuholen.

7. Exkurs: Erb- oder Pflichtteilsverzicht?

Die gravierendste und umfangreichste Verzichtserklärung im Erbrecht ist der Erbverzicht. Dadurch erlangt ein Erblasser völlig freie Hand für die Regelung seiner Erbfolge. Der echte Erbverzicht ändert die erbrechtlichen Verhältnisse dergestalt, dass die Vorversterbensfiktion eintritt (§ 2310 S. 2 BGB). Rechtsfolge des Erbverzichts ist also die Fik- 96 tion des Vorversterbens des Verzichtenden, der als nie geboren gilt. Diese Vorversterbensfiktion muss bei der Gestaltung bedacht werden. Sie führt nämlich unweigerlich dazu, dass sich die gesetzlichen Erbteile der übrigen gesetzlichen Erben erhöhen, was natürlich auch zur Folge hat, dass sich die Pflichtteilsansprüche dieser Personen quotal erhöhen.

97 Der Erbverzicht würde im vorliegenden Falle also letztlich zugunsten des D Wirkung haben, der ja schon die lebzeitige Übertragung angreifen will, dann also spätestens nach dem Erbfall mit entsprechenden Ansprüchen kommen wird. Folgen die Beteiligten der Beratung des Notars (siehe unter Rdn 101), ist der D auf den Pflichtteil zu setzen. Ein Erbverzicht der C würde den Pflichtteilsanspruch allerdings auf ¼ ansteigen lassen, da für den Erbfall dann nur noch zwei Kinder berechnet werden müssten, während die Pflichtteilsquote ansonsten bei ⅙ läge. Somit wäre es hier wie in den meisten Fällen sinnvoll, sich auf den Pflichtteilsverzicht zu beschränken. Auf den Fall bezogen heißt das also, dass man den Beteiligten rät, von der C ebenfalls einen Pflichtteilsverzicht einzuholen.

98 **Exkurs: Welcher Pflichtteilsverzicht?**

Bei jeder Gestaltung eines Pflichtteilsverzichts muss der Notar sich Gedanken darüber machen, was die Beteiligten mit diesem Verzicht bezwecken. Es gibt die unterschiedlichsten Ausgestaltungen eines Pflichtteilsverzichts, nämlich

- den Pflichtteilsverzicht eines Kindes sowohl gegenüber dem erstversterbenden wie auch gegenüber dem längerlebenden seiner Eltern. In diesem Falle verzichtet das Kind also auf beide ihm zustehenden Pflichtteilsansprüche. Dem so Verzichtenden muss klar sein, dass er dann keinerlei Pflichtteilsansprüche mehr hinsichtlich des Nachlasses beider Elternteile geltend machen kann,
- den Pflichtteilsverzicht nur nach dem erstversterbenden oder (seltener) nur nach dem längerlebenden der Eltern. Ein solcher Pflichtteilsverzicht hätte zur Folge, dass die Eltern sich oder eines der Kinder problemlos zu alleinigen Erben einsetzen könnten, ohne dass das verzichtende Kind hier durch einen Pflichtteilsanspruch einen Störfall auslösen kann. In aller Regel ist ein Verzicht der Kinder auf den ersten Erbfall angezeigt, um so zumindest für den längerlebenden Elternteil die Gefahr der Geltendmachung des Pflichtteilsanspruchs und damit eine sofortige finanzielle Inanspruchnahme durch die Kinder auszuschließen. Ein derartiger Verzicht ist aber – ebenfalls in der Regel – dann gerechtfertigt, wenn dem Kind/den Kindern eine verbindliche Aussicht darauf gewährt wird, dass sie nach dem längerlebenden der Eltern auch tatsächlich erben. Hier kommt es also darauf an, ob die Eltern bereit sind, diese Schlusserbeneinsetzung auch wechselbezüglich/erbvertraglich verbindlich vorzunehmen. Ist das der Fall, kann man zumindest von den Kindern erwarten, dass sie auf den ersten Erbfall keine Ansprüche geltend machen, also einen entsprechenden Pflichtteilsverzicht erklären.

- Achtung: Es ist zwar möglich, die Kinder auch an dem Erbvertrag der Eltern teilnehmen zu lassen und den Pflichtteilsverzicht in diese Urkunde aufzunehmen. Auf diese Weise werden aber die Handlungsmöglichkeiten der Eltern – ohne Not – reduziert. Eine Abänderung der erbrechtlichen Bestimmungen durch die Eltern ist bei diesem sogenannten mehrseitigen Erbvertrag dann nur noch unter Teilnahme aller Beteiligten möglich. Sinnvoller erscheint in diesen Fällen, Erbvertrag und Pflichtteilsverzicht in zwei getrennte Urkunden aufzunehmen und den Pflichtteilsverzicht unter die Bedingung zu stellen, dass die Kinder auch tatsächlich zu einer bestimmten Quote Schlusserben des Längerlebenden werden. Dann haben es die Eltern in der Hand, diese Bedingung eintreten zu lassen oder aber durch eine Änderung zu riskieren, dass der Pflichtteilsanspruch noch geltend gemacht wird, sie müssen aber zumindest nicht die Kinder an einer abändernden Verfügung beteiligen.
- Den gegenständlich beschränkten Pflichtteilsverzicht, der die Auswirkungen des Pflichtteilsverzichts auf eine bestimmte Quote, einen bestimmten Gegenstand beschränkt. Ein derartiger Pflichtteilsverzicht empfiehlt sich in der Regel bei Übertragung mit Gleichstellungsgeldern. Hier verzichten die weichenden Geschwister in dem Umfang der Zuwendung der Immobilie an die Schwester/den Bruder auf die Geltendmachung von Pflichtteilsergänzungsansprüchen (nur solche könnten es bei lebzeitiger Schenkung sein), meist gegen Zahlung entsprechender Abstandsgelder, wollen sich aber ihren Pflichtteilsanspruch in Bezug auf das Restvermögen der Eltern noch vorbehalten. Dann muss der Pflichtteilsverzicht auf das Vertragsobjekt gegenständlich beschränkt werden.
- Bei jedem Pflichtteilsverzicht sollte klargestellt werden, dass der Verzicht sowohl Pflichtteils- wie auch Pflichtteilsergänzungsansprüche erfasst, um Unklarheiten auszuschließen (natürlich nur, wenn das gewollt ist).
- Keiner Erwähnung bedarf an sich, dass der Pflichtteilsverzicht sich auch auf die Abkömmlinge des Verzichtenden erstrecken soll, da diese Regelung sich in § 2349 BGB findet. Gleichwohl ist es üblich, diese Erstreckungswirkung auch im Vertrag ausdrücklich zu erwähnen, schon um den Beteiligten deutlich zu machen, dass der gesamte Stamm von dem Pflichtteilsverzicht erfasst ist.

8. Finanzierungsmöglichkeiten der B

Schließlich ist der Einwand der B noch abzuarbeiten, die 20.000 EUR nicht ohne Kreditaufnahme, heißt also Grundschuldabsicherung, finanzieren zu können. Hier gibt es zumindest zwei konstruktive Ansätze:

a) Die A könnte mit ihren Rechten im Grundbuch von vorneherein zurücktreten. Das ließe sich dadurch erreichen, dass die A einen Belastungsvorrang einräumt und a priori die Eintragung von Grundschulden bis zu einem bestimmten nach oben hin fixierten Betrag zulässt (die meisten Gerichte lassen auch einen unbestimmten Belastungsvorrang zu). Dieser nach § 881 BGB mögliche Rangvorbehalt setzt eine Einigung voraus, die im Übertragungsvertrag enthalten sein muss.

b) Wenn derzeit entsprechende Grundschulden (möglicherweise über den Betrag von 20.000 EUR hinausgehend) nicht eingetragen werden sollen, oder müssen, reicht es allerdings auch aus, wenn die A der B eine Vollmacht erteilt, Grundschulden zu einem bestimmten Höchstbetrag eintragen lassen zu dürfen, die ihren Rechten dann vorgehen, wobei diese Belastungsvollmacht in der Praxis dann mit der Bedingung verbunden werden sollte, dass die jeweiligen Grundschulden ausschließlich hausbezogen sein dürfen und der vorherigen Zustimmung der A bedürfen. Auf diese Weise wäre sichergestellt, dass die A in jedem Falle einer entsprechenden Belastung zustimmen müsste, andererseits aber auch zu einer Zustimmung verpflichtet wäre, wenn es sich um notwendige Reparatur- oder Ausbesserungsmaßnahmen handelt.

9. Die Rechtsstellung des D

100 Letztlich bleibt noch der D, der gegen die Hausübertragung opponieren wird. Er hat allerdings keine Chance, gegen eine lebzeitige Verfügung seiner Mutter etwa mit einem Rechtsmittel vorzugehen. Selbst dann, wenn die Mutter etwa erbrechtlich gebunden wäre (Beispiel: Schlusserbeneinsetzung aller Kinder zu gleichen Teilen), könnte der D gegen eine Übertragung auf die B zu Lebzeiten der Mutter nichts unternehmen, sondern wäre auf den Schutz des § 2287 BGB beschränkt. Allerdings: Nach dem Tode der A kommt es mit an Sicherheit grenzender Wahrscheinlichkeit zur Geltendmachung eines Pflichtteilsergänzungsanspruchs durch den D.

101 Fraglich erscheint, ob vorliegend die Zehn-Jahres-Frist des § 2325 Abs. 3 BGB anläuft. Die Rechtsprechung des BGH ist insoweit etwa im Zusammenhang mit Nießbrauchsrechten eindeutig, sie lässt nämlich die Zehn-Jahres-Frist bei einem umfangreichen Nießbrauchsrecht am Gesamtobjekt nicht anlaufen, weil es an der wirtschaftlichen Ausgliederung des Objektes fehlt.[50] Diese zweifellos zutreffende Rechtsprechung führt dazu, dass in Nießbrauchsfällen auch noch Jahrzehnte nach der Übertragung Pflichtteilsergänzungsansprüche geltend gemacht werden können, da die Zehn-Jahres-Frist des § 2325 Abs. 3 BGB nicht angelaufen ist.

102 Es gibt also einen Pflichtteilsergänzungsanspruch, obwohl beispielsweise seit der Übertragung 20 Jahre vergangen sind und dann erst der Erbfall eintritt. Das wird oft verkannt.

---

50 BGH NJW 1994, 1791 und ständige Rspr.

Bei einer Schenkung unter Vorbehalt eines Wohnungsrechts soll zwar grundsätzlich die Zehn-Jahres-Frist anlaufen, es kommt aber auf den Einzelfall an.[51] Der BGH stellt auf den wenig praxistauglichen Ansatz ab, wer nach der Übertragung „Herr im Hause" ist. Wird nicht die gesamte Immobilie übertragen, sondern nur Teile hiervon, ist der Übergeber nach der Übertragung wohl nicht mehr Herr im Haus, so dass die Frist des § 2325 Abs. 3 BGB wohl in der Regel zu laufen beginnt. Insofern ist der Sinneswandel der Beteiligten, wonach die Übergeberin jetzt nicht mehr die gesamte Immobilie allein nutzen will, sondern die Tochter einen Teil mitbenutzt, für die Frage eines Fristanlaufs nicht ohne Belang. Man wird den Beteiligten aber in jedem Falle darlegen müssen, dass mit hoher Wahrscheinlichkeit ein Pflichtteilsergänzungsanspruch des D innerhalb der ersten zehn Jahre realisierbar ist. Wenn die Beteiligten an der Regelung so wie vorgetragen festhalten wollen, gibt es dazu auch keine Alternative.

Die einzig noch anzuratende, aber auch dringend notwendige Regelung ist die, dass die A noch eine letztwillige Verfügung errichtet, durch die der D von der Erbfolge ausgeschlossen wird, damit er nicht auch noch Miterbe nach der A wird, was die Beteiligten ja zweifellos nicht wollen. Daher wäre also vorliegend tatsächlich die testamentarische Regelung der A die einzig mögliche Variante, um unnötigen Vermögenszufluss beim D zu verhindern. Teilhabe am Hausvermögen wäre höchstwahrscheinlich aber über einen Pflichtteilsergänzungsanspruch – zumindest 10 Jahre lang, wenn auch ratierlich abnehmend – gegeben.[52]

103

VI. Formulierungsvorschlag für die Urkunde

Muster: Formulierungsvorschlag

104

§§ 1 bis 3

können übernommen werden (aus Rdn 73)

§ 4 Beschränkt persönliche Dienstbarkeit

Der Übernehmer räumt dem Übergeber eine beschränkt persönliche Dienstbarkeit (Wohnrecht) nach Maßgabe folgender Bestimmungen ein:

a) Der Übergeber erhält ein lebenslängliches Recht der Mitbenutzung sämtlicher Räumlichkeiten des Hauses X in Xstadt, dass die Mitbenutzung der Kellerräume und des Gartens einschließt mit Ausnahme des im Obergeschoss hinten links gele-

---

51 BGH ErbR 2016, 570 mit Anm. *Gockel*.
52 Dazu bspw. OLG München FamRZ 2008, 2312.

genen Zimmers. Die Dienstbarkeit wird unter der auflösenden Bedingung bestellt, dass der Berechtigte das Anwesen nicht nur vorübergehend verlässt. Der Jahreswert der Dienstbarkeit wird mit 3.600 EUR angegeben.

b) Schuldrechtlich vereinbaren die Vertragsparteien:

   aa) Das eingeräumte Recht ist unentgeltlich. Der Berechtigte hat die gewöhnlichen Ausbesserungs- und Erneuerungsaufwendungen.

   bb) Das Recht erlischt, wenn der Berechtigte – gleich aus welchem Grunde – den Mittelpunkt seiner Lebensverhältnisse nicht nur vorübergehend nicht mehr in der Wohnung hat. Im Übrigen soll zur Löschung des Rechts der Nachweis des Todes der Berechtigten genügen.

§ 5

wird übernommen

§ 6 Grundbucherklärungen

Der Übernehmer erklärte sodann:

Ich bewillige und beantrage, an dem mir aufgelassenen Grundstück Gemarkung X Flur 10 Flurstück 20 eine beschränkt persönliche Dienstbarkeit (Wohnrecht) entsprechend den Bestimmungen des § 4 dieses Vertrages für die Erschienenen zu 1. einzutragen.

Der Übergeber erteilt dem Übernehmer eine unwiderrufliche Vollmacht auf den Todesfall, die Löschungsbewilligung des eingetragenen Wohnrechts zu erteilen. Diese Vollmacht darf nur unter Vorlage der Sterbeurkunde der Berechtigten ausgeübt werden.

§ 7 Abfindungsgelder

Der Übernehmer verpflichtet sich, an die Erschienene zu 3., die C, einen Abfindungsbetrag in Höhe von 20.000 EUR zu zahlen.

Der Abfindungsbetrag ist wie folgt fällig: (hier folgt die Fälligkeitsregelung).

Eine Verzinsung findet nicht statt. Auf die Konsequenzen wurde ausdrücklich hingewiesen.

§ 8 Geschwisterbeteiligung

Sollte der Übernehmer innerhalb der nächsten zehn Jahre von Dritten zur Zahlung von Pflegekosten oder Pflegegeldern – gleich welcher Art – für den Übergeber in Anspruch genommen werden oder sollte der Übernehmer den Herausgabeanspruch gemäß § 528 Abs. 1 BGB durch Zahlung des für den Unterhalt erforderlichen Betrages an den Übergeber oder einen Dritten abwenden, beteiligt sich die Erschienene zu 3., die C zu 1/2 des jeweils gezahlten Betrages daran, maximal jedoch bis zur Höhe des gezahlten Abfindungsbetrages.

Sollte der Abfindungsbetrag noch nicht gezahlt worden sein, verringert sich die geschuldete Zahlung entsprechend.

§ 9 Pflichtteilsverzicht

Die Erschienene zu 3., die C, erklärt:

Ich verzichte hiermit gegenüber meiner Mutter, der A, auf die Geltendmachung von Pflichtteils- und Pflichtteilsergänzungsansprüchen.

Bedingung für diesen Verzicht ist, dass ich den in § 7 dieser Urkunde vereinbarten Abfindungsbetrag in Höhe von 20.000 EUR in vollem Umfange erhalten habe.

Die A erklärt:

Ich nehme den vorstehenden Verzicht meiner Tochter C hiermit an.

§ 10 Belastungsvollmacht

Bei der beschränkt persönlichen Dienstbarkeit bleibt der Vorrang für noch einzutragende Grundpfandrechte bis zu 20.000 EUR nebst bis zu 20 % Zinsen jährlich vom Tage der Eintragungsbewilligung des Grundpfandrechts an und bis zu 10 % Nebenleistung einmalig vorbehalten.

Die Eintragung dieses Rangvorbehaltes wird hiermit bewilligt und beantragt.

Der Übergeber wurde ausdrücklich darüber belehrt, dass

a) die von diesem Rangvorbehalt erfassten Grundpfandrechte seinen eigenen Rechten bei einer eventuellen Zwangsersteigerung vorgehen;

b) die beschränkt persönliche Dienstbarkeit (Wohnrecht) ersatzlos wegfällt, wenn der Versteigerungserlös zur Abdeckung der Verbindlichkeiten nicht ausreicht;

c) ansonsten lediglich eine Kapitalisierung der beschränkt persönlichen Dienstbarkeit erfolgen kann, sie im Übrigen aber bei der Zwangsersteigerung aus dem vorhergehenden Recht auf jeden Fall gelöscht wird.

§ 11 Vollmachten für Notar und Angestellte

§ 12 Kosten

▲

§ 3 Die Klausur

G. Musterklausur IV

I. Sachverhalt

105 *Musterklausur IV (Behindertentestament)*

Die Eheleute Anton und Berta X haben zwei Kinder, Christian und Doris. Doris ist geistig schwer behindert und geschäftsunfähig. Sie lebt in einem Heim für Schwerbehinderte. Der Vater Anton ist zu ihrem Betreuer bestellt worden.

Vor Jahren haben die Eheleute bei einem befreundeten Notar einen Erbvertrag miteinander geschlossen, den sie Ihnen im Rahmen einer Besprechung vorlegen (Anl. 1). Nunmehr ist beabsichtigt, dem Christian ein im Eigentum der Eheleute X stehendes Baugrundstück zu überschreiben.

Die Eheleute fragen nach, ob angesichts dessen der Erbvertrag ergänzt oder geändert werden müsse. Da außerdem seit dem Abschluss des Erbvertrags schon so viel Zeit vergangen sei, werden Sie gebeten, den Vertrag auch im Übrigen einmal zu prüfen und notwendige Änderungsvorschläge zu unterbreiten.

II. Aufgabenstellung

106 1. Nehmen Sie gutachtlich zu dem vorgelegten Erbvertrag und den von Ihnen für notwendig erachteten Änderungen/Ergänzungen Stellung.
2. Formulieren Sie diese Änderungen/Ergänzungen.
3. Steuerliche Gesichtspunkte sind nicht zu prüfen.

III. Hinweise zur Aufgabenstellung/Anlagen

▼

107 Muster: Anlage 1: Erbvertrag

Vor mir, dem Notar ▨

mit dem Amtssitz in ▨ -Stadt erscheinen am ▨

die Eheleute Anton ▨ , geboren am ▨ und

Berta ▨ , geborene ▨ , geboren am ▨ ,

wohnhaft in ▨ -Stadt.

Die Erschienenen wiesen sich durch Vorlage ihrer gültigen Personalausweise der Bundesrepublik Deutschland aus.

G. Musterklausur IV § 3

Der Notar überzeugte sich von der unbeschränkten Geschäftsfähigkeit der Erschienenen.

Die Fragen des Notars, ob er oder eine mit ihm beruflich verbundenen Personen in einer Angelegenheit, die Gegenstand dieser Beurkundung ist, außerhalb des Notaramtes tätig war oder ist, wurde von den Beteiligten verneint.

Die Erschienenen baten um Beurkundung des nachstehenden

Erbvertrages

und erklärten:

§ 1 Angaben zur Person

1. Wir haben am ▓▓▓ vor dem Standesbeamten des Standesamtes in ▓▓▓-Stadt die Ehe miteinander geschlossen und leben seitdem im Güterstand der Zugewinngemeinschaft.

2. Aus unserer Ehe sind Abkömmlinge hervorgegangen, nämlich

    Christian, geboren am ▓▓▓ und

    Doris, geboren am ▓▓▓.

3. Wir sind ausschließlich deutsche Staatsangehörige.

4. Der Notar hat uns auf die mögliche Bindung durch frühere Erbverträge oder Ehegattentestamente hingewiesen. Eine solche besteht bei uns nicht.

§ 2 Widerruf früherer Verfügung von Todes wegen

Verfügung von Todes wegen, die einer von uns bisher etwa errichtet hat, werden hiermit voll inhaltlich widerrufen bzw. aufgehoben. Auch wenn unser nachfolgender Verteilungsplan aus irgendeinem Grunde nicht zum Tragen kommen sollte, treten die früheren Verfügungen dann nicht wieder in Kraft.

§ 3 Erbeinsetzungen

Wir setzen uns hiermit wechselseitig zu alleinigen Erben ein.

§ 4 Schlusserbeneinsetzung

Zu Schlusserben setzen wir unsere Kinder Christian und Doris ein, und zwar unseren Sohn Christian zu einer Quote von 70 % und unsere Tochter Doris zu einer Quote von 30 %.

Unsere Tochter Doris ist jedoch nur nicht befreite Vorerbin.

Nacherbe ist unser Sohn Christian, ersatzweise dessen Abkömmlinge.

§ 3 Die Klausur

§ 5 Testamentsvollstreckung

Wir ordnen in Bezug auf den Erbteil unserer Tochter Doris Dauertestamentsvollstreckung an. Unsere Tochter ist wegen ihrer Behinderung nicht in der Lage, ihre Angelegenheiten selbst zu vertreten oder ihren Erbteil selbst zu verwalten. Die Aufgabe des jeweiligen Testamentsvollstreckers ist die Verwaltung der Erbteile von Doris. Ihm wird Befreiung von den Beschränkungen des § 181 BGB erteilt.

Darüber hinaus ordnen wir an, dass der Testamentsvollstrecker unserer Tochter Doris aus den jährlichen Reinerträgen ihrer Nachlassbeteiligungen solche Geld- oder Sachleistungen zuwenden soll, die der bestmöglichen Versorgung unserer Tochter dienen.

Der Testamentsvollstrecker unserer Tochter hat ihr daher insbesondere zuzuwenden

- Geschenke zu den üblichen Feiertagen und zum Geburtstag;
- entwicklungsgerechte Unterhaltsgegenstände;
- Finanzierung bzw. Zuschuss zu Urlaubsfahrten, Kuraufenthalten und Besuchen bei Verwandten;
- Übernahme bzw. Zuschuss zu Kosten von medizinisch angeratenen Behandlungen und Hilfsmitteln, die die Krankenkasse nicht übernimmt, wie Zahnersatz, Krankengymnastik, Brille, Sauerstoffbehandlung, Fußpflege u.Ä.;
- Gegenstände der Unterhaltungselektronik und andere Dinge, die Freude bereiten können.

Zum Testamentsvollstrecker ernennen wir unseren Sohn Christian.

Vorgelesen genehmigt und eigenhändig unterschrieben.

Es folgen die Unterschriften der Beteiligten und des Notars.

▲

IV. Analyse der Fragestellung

108 Diese Klausur beschäftigt sich mit der Überprüfung eines bereits beurkundeten Vorgangs, so dass also die als Anlage vorgelegte Urkunde in vollem Umfang durchgeprüft werden muss. Man erkennt auf den ersten Blick, dass es um zwei Problemkreise gehen muss:

- Eine Durchprüfung des vorliegenden Entwurfs daraufhin, ob die maßgeblichen Kriterien, die bei der Errichtung eines Behindertentestamentes Beachtung finden müssen, beachtet worden sind, was gegebenenfalls zu Änderungen und Ergänzungen der Urkunde führen kann.
- Ferner ist die Überlegung anzustellen, welche Auswirkung wohl die Absicht von A und B haben kann, jetzt ein Grundstück auf den C lebzeitig zu übertragen.

Es wäre also zunächst einmal für eine sachgerechte Lösung der Klausur unabdingbar, diese unterschiedlichen Ansätze zu erkennen, um die Problemkreise auch vollschichtig zu erfassen.

109

In dem nachfolgenden Lösungsvorschlag werden die Problemkreise getrennt angesprochen. Anhand der Aufgabenstellung ist klar, dass jeweils Änderungsvorschläge und Ergänzungsvorschläge erwartet werden. Die Formulierung der Aufgabenstellung lässt den sicheren Schluss darauf zu, dass die vorliegende Fassung des Behindertentestamentes über einige Schwächen verfügt, ansonsten wäre nicht nachvollziehbar, dass die Textfassung einer Überprüfung unterzogen werden soll.

Der Hinweis auf die beabsichtigte Übertragung führt darüber hinaus dazu, dass das Problem der lebzeitigen Übertragung offensichtlich in dem Behindertentestament nicht erfasst ist. Hier zeigt sich wieder einmal, dass allein durch die Problemstellung und Formulierung der Aufgabe oft schon deutlich wird, wo wohl der Schwerpunkt einer derartigen Klausur liegen könnte. Der vorliegende Sachverhalt würde sich im Übrigen auch für einen Aktenkurzvortrag eignen mit der Aufgabenstellung, die Fehlerhaftigkeit zu erläutern und geeignete Vorschläge anzuformulieren.

V. Vorschlag für einen sinnvollen Prüfungsaufbau

Bei dem Lösungsvorschlag soll differenziert werden.

110

1. Überprüfung des Entwurfs

Zunächst wird der vorliegende Entwurf durchgeprüft und auf Schwächen hin begutachtet. Es erfolgt eine Orientierung an der Reihenfolge der Paragraphen.

111

a) Prüfung des § 3

Nachdem der Urkundseingang, die Angaben zur Person und der Widerruf aller bisher abgefassten letztwilligen Verfügung keine Veranlassung zur Überprüfung geben, ist § 3 zunächst zu prüfen. Darin haben sich die Eheleute wechselseitig zu alleinigen Erben eingesetzt.

112

Die Tendenz der Gestaltung eines Behindertentestamentes muss dahin gehen, eine Haftung gegenüber dem Sozialhilfeträger zu vermeiden. Es darf also nicht geschehen, dass dem Behinderten Ansprüche erwachsen, aus denen ein Sozialhilfeträger vorgehen könnte, denn damit würde der Verteilungsplan, den die Eltern für ihr eigenes Vermögen aufgestellt und vorgesehen haben, gestört.

§ 3 Die Klausur

113 Nach ständiger Rechtsprechung des BGH kann der Sozialhilfeträger den Pflichtteilsanspruch nach § 93 Abs. 1 S. 4 SGB XII auf sich überleiten und geltend machen.[53] Es kommt hier also nicht auf eine Entscheidung des Pflichtteilsberechtigten selbst an. Der Anfall des Pflichtteilsanspruches beim Behinderten stellt seinerseits Einkommen des Behinderten dar, dem bedürftigen Behinderten werden Sozialleistungen erst dann zuerkannt, wenn er seinen Lebensbedarf nicht anderweitig decken kann. Insofern muss er also Einkommen und Vermögen einsetzen. Einkommen ist danach alles, was jemand in seiner Bedarfszeit wertmäßig dazu erhält und Vermögen dasjenige, was er zu Beginn der Bedarfszeit bereits hat.

114 Die Freibeträge bei der Berechnung des einzusetzenden Wertes sind in Bezug auf Einkommen und Vermögen unterschiedlich hoch, so dass die Einordnung als Einkommen oder Vermögen von Relevanz ist.

Der Behinderte bzw. dessen Betreuer oder Vorsorgebevollmächtigte muss also dann hinnehmen, dass der Sozialhilfeträger den Pflichtteilsanspruch auf sich überleitet.

Die Folge der hier gewählten Lösung in § 3 – wechselseitige Erbeinsetzung – ist, dass der D ein Pflichtteilsanspruch erwächst. Eine Enterbung ist daher im Rahmen der Gestaltung eines Behindertentestamentes eigentlich immer die schlechteste Lösung. Ein denkbarer Weg wäre das nur dann, wenn das Vermögen der Beteiligten so gering ist, dass der Pflichtteilsanspruch zu vernachlässigen ist.

115 Da schon auf den ersten Erbfall der Mechanismus der Abschottung des Vermögens eingreifen muss, ist es dringend erforderlich, § 3 zu ändern.

Schon auf den ersten Erbfall ist die Vor- und Nacherbfolge anzuordnen. Hier ist gerade den beteiligten Eltern schwer zu erklären, dass sie, um das Vermögen zu schützen, nun ausgerechnet das behinderte Kind zum Miterben einsetzen müssen, die gesunden Abkömmlinge aber nicht. Das hat allerdings seinen Sinn darin, dass der Anfall eines Pflichtteilsanspruches auf den Tod des Erstversterbenden vermieden werden muss. Daher ist also im Rahmen einer Lösung über das Behindertentestament immer nach den beiden Erbfällen zu unterscheiden, denn naturgemäß gibt es bei dem ersten Erbfall eine andere Erbquote des Behinderten als bei dem zweiten Erbfall. Eine Erbeinsetzung unterhalb der Pflichtteilsquote würde im Übrigen einen Pflichtteilsrestanspruch nach § 2305 BGB auslösen, so dass die Quote der Erbeinsetzung immer über dem Pflichtteil liegen sollte.

116 Da es keine automatischen Unwirksamkeitsfolge, die ansonsten nach § 2306 Abs. 1 S. 1 BGB a.F. eingetreten wäre, mehr gibt, kommt es nach Eintritt des Erbfalls auf die Entscheidung des Betreuers an, ob die Erbschaft für den Behinderten angenommen wird oder nicht. Insoweit muss man mit den Beteiligten erörtern, dass es zwar sinnvoll ist,

---

53 BGH ZEV 2006, 76.

die Betreuung der Behinderten innerhalb der Familie zu belassen wie hier auch vorgesehen, dass aber im Erbfall immer ein Ergänzungsbetreuer bestellt wird, da der Betreuer selbst, wie vorliegend ein Elternteil (das würde aber auch für Geschwister gelten) ein eigenes Interesse daran hat, ob ein Pflichtteilsanspruch für den Behinderten geltend gemacht wird oder nicht. Wegen der damit einhergehenden Interessenkollision ist gängige Praxis, dass ein Ergänzungsbetreuer mit dem Aufgabenkreis „Überprüfung und gegebenenfalls Geltendmachung eines Pflichtteilsanspruches" installiert wird. Dieser Fremdbetreuer muss zu dem eindeutigen Ergebnis kommen, dass es für den Behinderten nicht sinnvoll ist, den Pflichtteilsanspruch geltend zu machen. Das wird man zwar in diesem Falle begründen können, denn bei Geltendmachung des Pflichtteilsanspruches würde zwar ein Pflichtteil gezahlt werden müssen, diese Forderung würde aber sogleich auf die bis dahin aufgelaufenen Forderungen des Sozialamtes verrechnet, so dass der Behinderte selbst hiervon nichts hätte. Da ein Betreuer aber ausschließlich die Interessen des Betreuten wahrzunehmen hat und nicht etwa fiskalische Interessen, muss ein Betreuer in Fällen wie diesen eigentlich immer zu dem Ergebnis kommen, die erbrechtlichen Anordnungen zu akzeptieren. In der Praxis kommt es allerdings gelegentlich vor, dass Ergänzungsbetreuer berufen werden, die den rechtlichen Zusammenhang der hier diskutierten Fragen nicht kennen und dann unter Umständen zu übertriebenen Ausschlagungen neigen. Das ist so lange nicht entscheidend, wie ja immer noch eine betreuungsgerichtliche Genehmigung erforderlich ist und spätestens der Betreuungsrichter die Systematik des Behindertentestaments kennen müsste. Die damit einhergehenden Komplikationen kann man aber vermeiden, wenn man den betreuten Behinderten mit einer Erbquote versieht, die deutlich über der Pflichtteilsquote liegt. Die gesetzliche Erbquote der D betrüge im vorliegenden Falle bei Vorversterben eines Elternteils $1/4$, die Pflichtteilsquote $1/8$. Es spricht nichts dagegen, hier eine Erbquote von $1/6$ zu wählen. Alsdann ist für diesen Erbteil die Systematik des Behindertentestamentes zu übertragen, die der Gestalter des Ausgangstestamentes ja schon gesehen hat, nämlich die Vor- und Nacherbfolge und die angeordnete Dauertestamentsvollstreckung.

b) Prüfung des § 4

Hier hat der Gestalter eine Quote von 70 % zu 30 % gewählt. Da erbrechtlich in aller Regel mit Bruchteilen gearbeitet wird, soll auch hier die obige Überlegung angestellt werden: Gesetzliches Erbrecht $1/2$, Pflichtteilsquote $1/4$, so dass $1/3$ angemessen wäre. Das kommt den 30 % nahe. Im Rahmen der Renovierung des Erbvertrages und angesichts des Umstandes, dass auch schon auf den ersten Erbfall eine entsprechende Quote festgesetzt wird, sollte man hier ebenfalls eine nach Bruchteilen bemessene Quote einbauen.

c) Prüfung des § 5

118 Richtigerweise ist gesehen worden, dass für den Erbteil der Tochter Doris eine Dauertestamentsvollstreckung anzuordnen ist. In § 5 heißt es dann:

> *Formulierungsbeispiel*
> Darüber hinaus ordnen wir an, dass der Testamentsvollstrecker unserer Tochter Doris aus den jährlichen Reinerträgen ihrer Nachlassbeteiligungen solche Geld- oder Sachleistungen zuwenden soll, die der bestmöglichen Versorgung unserer Tochter dienen.

119 Diese Formulierung gibt Anlass zu Bedenken und Änderungen. § 2214 BGB bietet vor dem Zugriff von Gläubigern auf Ansprüche des behinderten Kindes keinen Schutz. Daher ist dringend erforderlich, die Verwaltungsanordnungen nach § 2216 BGB aufzunehmen, die eben diesen Schutz zur Folge haben. Bei einer Vor- und Nacherbfolge gehören die Früchte in das freie Vermögen des Vorerben, der sie nach § 953 BGB erwirbt.[54] Daher hätte der Erbe, auch der nicht befreite Vorerbe, einen Anspruch auf Auszahlung.

Die Verwendung der Nachlasserträge richtet sich nach den Anordnungen des Erblassers, das heißt also, dass der Erblasser den Testamentsvollstrecker anzuweisen hat, wie er mit den Nachlasserträgen umzugehen hat. Seine Vorgaben sind so zu gestalten, dass die Mittelverwendung weder zu einer Versagung oder Minderung staatlicher Versorgungsleistungen führt noch ein Sozialhilferegress möglich ist.

120 An dieser Stelle können sich Überlegungen zur Sittenwidrigkeit ergeben. Der BGH hat allerdings mehrfach entschieden, dass die Regelungen eines Behindertentestamentes nicht sittenwidrig sind. In einer Entscheidung[55] hießt es:

> *Hinweis*
> Wenn Eltern, die ihre Verantwortung für ihr behindertes Kind und dessen Wohl voll auf sich genommen haben und dieser Aufgabe gerecht zu werden suchen, in diesem Zusammenhang die Grenzen der Leistungsfähigkeit der Sozialverwaltung vor Augen gehalten werden, dann müssen sie sich vielmehr umgekehrt fragen, ob sie nicht sittlich gehalten sind, auch für den Fall vorzusorgen, dass die öffentliche Hand ihren Leistungen für Behinderte nicht mehr auf dem heute erreichten hohen Stand halten kann. Eltern, die hier nach Auswegen suchen und den im Schrifttum erörterten Vorschlägen folgen, kann man deswegen regelmäßig keinen Sittenverstoß vorwerfen.

121 Anderes kann nur gelten, wenn ein sehr hoher Nachlass vorliegt, eine Nachlassmasse, aus der die Aufwendungen für den Behinderten ohne weiteres bestritten werden könnten. Davon ist im vorliegenden Sachverhalt nicht die Rede. Das OLG Hamm hat dazu sogar ge-

---

54 PK-Erbrecht/*Bonefeld*, § 2216 Rn 10.
55 BGH Z 111, 63 (42).

meint, dass selbst ein hoher Nachlass keine Veranlassung gibt, die Sittenwidrigkeit eines Behindertentestamentes anzunehmen, denn es gebe keine klar umrissene Wertung des Gesetzgebers noch eine allgemeine Auffassung, dass Eltern einem behinderten Kind ab einer gewissen Größe ihres Vermögens einen über den Pflichtteil hinausgehenden Teil hinterlassen müssten, damit es nicht ausschließlich der Allgemeinheit zur Last falle.[56]
Dennoch sind die Formulierungen aus dem hier zu prüfenden Erbvertrag zu beanstanden. Die Anordnungen zur Verwaltung für den Testamentsvollstrecker unterliegen einer gerichtlichen Nachprüfung. Die vorliegende Fassung der Anordnung kann durchaus missverstanden werden. Zur bestmöglichen Versorgung der Behinderten gehört auch ihre Unterbringung in einem Heim, so dass ein Sozialamt ohne weiteres auf den Gedanken kommen kann, die Früchte aus der Nachlassbeteiligung zu pfänden, um die Aufwendungen für die Heimunterbringung zu realisieren. Im Ergebnis sind also die Anweisungen an den Testamentsvollstrecker nicht sauber genug definiert. Auch hier müsste also nachgebessert werden.

Des Weiteren sind noch einige Zusätze zur Testamentsvollstreckung zu machen. Hier ist insbesondere eine Lösung sinnvoll, dass der ausgewählte Testamentsvollstrecker selbst einen Nachfolger ernennen kann (§ 2199 BGB) und das Ersuchen an das Nachlassgericht nach § 2200 BGB, einen Testamentsvollstrecker zu ernennen, wenn es einen solchen ansonsten nicht mehr gibt. Darüber hinaus sollte der Testamentsvollstrecker angewiesen werden, nach billigem Ermessen die Verteilung des Reinertrages vorzunehmen und gegebenenfalls Rücklagen zu bilden. Schließlich ist eine Befreiung von § 181 BGB angezeigt sowie der Hinweis, dass er für seine Tätigkeit keine Vergütung erhält. 122

2. Änderungsvorschläge zum vorgelegten Entwurf
▼

Muster: Formulierungsvorschlag Erbeinsetzung Behindertentestament 123

§§ 1–2

§ 3 Erbeinsetzung auf den ersten Todesfall

Der erstversterbende Ehegatte setzt hiermit den überlebenden Ehegatten zu ⁵/₆ und die gemeinsame Tochter Doris zu ¹/₆ zu seinen Erben ein.

Doris ist aber nur – nicht befreite – Vorerbin. Nacherbe ist unser Sohn Christian, ersatzweise dessen Abkömmlinge nach den Regeln der gesetzlichen Erbfolge.

---

56 OLG Hamm ZEV 2017, 158.

§ 3 Die Klausur

§ 4 neu: Erbeinsetzung auf den zweiten Todesfall

Auf den zweiten Todesfall setzen wir unsere Kinder Doris und Christian zu Erben ein, und zwar Christian zu einer Quote von ²/₃ und Doris zu einer Quote von ¹/₃.

Doris ist jedoch nur nicht befreite Vorerbin. Nacherbe ist unser Sohn Christian, ersatzweise dessen Abkömmlinge nach den Regeln der gesetzlichen Erbfolge.

§ 5 Testamentsvollstreckung

Hier folgende Änderungen .

Darüber hinaus ordnen wir an, dass der Testamentsvollstrecker unserer Tochter Doris aus den jährlichen Reinerträgen ihrer Nachlassbeteiligungen solche Geld- und Sachleistungen zuwenden soll, die der Verbesserung der Lebensqualität unserer Tochter dienen, auf die der Sozialleistungsträger aber nach den sozialrechtlichen Vorschriften nicht zugreifen kann und hinsichtlich derer eine Anrechnung auf die unserer behinderten Tochter gewährten Sozialleistung nicht in Betracht kommt.

Der Testamentsvollstrecker hat unserer Tochter daher insbesondere zuzuwenden ...

Der Testamentsvollstrecker ist von den Beschränkungen des § 181 BGB befreit. Er ist befugt, gemäß § 2199 BGB einen Nachfolger zu benennen. Kann oder will er das nicht, soll der Nachfolger gemäß § 2200 BGB durch das Nachlassgericht benannt werden.

Der Testamentsvollstrecker entscheidet nach billigem Ermessen, welche Teile des jährlichen Reinertrages er für die einzelnen der oben benannten Leistungen verwendet. Soweit die jährlichen Reinerträge nicht in voller Höhe in der vorbezeichneten Weise verwendet worden sind, hat der Testamentsvollstrecker sie gewinnbringend anzulegen. Für nach obigen Grundsätzen geplante größere Anschaffungen oder Reisen sind vorab Rücklagen zu bilden.

Der Testamentsvollstrecker erhält für seine Tätigkeit keine Vergütung.

▲

3. Lebzeitige Vermögensübertragung zugunsten der gesunden Abkömmlinge

124   Darüber hinaus ist jetzt der Wunsch der Beteiligten zu prüfen, eine Vermögensübertragung zugunsten des gesunden Abkömmlings vorzunehmen. Eine derartige Vermögensübertragung löst ihrerseits Pflichtteilsergänzungsansprüche aus, so dass also dann wiederum das Sozialamt in die Lage versetzt wäre, entsprechende Ansprüche auf sich überzuleiten.

Die Neigung der betroffenen Familien, am Behinderten vorbei auch nach Errichtung eines Behindertentestamentes nach allen Regeln der Kunst noch lebzeitige Schenkungen

G. Musterklausur IV § 3

und Verfügungen vorzunehmen, liegt fast durchgängig vor. Oft ist ihnen nicht klar, dass sie damit das gesamte von ihnen so sorgfältig errichtete Gebäude des Behindertentestamentes wieder ins Wanken bringen, weil durch die Pflichtteilsergänzungsansprüche der gesamte Nachlass wieder in Gefahr gerät.

Selbst wenn ursprünglich im Zeitpunkt der Beurkundung des Behindertentestamentes derartige Verfügungen zugunsten der gesunden Kinder nicht absehbar sind, empfiehlt sich immer, zur Absicherung künftiger lebzeitiger Verfügungen vorzusorgen. Es wird allenthalben empfohlen, dem Behinderten zusätzlich zu seinem beschwerten Erbteilen noch ein bedingtes, als Vorvermächtnis ausgestaltetes Vorausvermächtnis für den Fall des Bestehens von Pflichtteilsergänzungsansprüchen zuzuwenden, welches ebenfalls unter der Dauertestamentsvollstreckung steht.[57]

Ein solches Vorausvermächtnis kann in etwa wie folgt formuliert werden:[58]

Formulierungsbeispiel

Wir beschweren unabhängig von der Reihenfolge unseres Versterbens jeweils den oder die Miterben unserer Tochter Doris mit folgendem bedingten Vorausvermächtnis:

Soweit Doris beim jeweiligen Erbfall wegen lebzeitiger Zuwendungen des Erblassers an andere Personen Pflichtteilsergänzungsansprüche gegen den Nachlass oder Ansprüche gemäß § 2329 BGB gegen den Beschenkten zustehen, haben die Beschwerten unserer Tochter Doris einen baren Geldbetrag in Höhe von 110 % dieser Ansprüche auszuzahlen bzw. zu verschaffen.

Doris ist nur Vorvermächtnisnehmerin, Nachvermächtnisnehmer sind die oben durch einen jeden von uns als Nacherben benannten Personen gemäß den dort getroffenen Verteilungsgrundsätzen. Die Anwartschaft der Nachvermächtnisnehmer ist nicht vererblich und nicht übertragbar. Das Nachvermächtnis fällt mit dem Tode von Doris an. Die bis dahin gezogenen Nutzungen stehen Doris zu. Sie sind in derselben Weise zu verwenden, wie die Erträgnisse ihres Miterbenanteils. Die oben angeordnete Testamentsvollstreckung gilt für dieses Vorausvermächtnis entsprechend.

Zu diesem bedingten Vorvermächtnis gäbe es noch weitere abrundende Formulierungsvorschläge, die aber an dieser Stelle nicht vertieft werden sollen.

Mit dieser Ergänzung könnte man dem Ansinnen der Beteiligten gerecht werden, lebzeitige Zuwendungen zugunsten des gesunden Sohnes vorzunehmen.

---

57 Beck'sches Formularbuch ErbR/*Tersteegen*, Muster F. I. 2, Anmerkung 9.
58 So in etwa auch Beck'sches Formularbuch ErbR/*Tersteegen,* Muster F. I. 2.

§ 3 Die Klausur

VI. Zusammenfassung

127 Die Klausur gehört sicher was ihre Anforderungen angeht zu den schwereren. Sie setzt eine Kenntnis und ein Verständnis der Systematik des Behindertentestamentes voraus und erfordert bei der Überprüfung des bereits vorliegenden Erbvertrags höchste Aufmerksamkeit, kommt es doch hier teilweise auf den Wortlaut der bereits getroffenen Verfügungen im Einzelnen an. Darüber hinaus ist die Formulierungskunst hinsichtlich der ergänzend anzuordnenden Verfügungen gefragt. Allerdings wird man von dem Klausurenverfasser nicht erwarten können dürfen, dass er die Einzelheiten der Formulierung ohne Zuhilfenahme von Formularbüchern – was in der Klausur naturgemäß nicht möglich ist – vollzieht. Hier wird man großzügiger Weise auch sinngemäß richtige Lösungen akzeptieren können, aber auch müssen. Eingangs ist bereits darauf hingewiesen worden, dass die Rechtsprechung darauf, dass der Prüfling nicht über die notwendige Formulierungshilfe verfügt, keine Rücksicht nimmt. Vor diesem Hintergrund scheint nicht ausgeschlossen zu sein, dass auch aus dem Bereich der besonderen Testamentsgestaltung (wie also vorliegend beispielsweise dem Behindertentestament, aber auch dem Bedürftigentestament oder dem Geschiedenentestament) einmal eine Aufgabenstellung kommt.

128 Die Verteilung der Punkte könnte sich in etwa wie folgt darstellen:
– Begutachtung und Formulierung der Erbeinsetzung auf den ersten Erbfall 25 %
– Begutachtung und Formulierung der Anweisung an den Testaments- 35 %
  vollstrecker
– Begutachtung und Entwurf eines bedingten Vorausvermächtnisses 40 %

H. Der Aktenvortrag

I. Allgemeines

129 Zunächst ist darauf hinzuweisen, dass die Rahmenbedingungen für den Aktenvortrag auch beim Einüben unbedingt eingehalten werden sollten. Dazu braucht es eine Vorbereitungszeit von 60 Minuten, die man sich auch beim Training einräumen sollte, aber nicht überschreiten sollte. Wie der alsdann zu haltende Übungsvortrag gestaltet wird, muss jedem selbst überlassen bleiben, allerdings sollte man auch hier die Zeit mitlaufen lassen und 12 Minuten keineswegs überschreiten.

130 Als Gegenstand des Aktenvortrags kommt die Präsentation der Lösung eines Falles in Betracht (beispielsweise Beschwerdeverfahren), die Erarbeitung eines praxisnahen Vorschlags (Erbscheinsantrag oder Ähnliches), nicht selten aber auch ein Kurzreferat zu notarspezifischen Themen, die gelegentlich auch die Nebengebiete erfassen (IPR, Kostenrecht). Hier könnte beispielsweise einmal eine Frage nach Gestaltung und Risiken eines Behindertentestamentes erfolgen.

H. Der Aktenvortrag §3

In der Vergangenheit waren in erbrechtlicher Hinsicht folgende Themen zu verzeichnen:

1. Vortrag F 21-3

Hier ging es um die Gestaltung eines Testamentes (Erbeinsetzung/Vermächtnisse), Anregungen zur schnellen und kostengünstigen Berichtigung der Eigentumsverhältnisse nach dem Tode, des Weiteren um die Beteiligung von Schreibzeugen (wann muss der Zeuge hinzutreten, kann auch eine durch Vermächtnis bedachte Person Schreibzeugin sein oder eine Notarfachangestellte? Welche Konsequenzen hat das auf die Wirksamkeit der Urkunde?). 131

2. Vortrag F 21-20

Ausgehend von einer Testamentsvollstreckung entwirft ein Notar den Entwurf eines Erbscheinantrags, der dann noch geändert wird. Die Fragestellung ging dahin, gutachterlich darzustellen, welche Gebühren nach der Kostenordnung anfallen. 132

Es ist denkbar, dass nach der Aufhebung der Kostenordnung und der Einführung des neuen Kostenrechtes für einen Übergangszeitraum kostenrechtliche Gesichtspunkte in den Hintergrund treten, so dass wenig vorstellbar erscheint, dass in aller nächster Zeit eine kostenrechtliche Problematik im Mittelpunkt steht.

3. Vortrag F 21-36

Es wird ein ausführlicher Sachverhalt geschildert. Darin wird die Vermögenssituation des bei dem Notar Erscheinenden ausführlich dargestellt. Die Aufgabenstellung besteht darin, 133

- den Inhalt eines erbetenen Erbscheinsantrags zu beschreiben
- anzugeben, welche Unterlagen beizufügen sind
- darzustellen, welcher Geschäftswert und welcher Gebührensatz anfallen
- schließlich ist materiell-rechtlich Auskunft dazu zu erteilen, wie sich die Rechtsnachfolge in einem Darlehensvertrag darstellt.

4. Vortrag F 21-37

Es geht um eine Testamentsausgestaltung. Eine Witwe möchte ihre Tochter und ihren Stiefsohn zu Erben zu je ein Halb einsetzen, macht sich aber Sorgen wegen des Stiefsohns, der sich derzeit in Privatinsolvenz befindet. Hier soll dargelegt werden, welche Testamentsgestaltung die zweckmäßigste ist. Dies soll auch begründet werden 134

§ 3 Die Klausur

5. Weitere geprüfte Bereiche aus dem Erbrecht

135 Nachdem das Prüfungsamt die gestellten Klausuren und Vorträge nicht mehr veröffentlicht, sind die angehenden Prüflinge auf Berichte derjenigen angewiesen, die die Prüfung hinter sich haben. Daraus ist die Erkenntnis zu gewinnen, dass natürlich nicht in jeder Prüfungskampagne überhaupt Erbrecht geprüft wird, andererseits aber mit einiger Regelmäßigkeit erbrechtliche Probleme eine Rolle spielen.

In einem der letzten Durchläufe ging es in einer Klausur schwerpunktmäßig um

- die unterschiedliche Vererblichkeit von Geschäftsanteilen (GbR, GmbH, KG)[59]
- die Vererblichkeit eines Social Media Accounts[60]
- eine bedingte Erbeinsetzung (Besuchspflicht)[61] sowie
- Fragen zur Vertretung bei einem Erbverzicht[62]

Es besteht zweifellos die Neigung, aktuell entschiedene oder besprochene Probleme des Erbrechts auch zum Gegenstand von Prüfungsaufgaben zu machen. Daher empfiehlt es sich dringend, sich diesbezüglich für die Prüfung auf einem aktuellen Stand zu halten. Hierzu sollte man die erbrechtlichen Zeitschriften, die monatlich erscheinen (ZErb, ZEV, ErbR) durcharbeiten oder Newsletter im erbrechtlichen Bereich studieren. Diese Mühe wird sicher belohnt.

II. Muster-Aktenkurzvortrag I

1. Sachverhalt

136 *Muster-Aktenkurzvortrag I*

Der Vater V möchte mit seinem Sohn S einen Erbverzichtsvertrag schließen. Folgende Fallvarianten sind zu prüfen:

a) Da V in Münster wohnt, sein Sohn S aber in Freiburg, beurkundet der Notar X in Freiburg einen solchen Vertrag, bei dessen Abschluss der V sich durch die Notarfachangestellte Wichtig vertreten lässt. V genehmigt anschließend die Erklärung des S bei seinem Notar in Münster.

b) Der S lässt in Freiburg bei seinem Notar ein notarielles Angebot auf Abschluss eines Erbverzichtsvertrags beurkunden. Vater V nimmt dieses Angebot vor seinem Münsteraner Notar anschließend an.

---

59 Dazu ausführlich: *Plückelmann*, in Horn/Kroiß/Solomon, Teil 1. Ziff.11 (Gesellschaftsrecht).
60 Ebenso ausführlich: *Herzog*, in Horn/Kroiß/Solomon, Teil 1, Ziff.9 (Digitaler Nachlass).
61 Siehe dazu § 2 Rdn 17.
62 Dazu nachfolgend Rdn 136 ff.

H. Der Aktenvortrag § 3

c) Nachdem der S vor einem Freiburger Notar das notarielle Angebot auf Abschluss eines Erbverzichtsvertrags hat beurkunden lassen, verstirbt der V plötzlich. Könnte nunmehr die Erbin des V, die X, das Angebot noch annehmen?

d) Der S lässt vor dem Freiburger Notar ein notarielles Angebotes auf Abschluss eines Erbverzichtsvertrags beurkunden. Noch bevor V dieses Angebot annehmen kann, wird er in Folge eines Schlaganfalls geschäftsunfähig. Sein Betreuer B möchte nunmehr die Genehmigung des Erbverzichtsvertrags erteilen.

2. Aufgabenstellung

1. Sind in den verschiedenen Fallvarianten wirksame Erbverzichtsverträge zustande gekommen?
2. Kann im Fall d) noch ein wirksamer Vertrag zu Stande kommen?

3. Lösungsvorschlag

Die Vorbereitungszeit von einer Stunde kann sogleich mit der Falllösung beginnen, da die Aufnahme des Sachverhaltes keine allzu großen Schwierigkeiten bereiten wird. Offensichtlich wird hier anhand verschiedener Fallvarianten die Wirksamkeit eines Erbverzichtsvertrags durchgeprüft, so dass es in erster Linie darum geht, die Unterschiedlichkeit der abgefragten Varianten zu erkennen und die jeweils angepassten Lösungsvorschläge zu unterbreiten.

Soweit es um die Einteilung der Zeit geht, wird man pro Variante 10 Minuten Prüfungszeit einkalkulieren dürfen und die letzten 10 Minuten zur Gesamtschau und Überprüfung des Gesamtergebnisses sowie dazu, die Vortragszeit von 12 Minuten sich selbst einzuteilen. Die Aufgabenstellung als solche wäre wie folgt zu bewältigen.

a) Fallvariante A

Problem: Vertretungen bei Abschluss eines Erbverzichtsvertrags

§ 2347 Abs. 2 S. 1 BGB schreibt vor, dass der Erblasser den Vertrag nur persönlich schließen kann. Eine Vertretung des Erblassers ist daher nicht möglich, so dass der Abschluss eines Erbverzichtsvertrags durch einen Vertreter auf Seiten des Erblassers grundsätzlich nicht möglich ist, während auf Seiten des Verzichtenden die allgemeinen Vertretungsregeln gelten.

In der Variante A wurde der V bei Abschluss des Vertrags vertreten, was zur Unwirksamkeit des Vertrages auch bei nachträglicher Genehmigung führt.

Eine Umdeutung dieser Fallvariante etwa dahingehend, dass das Geschehen in Freiburg als Angebot auf Abschluss eines Erbverzichtsvertrags verstanden wird, ist nicht möglich, da es sich rechtlich um unterschiedliche Qualitäten handelt. Die Nachgenehmigung in Münster ist dann ja auch nur noch eine Genehmigung und keine Beurkundung mehr.

b) Fallvariante B

140 *Problem: Gleichzeitige Anwesenheit*

Die gleichzeitige Anwesenheit beider Vertragsbeteiligten beim Notar ist nicht vorgeschrieben. Daher kann grundsätzlich gemäß § 128 BGB durch Angebot und spätere Annahme beurkundet werden. Durch diese Gestaltung käme ein wirksamer Erbverzichtvertrag zu Stande.

c) Fallvariante C

141 *Problem: Versterben des Erblassers vor Zustandekommen des Vertrages*

Ist der Erblasser vor der Annahme des Angebotes auf Abschluss eines Erbverzichtsvertrags verstorben, kann das Angebot von seinen Erben nach herrschender Auffassung nicht mehr angenommen werden.

Der Grund für diese Auffassung ist, dass mit dem Tode einer Person die damit verbundene Erbfolge feststehen muss. Nach Eintritt des Erbfalls ist nur noch eine Ausschlagung oder eine Erbschafts- bzw. Erbteilsübertragung möglich, um sich von der angefallenen Erbschaft zu befreien.

142 Eine entsprechende Fallkonstellation hatte der BGH zu einem Pflichtteilsverzichtsvertrag zu entscheiden und diese Rechtsauffassung damit begründet, dass das Pflichtteilsrecht und Pflichtteilsanspruch in verschiedener Hinsicht voneinander zu unterscheiden sind, insbesondere in ihrem wirtschaftlichen Wert. Während es sich bei Pflichtteilsrechten, aber auch bei Erbrechten, zu Lebzeiten des Erblassers noch um unsichere Positionen handelt, steht mit Eintritt des Erbfalls der Wert des Nachlasses fest, so dass man daran anschließend den Wert des Pflichtteilsanspruchs bzw. den erbrechtlichen Anspruch feststellen kann. Daher ist der Geschäftsgegenstand eines Pflichtteilsverzichts oder Erbverzichts ein völlig anderer als der Geschäftsgegenstand eines Erlasses eines Pflichtteilsanspruchs oder einer Erbausschlagung.

Zwar ist gegen diese Entscheidung in der Literatur teilweise opponiert worden, die Auffassung ist aber gleichwohl als herrschend anzusehen, so dass in der hier zu diskutierenden Fallkonstellation die Annahme des Erbverzichts durch den Erben des V nicht mehr möglich wäre.

d) Fallvariante D

143 *Problem: Geschäftsunfähigkeit des Erblassers*

Soweit ein unter Betreuung stehender Erblasser noch geschäftsfähig ist, kann er einen solchen Verzichtsvertrag ohne weiteres abschließen. Allein die Tatsache, dass Betreuung angeordnet ist, rechtfertigt nicht die Annahme, dass Geschäftsunfähigkeit in Bezug auf

H. Der Aktenvortrag §3

einen derartigen Erbverzichtsvertrag vorläge. Der Einwilligungsvorbehalt eines Betreuers kann sich auf Verfügungen von Todes wegen nicht erstrecken (§ 1903 Abs. 2 BGB), so dass ein solcher Einwilligungsvorbehalt unzulässig wäre. Wenn ein Erblasser tatsächlich geschäftsunfähig ist, könnte gleichwohl ein mit dem entsprechenden Aufgabenkreis ausgestatteter Betreuer für ihn den Erbverzicht erklären (annehmen), wofür dann anschließend noch die betreuungsgerichtliche Genehmigung erforderlich ist, § 2347 Abs. 1 S. 2 BGB. Unter diesen Voraussetzungen könnte ein Betreuer vorliegend noch handeln.

In der Praxis empfiehlt sich in Zweifelsfällen ein Abschluss durch Betreuer und Betreuten, da ein von einem möglicherweise Geschäftsfähigen durch seinen Betreuer abgeschlossener Erbvertrag unwirksam wäre.

4. Gewichtung der Teilaufgaben

Vorstellbar wäre, dass die Vergabe der Punkte bei diesem Aktenvortrag wie folgt vorgenommen wird: **144**

Präsentationen, Zeit, Aufbau, Vortrag	30 %
Falllösung a	10 %
Falllösung b	10 %
Falllösung c	25 %
Falllösung d	25 %

Der Schwerpunkt der Problematik lag sicher in den Fallalternativen C und D, die man sauber herausarbeiten und programmatisch zutreffend lösen müsste.

III. Muster-Aktenkurzvortrag II

1. Sachverhalt

Muster-Aktenkurzvortrag II **145**

Die Mandantin M kommt zu Ihnen als Notarin/Notar und möchte ihren Nachlass regeln. Sie erklärte Ihnen, dass sie zwei Kinder hat, nämlich den Sohn S und die Tochter T. Ihr Ehemann, der Vater der Kinder, ist vorverstorben. Sie, die M, ist alleinige Erbin geworden. Im Hinblick auf die Schlusserbeneinsetzung hat sie freie Hand.

Sie hat in ihrem Eigentum das von ihr selbst bewohnte Eigenheim sowie eine Eigentumswohnung in X-Stadt und etwas Barvermögen. Sie möchte erreichen, dass ihr Nachlass einmal so verteilt wird, dass der Sohn das Eigenheim erhält und die Tochter die Eigentumswohnung sowie ihr Barvermögen. Sie hält diese Verteilung für gerecht, da sie nach ihrer eigenen Vorstellung den Nachlass in etwa gleichmäßig zuordnet. Sie möchte ausschließen, dass die Kinder nach ihrem Tode über die wirtschaftliche Gewichtung der Nachlassgegenstände in Streit geraten.

Wenn es denn schon zu Streit kommen sollte, dann soll zumindest nicht in öffentlicher Gerichtsverhandlung darüber diskutiert werden.

2. Aufgabenstellung

146 Welchen Rat erteilen Sie M?
Skizzieren Sie die Regelungen eines notariellen Testamentes.

3. Lösungsskizze zum Muster-Aktenkurzvortrag

a) Allgemeine Hinweise

147 Die vorliegende Aufgabenstellung geht von einer außerordentlich praxisnahen Situation aus. Gestaltungsaufträge der vorliegenden Art sind tägliches Geschäft der Notare. Der Aktenvortrag verlangt die Skizzierung von Regelungen eines notariellen Testamentes, so dass im Vortrag das entworfene Gerüst eines entsprechenden Testamentes geboten werden müsste. Da die rechtliche Ausgestaltung des Testamentes sich allerdings lediglich als das Endergebnis juristischer Überprüfungen darstellt, müssen die sich ergebenden Probleme Stück für Stück angesprochen, abgearbeitet und gewertet werden und sodann mit einem Formulierungsvorschlag abschließend präsentiert werden.

b) Prüfungsaufbau

148 Danach ergibt sich folgender beispielhafter Prüfungsaufbau:

aa) Die M möchte ihre Kinder offensichtlich zu Erben zu gleichen Teilen einsetzen. Eine gegenständliche Zuordnung des Nachlasses oder eine damit verbundene Erbeinsetzung ist nicht möglich bzw. führt von vornherein zu Auslegungsschwierigkeiten. Es ist daher unabdingbar, zunächst festzulegen, dass die Kinder S und T Erben zu gleichen Teilen werden sollen.

Dementsprechend bietet sich an, zunächst zu regeln:

Formulierungsbeispiel
Ich setze meine beiden Kinder S und T zu meinen Erben zu gleichen Teilen ein.

Offensichtlich hat die M sich noch keine Gedanken über eine Ersatzerbeneinsetzung gemacht, das müsste hier angestoßen werden. Klassischerweise empfiehlt es sich, zu Ersatzerben die jeweiligen Abkömmlinge der Kinder zu bestimmen, ersatzweise eine Anwachsung zu regeln, so dass also immer dann, wenn eines der Kinder kinderlos vorverstirbt, das längerlebende Kind allein erbt.

H. Der Aktenvortrag § 3

Eine Beispielformulierung könnte also lauten:

Formulierungsbeispiel
Ersatzerben sind die Abkömmlinge meiner Kinder zu unter sich gleichen Stammanteilen, wiederum ersatzweise soll Anwachsung der Erbquote erfolgen.

bb) Die M möchte, dass die jeweiligen Erbquoten durch Zuordnung von bestimmten Nachlassgegenständen ausgefüllt werden. 149

Unterlässt sie eine derartige Zuordnung, käme es auf der Ebene ihrer Kinder zu einer Erbengemeinschaft, die sich anschließend auseinandersetzen müsste, wobei es in aller Regel zu Streitigkeiten über den Wert der in den Nachlass gefallenen Immobilien kommt. Eine solche Anordnung ist als Teilungsanordnung gemäß § 2048 BGB möglich. Danach kann ein Erblasser durch letztwillige Verfügung Anordnungen für die Auseinandersetzung treffen. Es muss gewährleistet sein, dass die jeweiligen Vermögenszuordnungen auf die Erbquote des jeweiligen Kindes auch verrechnet werden.

Hier ist § 2087 Abs. 2 BGB zu prüfen, wonach immer dann, wenn einem Bedachten nur einzelne Gegenstände zugewendet werden, im Zweifel nicht anzunehmen ist, dass er Erbe sein soll, selbst wenn er als Erbe bezeichnet ist. Entgegen dieser Auslegungsregel ist aber in den Fällen, in denen der Erblasser praktisch über sein gesamtes Vermögen verfügt hat, eine Erbeinsetzung der mit einzelnen Gegenständen oder Vermögensgruppen bedachten Personen anzunehmen, weil davon auszugehen ist, dass der Erblasser auf jeden Fall einen Erben berufen wollte.[63] 150

Daher ist folgender Wortlaut einer Teilungsanordnung zu empfehlen:

Formulierungsbeispiel
Darüber hinaus bestimme ich folgende Teilungsanordnung:
Mein Sohn S erhält in Anrechnung auf seine Erbquote mein Haus an der X-Straße in Y (es folgt die genaue Grundbuchbezeichnung), meine Tochter T bekommt unter Anrechnung auf ihre Erbquote meine in Z liegende Eigentumswohnung (Z-Straße; genaue Grundbuchbezeichnung) sowie meinen sonstigen beweglichen Nachlass und das in den Nachlass fallende Barvermögen.

Eine solche Teilungsanordnung nach § 2048 BGB verhindert nicht, dass das Vermögen des Erblassers zunächst in die Erbengemeinschaft fällt und Gesamthandsvermögen wird. Sie verhindert auch nicht, dass für den Fall, dass eine Erbeinsetzung zu gleichen Teilen unterstellt werden müsste, Ausgleichsansprüche die Folge sind. 151

---

63 BGH DNotZ 72, 500.

§ 3 Die Klausur

152 Es ist das erklärte Ziel der M, dass die Kinder Erben zu gleichen Teilen werden sollen und, dass anschließend keine Ausgleichsansprüche geltend gemacht werden können. Zu dem angeordneten Verteilungsplan im Rahmen der Teilungsanordnung muss daher vorliegend noch ein Vorausvermächtnis hinzutreten.

Der Wortlaut könnte sein:

> *Formulierungsbeispiel*
> Soweit einer meiner Erben durch die Erfüllung der Teilungsanordnung wertmäßig mehr erhalten sollte, als ihm nach seiner Erbquote von ½ zusteht, wird diesem Erben der Wertüberschuss als Vorausvermächtnis zugewendet. Ein Wertausgleich zwischen meinen beiden Erben hat daher nicht stattzufinden.

Dieser Gestaltungsvorschlag berücksichtigt die herrschende Auffassung, wonach wegen der unterschiedlichen Rechtsfolgen dieselbe Anordnung des Erblassers nicht zugleich in vollem Umfang Teilungsanordnung und Vorausvermächtnis sein kann. Es müssen daher beide Rechtsinstitute hier in der Weise abgegrenzt und kombiniert werden, dass die Anordnung bis zur Höhe des Erbteilswertes als Teilungsanordnung, für den überschießenden Wert als Vorausvermächtnis getroffen wird.[64]

Eine **Alternativlösung** könnte darin bestehen, die Zuwendung jeweils des ganzen Gegenstandes als Vorausvermächtnis zu gestalten, was aber in eine Pflichtteilsproblematik führen kann.

153 cc) Die M möchte schließlich erreichen, dass sich die Kinder im Anschluss an den Erbfall nicht streiten können bzw. ein eventueller Streit nicht in öffentlicher Gerichtsverhandlung ausgefochten wird.

Angesichts der hier getroffenen Regelung ist ein Streit der Kinder den Wert der jeweils verfügten Immobilien betreffend relativ unwahrscheinlich, es sei denn, eines der Kinder behauptet, durch die Zuordnung weniger als seinen Pflichtteil erhalten zu haben. Da davon mangels Angaben im Sachverhalt nicht auszugehen ist, ist ein Streit der Erben untereinander vorliegend relativ unwahrscheinlich.

154 Wie kann verhindert werden, dass ein eventuell aufkommender Streit in öffentlicher Gerichtsverhandlung ausgefochten wird?

Dafür bietet sich die Anordnung einer Schiedsgerichtsklausel an. Die letztwillige Anordnung eines Schiedsgerichts ist gemäß § 1066 ZPO zugelassen und möglich. Eine solche Schiedsklausel im Testament bewirkt, dass festgelegt wird, wie eventuell aufkommende Streitigkeiten um das Erbe beigelegt werden sollen. Sie hat zur Folge, dass nur das private Schiedsgericht angerufen werden kann. Die Schiedsklausel könnte folgen-

---

64 *Langenfeld*, Rn 484.

den Wortlaut haben (hier die Schiedsklausel der Deutschen Schiedsgerichtsbarkeit für Erbstreitigkeiten e.V.):

> *Formulierungsbeispiel*
> Ich ordne an, dass alle Streitigkeiten, die durch meinen Erbfall hervorgerufen werden, unter Ausschluss der ordentlichen Gerichte, der Deutschen Schiedsgerichtsbarkeit für Erbstreitigkeiten e.V. (Angelbachtal/Heidelberg) und ihrer jeweils gültigen Schiedsordnung unterworfen sind.

Dadurch ist der Weg zu den ordentlichen Gerichten für jeden Erben, der einen Streit aus dem Testament führen will, verschlossen.

4. Zusammenfassende Gestaltungsempfehlung

Die letztwillige Verfügung der M, die hier empfehlenswert ist, könnte daher zusammenfassend folgenden Wortlaut haben:

▼
Muster: Letztwillige Verfügung

§ 1 Urkundseingang

§ 2 Erbeinsetzung

Ich setze meine beiden Kinder S und T zu meinen Erben zu gleichen Teilen ein.

Ersatzerben sind die Abkömmlinge meiner Kinder zu unter sich gleichen Stammanteilen, wiederum ersatzweise soll Anwachsung der Erbquote erfolgen.

§ 3 Teilungsanordnung

Darüber hinaus bestimme ich folgende Teilungsanordnung:

Mein Sohn S erhält in Anrechnung auf seine Erbquote mein Haus an der X-Straße in Y (es folgt die genaue Grundbuchbezeichnung), meine Tochter T bekommt unter Anrechnung auf ihre Erbquote meine in Z liegende Eigentumswohnung (Z-Straße; genaue Grundbuchbezeichnung) sowie meinen sonstigen beweglichen Nachlass und das in den Nachlass fallende Barvermögen.

Sollte eines meiner Kinder durch die Durchführung der Teilungsanordnung mehr erhalten, als seiner Erbquote gemäß § 2 entspricht, so hat ein Wertausgleich nicht stattzufinden. Der Mehrwert wird dem Erben als Vorausvermächtnis, also ohne Verpflichtung zum Wertausgleich, zugeordnet.

§ 4 Schiedsgerichtsklausel

Ich ordne an, dass alle Streitigkeiten, die durch meinen Erbfall hervorgerufen werden, unter Ausschluss der ordentlichen Gerichte, der deutschen Schiedsgerichtsbarkeit für Erbstreitigkeiten e.V. (Angelbachtal/Heidelberg) und ihrer jeweils gültigen Schiedsordnung unterworfen sind.

§ 5 Schlussvermerk, Hinterlegung

5. Die Bewertung dieses Aktenvortrags

156 Die Gewichtung der jeweiligen Teilbereiche könnte wie folgt vorgenommen werden:
Gliederung, Präsentation   30 %
Prüfung der rechtlichen Probleme:
– Erbeinsetzung nebst Teilungsanordnung   20 %
– Vorausvermächtnis   30 %
– Schiedsgerichtsklausel   20 %

157 Die vorliegende Lösung enthält die im Rahmen eines solchen Vortrags unbedingt anzusprechenden Probleme, man könnte aber durchaus noch weitere Problemkreise ansprechen (Vorteile einer notariellen Beurkundung pp). Die Problematik der Zuordnung einzelner Vermögensgegenstände könnte vertieft werden, gegebenenfalls könnten sogar Ausführungen darüber erfolgen, was geschieht, wenn der zugeordnete Gegenstand im Zeitpunkt des Erbfalls nicht mehr vorhanden ist.
Die Lösungsskizze erfasst daher nur die unbedingt anzusprechenden Probleme.

IV. Muster-Aktenvortrag III

1. Der Sachverhalt

158 Zu Ihnen kommt die Witwe W und schildert Ihnen folgenden Sachverhalt:
Sie hatte mit ihrem Ehemann E ein gemeinschaftliches Testament errichtet, in dem der Ehemann sie, die W, zur nicht befreiten Vorerben und die beiden gemeinschaftlichen Kinder S und T zu Nacherben bestimmt hat. Für den Fall des Vorversterbens der Nacherben sollen die Abkömmlinge der Nacherben nachrücken, und zwar als Ersatznacherben. Nacherbfall ist der Tod der Vorerbin. Nach dem Tode ihres Mannes ist die W zunächst als Alleineigentümerin der Immobilie im Grundbuch eingetragen worden, ferner wurde der Nacherbenvermerk einschließlich der Ersatznacherbfolge vermerkt.

H. Der Aktenvortrag § 3

Die W hat jetzt mit ihren Kindern vereinbart, dass ihr die Immobilie zur freien Verfügung überlassen werden soll. Sie soll, wenn möglich, Alleineigentümerin werden und auch freie Hand haben, ob sie in der Immobilie verbleiben will oder sie vielleicht zu einem späteren Zeitpunkt übertragen oder verkaufen möchte. Sie fragt bei Ihnen nach, welche rechtlichen Möglichkeiten es insoweit gibt.

2. Aufgabenstellung

Legen Sie die unterschiedlichen rechtlichen Möglichkeiten dar, die dazu führen könnten, dass die W uneingeschränkte Alleineigentümerin der Immobilie wird und erläutern Sie, welche dieser Möglichkeiten im vorliegenden Falle zielführend ist.

159

3. Lösungsskizze

a) Allgemeine Hinweise

Dieser Fall ist außerordentlich praxisrelevant und wird früher oder später auch in der Prüfung erscheinen. Der Hintergrund ist die Frage, wie es rechtstechnisch möglich ist, eine bereits eingetretene Vor- und Nacherbfolge in ihren Rechtswirkungen wieder zu beseitigen.

160

b) Ausgangspunkt

Solange die Eheleute E und W noch lebten, hätten sie ohne weiteres die Vor- und Nacherbfolge einvernehmlich beseitigen können. Die in dem Testament vorgesehenen Nacherben und Ersatznacherben hatten zu Lebzeiten beider Ehegatten lediglich eine nicht weiter geschützte Hoffnung, dass sie irgendwann einmal Nacherben werden könnten. Eine geschützte Rechtsposition haben diese Personen bis dahin noch nicht erlangt.
Das ändert sich mit dem Tode des E. Damit tritt der Vorerbe-Fall ein, die W wird zur Vorerbin, die Nacherben erhalten ein im Zweifel sogar vererbliches Nacherbenanwartschaftsrecht (§ 2108 BGB). Die Vorerbin ist von diesem Zeitpunkt an insbesondere den Verfügungsbeschränkungen des § 2113 BGB unterworfen. Da es sich um eine nichtbefreite Vorerbschaft handelt, kann sie sogar irgendwelche Grundstücksverfügungen, die entgeltlich wären, nicht bzw. nur mit Zustimmung der Nacherben durchführen (§ 2113 Abs. 1 BGB).
Im vorliegenden Falle haben die Nacherben ihr Einverständnis mit einer künftigen alleinigen Berechtigung ihrer Mutter erklärt. Daher fragt sich, wer hier tatsächlich die Zustimmung erteilen muss.

161

c) Lösungsansätze

aa) Grundsätzlich ist ein Vertrag zwischen der Vorerbin und den Nacherben möglich, wonach das zwischen der Vorerbin und den Nacherben bestehende Verhältnis aufgehoben

162

wird. Die Nacherben könnten ihr entstandenes Anwartschaftsrecht auf ihre Mutter, die Vorerbin, übertragen. Ein solcher Vertrag wäre formbedürftig (§ 2033 Abs. 1 S. 2 BGB). Wenn sämtliche Nacherben ihre Anwartschaft auf die Vorerbin übertragen, würde das zum Erlöschen des Anwartschaftsrechts führen, wenn es keine Ersatznacherben gäbe. Dann träte nämlich praktisch die Konsolidation in der Person des Vorerben ein, der dann Vollerbe würde.[65]

163 bb) Im vorliegenden Falle sind aber Ersatznacherben vorhanden. Die Benennung derartiger Ersatznacherben ist in der Praxis sehr häufig anzutreffen. Das Recht eines ausdrücklich oder auch stillschweigend eingesetzten Ersatznacherben wird von der Übertragung des Anwartschaftsrechts der Nacherben jedoch nicht berührt, weil dem Ersatznacherben nach dem Erbfall seine Berufung nicht mehr genommen werden kann.[66] Wenn der Vorerbe also uneingeschränkt zum Vollerben werden möchte, muss er auch von den Ersatznacherben eine Anwartschaftsübertragung erhalten.

Im vorliegenden Falle sollen die Abkömmlinge der Nacherben nachrücken, was zu einer nahezu andauernden Sperrwirkung führt, denn Abkömmlinge sind auch Enkel bzw. Urenkel.

Wenn ein Ersatznacherbe möglicherweise noch nicht gezeugt ist, müsste ein Pfleger bestellt werden (§ 1913 BGB). Die Übertragung ist zudem genehmigungspflichtig nach §§ 1915, 1822 Nr. 1 BGB. Übertragen die Ersatznacherben nicht oder nicht alle ihr Anwartschaftsrecht auf den Vorerben, steht nach der Rechtsprechung dessen Vollerbschaft unter der auflösenden Bedingung, dass die Voraussetzungen für den Ersatznacherbfall eintreten. Dann entstünde das Anwartschaftsrecht für den nunmehrigen Nacherben und die Rechtsvereinigung wird wieder aufgehoben, der Vorerbe würde also seine Stellung als Vollerbe in dem Augenblick wieder verlieren, in dem ein Ersatznacherbe erscheint.[67] Pragmatisch wird man sagen dürfen, dass hier mehrere Anwartschaftsrechte nebeneinander und eigenständig bestehen.[68]

Damit scheidet die Löschung des Nacherbenvermerks aus, auch der Nachweis der Unrichtigkeit des Grundbuchs ist nicht geführt, wenn eine Ersatznacherbfolge angeordnet ist.

In der vorliegenden Konstellation kann daher die Vorerbin durch die Übertragung der Anwartschaftsrechte der Nacherben nicht endgültig Vollerbe werden. Haben nicht alle Ersatznacherben entsprechende Zustimmungen formgerecht abgegeben, muss der Nacherbenvermerk zum Schutze der Ersatznacherben weiterhin eingetragen bleiben.

---

[65] BayObLG FamRZ 1992, 728.
[66] OLG Hamm FamRZ 2014, 1151.
[67] *Zawar*, NJW 2007, 2353.
[68] *Muscheler*, ZEV 2012, 289.

cc) Nach der Rechtsprechung⁶⁹ ist eine vertragliche Vereinbarung zwischen der Vorerbin und den Nacherben dahingehend möglich, dass lediglich ein Nachlassgegenstand aus dem durch die Vorerbschaft gebundenen Vermögen ausscheidet und in das freie Vermögen des Vorerben überführt wird.

Auch hier stellt sich wiederum die Frage nach Ersatznacherben. Nach § 2113 Abs. 1 BGB ist die Verfügung der Vorerbin unwirksam, wenn sie das Recht der Nacherben vereiteln oder beeinträchtigen würde. Soweit jedoch nur ein Einzelgegenstand von der Nacherbeneinsetzung nicht mehr erfasst werden soll, müssen die Ersatznacherben ihre Zustimmung hierzu nicht erteilen. Die Ersatznacherben werden hier lediglich als Ersatzmann gesehen, der nur hilfsweise Berücksichtigung findet, ihm stehe daher ein Recht auf Einflussnahme auf die Führung erbschaftlicher Geschäfte nicht zu. Solange Vor- und Nacherben übereinstimmend entscheiden, dass bestimmte Gegenstände aus der Nacherbenmasse ausscheiden sollen, könnte der Ersatznacherbe hiergegen nichts vorbringen. Diese Vereinbarung zwischen Vor- und Nacherben über die Aufhebung der Nacherbenbindung führt zu einer Unrichtigkeit des Grundbuchs, sodass der Nacherbenvermerk dann gelöscht werden könnte.

Die Rechtsprechung nimmt hier an, dass die Ersatznacherben zumindest angehört werden müssen (rechtliches Gehör). Die Ersatznacherben seien auch Beteiligte im Sinne von § 7 Abs. 2 Nr. 1 FamFG. Für unbekannte Ersatznacherben müsse ein Pfleger bestellt werden.⁷⁰

4. Bewertung

der Aktenvortrag kann nur dann als gelungen angesehen werden, wenn zumindest die beiden angesprochenen Wege konstruktiv erkannt und erörtert werden und insbesondere die Verfügung der Beteiligten nur über einzelne Gegenstände erläutert wird. Im Wesentlichen kommt es hier darauf an, die Gefahr zu erkennen, dass bei Übertragung der Anwartschaftsrechte das Recht der Ersatznacherben bestehen bleibt, sodass sich dieser Weg als nicht tauglich erweist, denn der Nacherbenvermerk ist. Bleibt eingetragen.

5. Hinweis

Ebenso aktuell wie die vorstehende Konstellation wäre ein Sachverhalt, in dem der Vorerbe neben seiner Position als nicht befreiter Vorerbe auch noch mit einer umfassenden Generalvollmacht des Erblassers ausgestattet ist. Diese aktuell entschiedene Problematik⁷¹ wird von den Gerichten unterschiedlich gesehen. Teilweise wird angenommen, der Vorerbe

---

69 Z.B. OLG München NJW-RR 2013, 211.
70 Dazu: *Henn*, DNotZ 2013, 246; *Böttcher*, NJW 2014, 2765.
71 OLG München ZEV 2019, 533 mit Anm. *Kollmeyer* einerseits und OLG Stuttgart ZEV 2019, 530 mit Anm. *Muscheler* andererseits.

könne die Zustimmung zu einer Verfügung sich selbst gegenüber nicht unter Berufung auf eine vom Erblasser erteilte Generalvollmacht namens des Nacherben erklären, wenn nicht der Nacherbe ihm gegenüber zur Erteilung der Zustimmung verpflichtet sei. In den entschiedenen Sachverhalten hatten die Vorerben gleichzeitig als Generalbevollmächtigte auch für minderjährige Nacherben gehandelt und Zustimmung- und Übertragungserklärungen abgegeben.

Das OLG München hat das für unzulässig gehalten, demgegenüber hat das OLG Stuttgart in einer vergleichbaren Konstellation gemeint, dass der Vorerbe in seiner Position als Generalbevollmächtigter auch für die Nacherben handeln könne. Eine Entscheidung des BGH hierzu steht noch aus, man könnte hier also beide Rechtspositionen vertreten.

Stichwortverzeichnis

fette Zahlen = Paragrafen, magere Zahlen = Randnummern

Abschichtung **2** 95
Aktenvortrag **3** 129 ff.
Auflage
– Drittbestimmungsverbot **2** 18, 24
– Ausgestaltung eines Wohnrechts **3** 72
– Auslandsbezug **3** 9 ff.
Auslegungsvertrag zu letztwilliger Verfügung **2** 122 ff., 126

Behindertentestament **2** 59 ff., **3** 105, 108, 123
– Anweisung bzgl. Nachlassertragsverwendung **3** 119 ff., 123
– Anweisung zur Mittelverwendung **2** 68
– Erbvertrag **3** 107
– Ergänzungsbetreuer **3** 116
– Sittenwidrigkeit **3** 120
– Sozialhilfeträger-Ansprüche **2** 62, 64, 71 ff., **3** 112 ff.
– Testamentsvollstreckung **2** 61 f., 67, **3** 118 ff.
– Vermächtnis **2** 62 ff.
– Vor-/Nacherbschaft **2** 59 ff., **3** 115 f., 123
Belastungsvollmacht **2** 164, **3** 99, 104
Berliner Testament
– Erbschaftsteuer **2** 186 f.
Bindungswirkung **3** 9

Damnationslegat **2** 137
Drittbestimmungsverbot **2** 18 ff., 33 ff., **3** 42, 45, 51 ff.
– Auflage **2** 18, 24
– bedingte Erbeinsetzung **3** 52 f.
– Maßgabelösung **3** 54
– Vermächtnis **2** 18, 23, **3** 56 f.

Ehegattentestament **2** 134
Ehevertrag
– modifizierte Zugewinngemeinschaft **3** 70
– Zugewinnausgleichsausschluss **2** 55
Erbauseinandersetzung **2** 87 ff.
– Abfindungszahlung **2** 93
– Abschichtung **2** 95
– Auseinandersetzungsverbot **2** 101
– Erbteilsübertragung **2** 96, 105
– familiengerichtl. Genehmigung **2** 102 f.
– Immobilienübertragung **2** 88 ff.
– Immobilienzuweisung **2** 92
– minderjährige Erben **2** 102 f.
– Teilungsanordnung **3** 144, 148 ff., 154
– teilweise **2** 97, 105

– Testamentsvollstreckung **2** 98 ff.
– Vertragsform **2** 88
– Vertragsinhalt **2** 89 ff.
– vollständige **2** 104
Erbenfeststellungsklage
– Abgrenzung Erbscheinsverfahren **2** 127
Erbschaftsteuer **2** 177 ff.
– Berliner Testament **2** 186 f.
– Familienheim **2** 182 ff.
– Freibetrag **2** 139, 181
– Schenkung **2** 179
– Steuerklassen **2** 180
– Steuerpflicht **2** 178
– Vermächtnis **2** 187
– Vor-/Nacherbschaft **2** 178, 187
Erbscheinsverfahren **2** 113 ff., **3** 9
– Abgrenzung Erbenfeststellungsklage **2** 127
– Antrag **2** 125
– Antragsberechtigung **2** 113
– Antragsinhalt **2** 114 f.
– eidesstattl. Versicherung **2** 113
– Gebühren **2** 175
– gemeinschaftlicher Erbschein **2** 118 f.
– mehrere Erben **2** 118 f.
– Nachweis **2** 114 f.
– Verfahrensablauf **2** 121
– Zuständigkeit **2** 120
Erbvertrag **2** 40, 42, 133 f., **3** 107
– amtl. Verwahrung **2** 40
– Änderungsvorbehalt **2** 42, 47
– Anfechtung wg. Übergehung Pflichtteilsberechtigter **2** 47
– Behindertentestament **3** 123
– Bindungswirkung **2** 12 ff., 41, 43, 47
– Form **2** 41
– Gebühren **2** 172 f.
– Mindestgebühr **2** 169
– ohne Schlusserbeneinsetzung **2** 52
– Personenstandsangaben **2** 43
– Pflichtteilsstrafklausel **2** 54
– Rücktrittsrecht **2** 53
– Scheidungsvorbehalt **2** 50
– Schenkungsschutz **2** 41
– Testamentsvollstreckung **2** 42, 48
– Vergleich gemeinschaftl. Testament **2** 41
– wechselseitige Erbeinsetzung/Schlusserbeneinsetzung **2** 42, 45 f.
Erbverzicht **3** 135 ff.
– Gebühren **2** 174

191

Stichwortverzeichnis

- getrennte Beurkundung **3** 139 ff.
- Rechtsfolge **3** 96
- Umdeutung **3** 138
- Vertretungsmöglichkeit **3** 138
Ersatznacherben **3** 156.1
EU-Erbrechtsverordnung (ErbVO) **2** 137
- Einführung Europäisches Nachlasszeugnis **2** 128
- Gesetzliche Erbfolge **2** 128
- Gewillkürte Erbfolge **2** 128
- Rechtsnachfolge von Todes wegen **2** 128
- Regelungsbereich/Anwendungsbereich **2** 128
- Schenkung auf den Todesfall **2** 128
- Vollstreckung **2** 128
- Zuständigkeit **2** 128
Europäische Nachlasszeugnis (ENZ)
- Erbschein **2** 136
- Gültigkeitszeitraum **2** 136

Gebühren
- Anrechnung **2** 176
- Aufhebung Erbvertrag **2** 173
- Aufhebung gemeinsch. Testament **2** 173
- Beratung **2** 176
- Ehevertrag **3** 71
- Entwurf **2** 176
- Erbscheinsantrag **3** 71
- Erbvertrag **2** 169, **3** 71
- Erbvertragsänderung **2** 173
- Erbvertragsrückgabe aus Verwahrung **2** 173
- Erbverzichtsvertrag **2** 174
- Gebührensätze **2** 167 f.
- Mindestgebühr **2** 169
- Pflichtteilsverzichtsvertrag **2** 174
- Testament **2** 169
- vorzeitige Beendigung **2** 176
- Wertgebühr **2** 167
Gemeinschaftliches Testament **2** 38 f., 133, 135
- amtl. Verwahrung **2** 38
- Andeutungstheorie **3** 26
- Auslegung **3** 28, 33 f.
- Bindungswirkung **2** 12 ff., 38, 41, **3** 35 ff.
- Form **2** 41
- Gemeinschaftlichkeitsbegriff **3** 26
- Mängelfall **3** 27
- Schenkungsschutz **2** 41
- Testamentsvollstreckung **3** 29
- Umdeutung in Einzelverfügung **3** 28
- Vergleich Erbvertrag **2** 41
- Wechselbezüglichkeit **3** 28 ff.
- Widerruf **2** 38 f., 85 f.
Geschäftsfähigkeit **2** 7 ff.
- Demenz **2** 8 ff.
Geschäftswert **2** 170 ff.
- Aufhebung Erbvertrag **2** 173
- Aufhebung gemeinsch. Testament **2** 173

- Erbscheinsverfahren **2** 175
- Erbverzichtsvertrag **2** 174
- Ersatzerbenbestimmung **2** 172
- ganzer Nachlass/Bruchteil **2** 172
- gesetzl. Grundlage **2** 170
- modifiziertes Reinvermögen **2** 171
- Pflichtteilsverzichtsvertrag **2** 174
- Schuldenabzug **2** 170 ff.
- Vermächtnis **2** 172
Geschiedenentestament **2** 81 ff.
- Begriff **2** 81
- Lebensversicherung **2** 82
- Testamentsvollstreckung **2** 82 f.
- Vermögenssorge bei minderj. Kindern **2** 82 f.
Gewöhnlicher Aufenthaltsort **2** 136
- Problemfälle **2** 130
Grundbuchspiegel **2** 89
Güterstandsschaukel **2** 147 f.

IPR **3** 9

Klausuren
- Aufgabenstellung **3** 3, 6 ff., 43 ff., 73, 75 ff., 106, 108 f.
- Fehlerquellen **3** 4 ff.
- Zeiteinteilung **3** 1 f., 5
Klausurentaktik **3** 1 ff.

Lebensversicherung **2** 82
Letztwillige Verfügung **2** 134
- Auslegung **3** 28, 33 ff.
- Auslegungsvertrag **2** 122 ff., 126
- Bindungswirkung **2** 12 ff.

Mitwirkungsverbot
- Schreibzeuge **2** 6
- Testamentsvollstreckung **3** 67 ff.
- Vorbefassung **2** 3 f., **3** 45 ff.
- Vorteil an Beurkundung **2** 5 f.
Modifizierte Zugewinngemeinschaft **3** 42
Muster: Erbvertrag **3** 12
Muster: Pflichtteilsverzichtvertrag **3** 13
Muster: Testament **3** 14

Nacherbenvermerk **3** 156.1
Nacherbfall **3** 156.1
Nachlassabwicklung
- Lebensversicherung **2** 82
Nießbrauch **2** 154
- Grundbuchantrag **2** 165
- wirtschaftl. Ausgliederung **2** 139, 141
Not. Fachprüfung
- Erbrecht **1** 4 ff.
- Notenanteile **1** 1, 6

Stichwortverzeichnis

- Notenverteilung **1** 2
- Vorbereitungskurse **1** 3

Pflegefallrisiko **3** 72
Pflichtteilsergänzungsanspruch
- Frist **2** 139, 141, **3** 101
- Nießbrauch **2** 139, 141
- Sozialhilfeträger-Ansprüche **3** 124 ff.
- Überlassungsvertrag **3** 95 ff., 100 ff.
- Verzicht **3** 104
- wirtschaftl. Ausgliederung **2** 139, 141
- Wohnungsrecht **2** 139, 141
Pflichtteilsproblematik **2** 149
Pflichtteilsstrafklausel **2** 54, 72 ff.
- einschränkende Auslegung **2** 76 f.
Pflichtteilsverzicht **2** 55, **3** 98
- Gebühren **2** 174
- Überlassungsvertrag **2** 146

Reallast **3** 84 f.
Rechtlicher Anwendungsbereich
- Gewöhnlicher Aufenthaltsort im Zeitpunkt des Todes **2** 129
- Heimatrecht **2** 131
- Konkludente Rechtswahl **2** 131
- Letztwillige Verfügung **2** 131
- Mehrere Staatsangehörigkeiten **2** 131
- Nachlass **2** 131
- Rechtswahl **2** 131
- Staatsangehörigkeitsprinzip **2** 129
Rechtswahl
- Bindungswirkung **2** 133
- Wechselbezügliche Anordnung **2** 133

Schenkung
- ehebedingte Zuwendung **2** 147 f.
- Pflichtteilsergänzungsanspruch **2** 139
- Rückforderung bei Verarmung **2** 139
- Sozialhilfeträger-Ansprüche **3** 91 ff., 124 ff.
- wirtschaftl. Ausgliederung **2** 139
Schenkung gem. § 2325 BGB **2** 149
Schenkungsteuer
- Erbschaft **2** 179
- Familienheim **2** 182, 185
- Freibetrag **2** 187
Schreibzeuge **2** 6

Testament
- Auslegungsvertrag **2** 122 ff., 126
- Bindungswirkung **2** 12 ff.
- Drittbestimmungsverbot **2** 18 ff., **3** 45
- einfaches **2** 31
- Erbeinsetzung **3** 147, 154
- Ersatzerbeinsetzung **3** 147, 154

- Mindestgebühr **2** 169
- Schiedsklausel **3** 153 f.
- Sittenwidrigkeit **2** 14, **3** 120
- Testierfähigkeit **2** 7 ff.
- Widerruf **2** 84
Testamentsvollstreckung **2** 49, **3** 58 ff.
- Abwicklung **2** 99
- Anweisung zur Mittelverwendung **2** 68
- Behindertentestament **2** 61 f., **3** 118 ff., 123
- Benennung der Person **2** 70, 98
- Erbauseinandersetzung **2** 98 ff.
- Erbvertrag **2** 42, 48
- gemeinschaftl. Testament **3** 29
- Geschiedenentestament **2** 82 f.
- GmbH-Anteil **3** 61
- Kommanditbeteiligung **3** 59 f.
- Mitvollstrecker **2** 70, 98, **3** 65 f.
- Mitwirkungsverbot **3** 67 ff.
- OHG-/GbR-/Komplementär-Beteiligung **3** 62 ff.
- Vergütung **2** 100, **3** 65
- Verwaltung **2** 99
- Verwaltungsvollstreckung **3** 58, 64
- Wechselbezüglichkeit **3** 29
Testierfähigkeit **2** 7 ff.
- Demenz **2** 8 ff.
Trennungsprinzip **2** 33

Überlassungsvertrag **2** 138 ff., **3** 72, 74, 104
- 10-Jahres-Frist **2** 139, **3** 101
- Abfindungsgeld **2** 143 f., **3** 90, 104
- Belastungsvollmacht **2** 164, **3** 99, 104
- ehebedingte Zuwendung **2** 147 f.
- Gegenrechtsvorbehalt **2** 141 f.
- Geschwisterabrede **3** 91 ff., 104
- Geschwistervereinbarung **2** 145
- Löschung von Gegenrechten **2** 163
- Motivlage **2** 139 f.
- Nießbrauch **2** 139, 141, 154
- Pflichtteils(ergänzungs)verzicht **3** 104
- Pflichtteilsergänzungsanspruch **2** 139, **3** 95 ff., 100 ff.
- Pflichtteilsverzicht **2** 146
- Rückforderung bei Verarmung **2** 139
- Rückforderungsrecht **2** 141 f., 155 ff., 161, **3** 87
- Sozialhilfeträger-Ansprüche **3** 91 ff.
- wirtschaftl. Ausgliederung **2** 139, 141
- Wohnungsrecht **2** 139, 151 f., 159 f., **3** 103

Vermächtnis **2** 137
- Abgrenzung Teilungsanordnung **3** 149
- Behindertentestament **2** 62 ff.
- Drittbestimmungsverbot **2** 18, 23, **3** 56 f.
- Erbschaftsteuer **2** 187
- Gebühren **2** 172

193

Stichwortverzeichnis

- Geschiedenentestament **2** 83
- Testamentsvollstreckung **2** 62
- Vorausvermächtnis **3** 125 f., 151
- Vermächtnis mit Bestimmungsrecht **2** 35
- Vor-/Nacherbschaft **2** 25, 33
  - bedingte **3** 53
  - Behindertentestament **2** 59 ff., **3** 115 f., 123
  - Drittbestimmungsverbot **3** 53
  - Erbschaftsteuer **2** 178, 187
  - Früchte **3** 119
- Vorbefassung **2** 3 f., **3** 42, 45 ff.
  - dauerndes Beratungsverhältnis **3** 49
  - dieselbe Angelegenheit **3** 48
  - Scheidung/Scheidungsfolgen **3** 48
- Vorerbin, nicht befreit **3** 156.1
- Vorversterben des Nacherben **3** 156.1

Wechselbezügliche Verfügung **2** 133
Wechselbezüglichkeit **3** 28 ff.
- Auslegung **3** 33 ff.
- Begriff **3** 30
- Testamentsvollstreckung **3** 29
Wohnungsrecht **2** 151 f., **3** 81 ff.
- Belastungsvollmacht **2** 164, **3** 99
- beschr. pers. Dienstbarkeit **3** 82 ff., 88 f., 103
- Eigentümerausschluss **3** 81
- Grundbuchantrag **2** 159 f.
- Mitbenutzungsrecht **3** 82, 88 f., 103
- Reallast **3** 84 f.
- Sozialhilfeträger-Ansprüche **2** 141
- Übertragbarkeit **3** 81
- wirtschaftl. Ausgliederung **2** 139, 141

Zugewinnausgleich
- Ausschluss **2** 55

NOTARFORMULARE

Das erfolgreiche Abrechnungsbuch zum GNotKG auf Experten-Niveau!

Der Abschluss jedes Mandats ist die Gebührenabrechnung. Und weil Gebührenrecht Folgerecht des materiellen Rechts ist, hat **jeder im Notarbüro** auf die eine oder andere Weise damit zu tun.

Fälle und Lösungen zum GNotKG
Von André Elsing
3. Auflage 2020
256 Seiten, broschiert
54,00 €
ISBN 978-3-95646-178-1

Machen Sie es sich leicht und erschließen Sie sich auch kompliziertere Fälle anhand von Beispielen und den passenden Lösungsvorschlägen.

Alle Fallbeispiele wurden auf den **aktuellen rechtlichen Stand** gebracht. Darüber hinaus hat der Autor das Buch **vollständig überarbeitet** und **konsequent nach** den jeweiligen notariellen **Rechtsgebieten strukturiert**. Alle Fälle wurden so aufbereitet und mit typischen Fallvarianten durchgerechnet, dass Sie jede Lösung in der täglichen Praxis anwenden können:

- verschiedenste Registeranmeldungen, z. B. von einzelkaufmännischen Unternehmen, Kommanditgesellschaften, GmbHs, Aktiengesellschaften
- Konstellationen aus dem Immobilienrecht, wie Grundschuldbestellungen, Schenkungs- und Überlassungsverträge inklusive Anrechenbarkeit von Vollzugs- und/oder Beratungsgebühren
- klassische Fälle aus Erb- und Familienrecht, zum Beispiel Testamente und eidesstattliche Versicherung bezüglich Erbschein, Eheverträge und Versorgungsausgleich
- u. v. m.

Spezielle Themen wie der **Elektronische Rechtsverkehr** und die **isolierte Grundbucheinsicht** haben ein eigenes Kapitel erhalten. Die ausführliche Einleitung beleuchtet noch einmal den gesetzlichen Hintergrund und den Aufbau des GNotKG. **Praktische Übersichten** zu Höchst- und Mindestwerten und eine Schnellübersicht der Notargebühren von A–Z erleichtern Ihnen die Orientierung bei der Gebührenabrechnung.

Dieses Buch ist eine **praktische Hilfe für alle,** die mit der notariellen Gebührenabrechnung befasst sind – egal ob Notar, Anwaltsnotar oder Notarfachangestellte.

Bestellungen bitte an:
info@notarverlag.de
Tel.: 0800-668 27 83-0
Fax: 0800-668 27 83-5
Rochusstr. 2–4
53123 Bonn
www.notarverlag.de

DeutscherNotarVerlag

NOTARFORMULARE

**NotarFormulare
Nichteheliche
Lebensgemeinschaft**
Muster – Verträge –
Erläuterungen
Von Notar Dr. Maximilian
Freiherr von Proff zu Irnich
3. Auflage 2019,
256 Seiten, gebunden,
mit Muster-Download,
69,00 €
ISBN 978-3-95646-180-4

Profitieren Sie von sicheren Vorlagen in einem nahezu „rechtsfreien" Raum!

Es werden Jahr für Jahr mehr, doch noch immer leben sie in einem Gesetzes-Vakuum: **Paare ohne Trauschein.** Für Sie als Notar sind sie nicht selten eine Herausforderung. Unzählige **Fallkonstellationen** müssen mit allen Eventualitäten und rechtlichen Folgen bedacht werden – ohne dass die Sicherheit eines gesetzlichen Rahmens existiert.

Praxisnahe Unterstützung zu diesem Thema bieten Ihnen die „NotarFormulare Nichteheliche Lebensgemeinschaft". Mit **fallorientierten Vorlagen** sichern sie Ihnen einen **echten Nutzen im Arbeitsalltag.**
Wie kann ein Partnerschaftsvertrag zwischen kinderlosen Lebenspartnern aussehen? Wie lässt sich der wirtschaftlich schwächere Partner absichern? Was passiert, wenn ein Partner sein eingesetztes Vermögen zurückwill? Wie lassen sich Erbansprüche sichern?

Die „NotarFormulare Nichteheliche Lebensgemeinschaft" unterstützen Sie dabei, **eine immer größer werdende Zielgruppe zu erschließen.** Der neue Band stellt Ihnen – natürlich unter Berücksichtigung der neuesten Rechtsprechung – für viele Fallkonstellationen und (finanzielle) Interessen der Lebenspartner die passende Vereinbarungsgrundlage zur Verfügung.

Das **neue Formular- und Musterbuch** bietet Ihnen für viele denkbare Fallkonstellationen:
✔ Unterschriftsreife Musterverträge mit Erläuterungen
✔ Arbeitserleichternde Formulare und Checklisten
✔ Beispielfälle mit Lösungen
✔ Wichtige Informationen zur aktuellen Rechtsprechung, Haftungsrisiken etc.

Bestellungen bitte an:
service@notarverlag.de
Tel.: 0800-668 27 83-0
Fax: 0800-668 27 83-5

DeutscherNotarVerlag